AF543658

Die kühne Reisende

Isabella Bird, Entdeckerin, Schriftstellerin, Fotografin, wurde 1831 in der englischen Grafschaft Yorkshire geboren. Die Tochter eines Pastors, die von klein auf mit gesundheitlichen Problemen zu kämpfen hatte, entdeckte schon früh die heilsame Wirkung des Reisens – je unkonventioneller, desto besser. Reisen, über die sie acht Bücher schrieb, führten sie u. a. nach Japan, Tibet, Persien und Kurdistan, nach Neuseeland, Hawaii und in die Vereinigten Staaten. »A Lady's Life in the Rocky Mountains«, erschienen 1879 bei John Murray, New York und London, wurde sofort zum Bestseller. Heute zählt das Buch zu den Klassikern unter den Reiseberichten. 1892 wurde Isabella Bird als erste Frau in die Royal Geographical Society aufgenommen. Als sie 1904 im Alter von 73 Jahren in Edinburgh starb, hatte sie soeben die Koffer für eine Reise nach China gepackt.

Klaudia Ruschkowski, Autorin, Kuratorin, Dramaturgin und Übersetzerin, lebt in Volterra, Italien, und in Berlin. Sie übersetzt aus dem Italienischen und Englischen, zuletzt u. a. Etel Adnan, Giuseppe Zigaina, Vincenzo Latronico.

Susanne Gretter studierte Anglistik, Romanistik und Politische Wissenschaft in Tübingen und Berlin. Sie lebt und arbeitet als Verlagslektorin in Berlin. Sie ist Herausgeberin der Reihe Die kühne Reisende.

Isabella Bird

Durch die Wildnis der Rocky Mountains

Allein unter Goldgräbern und Desperados

Aus dem Englischen neu übersetzt und mit einem Vorwort von Klaudia Ruschkowski

ERDMANN

Isabella Bird (1831–1904)

»Estes Park ist mein Land. Es ist unerschlossen,
ein ›Niemandsland‹, aber ich habe es mir erobert:
seine wilden Morgenröten,
seine unvergleichlichen Sonnenuntergänge,
seine herrliche Dämmerung,
seine gleißenden Mittagsstunden,
seine wütenden Hurrikans.«

Isabella Bird

Inhalt

Vorwort
von Klaudia Ruschkowski ... 9

1. Brief Von San Francisco zum Lake Tahoe ... 19

2. Brief Truckee und der Donner Lake ... 33

3. Brief Mit dem Pazifik-Express nach Cheyenne, von Greeley nach Fort Collins ... 39

4. Brief Durch die Foot Hills in die Wildnis der Rocky Mountains ... 53

5. Brief Das harte Leben im »Grossen Einsamen Land« ... 61

6. Brief Eine völlig andere Welt, Longmont, endlich in Estes Park ... 81

7. Brief Die Besteigung des Longs Peak ... 101

8. Brief Leben in Estes Park ... 119

9. Brief Viehtreiben, Schneestürme, auf Birdie durch Colorado ... 141

10. Brief Wunder über Wunder, die Parks von Colorado ... 163

11. Brief Eiswüsten, Goldgräber und der Snowy Range ... 185

12. Brief Von Deer Valley nach Denver, Whiskey und Lynchjustiz ... 199

13. Brief — Mit dem letzten Cent zurück nach Estes Park 213

14. Brief — Die traurige Geschichte eines Desperados, Wölfe und harte Zeiten ... 227

15. Brief — Thanksgiving in Estes Park 241

16. Brief — Lower Canyon und Devil's Gate, Evans und Mountain Jim 257

17. Brief — Abschied von Estes Park, durch die Prärie nach Namaqua 271

Vorwort

Isabella war kaum vier Jahre alt, da saß sie schon auf dem Pferd, vor ihrem Vater, und begleitete ihn auf seiner täglichen Runde durch die Gemeinde. Pastor Edward Bird und seine Frau Dora folgten den Ratschlägen des Arztes, ihre älteste Tochter, die von klein auf an einer Wirbelsäulenerkrankung litt, viel an der frischen Luft und in Bewegung zu halten. Mit sechs ritt Isabella ihr eigenes Pferd.

Isabella Lucy Bird kam am 15. Oktober 1831 in Boroughbridge Hall zur Welt, einem kleinen Ort in der englischen Grafschaft Yorkshire. Im darauffolgenden Frühjahr erhielt ihr Vater eine Stelle als Vikar in Maidenhead bei London, doch schon zwei Jahre später nahm er, vom Lärmen der Stadt gesundheitlich angegriffen, eine Pfarrstelle im ruhigen, ländlichen Tattenhall südöstlich von Chester an. Hier, inmitten von Gärten, Wiesen und Weiden, wuchsen Isabella und ihre fünf Jahre jüngere Schwester Henrietta, genannt Hennie, auf. Die Ausritte mit dem Vater wurden bestimmend für Isabellas Form der Wahrnehmung, für ihre Sicht auf die Welt. Er lenkte die Aufmerksamkeit des Kindes auf die Vielfalt der Natur, ließ es Bäume, Blumen und Gräser bestimmen, zeigte ihm die umliegenden Farmen mit den Ställen für das Vieh, führte es in die Wirtschaftsgebäude, erklärte ihm jedes einzelne Ding und befragte es minutiös nach allem, was es gesehen hatte: »Während wir daher ritten, ließ er mich das Getreide auf den Feldern, die Schwungrichtung der Wasserräder oder die Aufhängung der Gatter beschreiben, die Insekten benennen, die wir sahen, und die Tiere, denen wir begegneten.« Die leidenschaftliche Liebe zur Natur, die auch in ihren detaillierten Landschaftsbeschreibungen zum Ausdruck kommt, sollte Isabella ihr Leben lang begleiten.

Edward Bird, der nach dem Willen seines Vaters Rechtswissenschaften studiert und 1825 eine Anwaltskanzlei in Kalkutta übernommen hatte, war vier Jahre später, nach dem Tod seiner jungen Frau und seines Erstgeborenen, als gebrochener Mann nach England zurückgekehrt. Er fand Trost in Gott. Nachdem er 1830 die Priesterweihen der anglikanischen Kirche erhalten hatte, verschrieb er sich der Verbreitung des »rechten Glaubens«. Im selben Jahr heiratete er in Boroughbridge Isabellas Mutter, Dora Lawson, eine taktvolle, gebildete, reservierte Frau, die sich in der Sonntagsschule engagierte und die Erziehung ihrer beiden Kinder selbst in die Hand nahm: »Niemand war in der Lage, so zu unterrichten wie meine Mutter. Alles erschien so wunderbar und interessant, wir saßen wie verzaubert, wenn sie uns die Dinge erklärte.« Von beiden Eltern erbte Isabella einen ausgeprägten Sinn für Gerechtigkeit, vom Vater und den Großeltern väterlicherseits eine Form von missionarischer Religiosität, die sie kurz vor ihrem Lebensende veranlasste, an das christliche England zu appellieren, »in die heidnische Welt zu ziehen und deren unglückliche Millionen dem Erlöser zuzuführen«.

Isabella stieß bereits als Kind mit ihren religiösen, sozialen und politischen Überlegungen bei Familie und Freunden auf Gehör und sorgte für Erstaunen. Da sie häufig krank war und immer wieder für längere Zeiten das Bett hüten musste, las sie viel, interessierte sich für Naturwissenschaft und Ökonomie und verschlang historische Bücher, darunter Archibald Alisons Schriften zur Französischen Revolution.

Querelen um sein scharfes Verbot der Sonntagsarbeit veranlassten Edward Bird um 1842, Tattenhall zu verlassen und eine Pfarrstelle in Birmingham anzunehmen. Isabella hatte die Pflicht, in der Sonntagsschule zu unterrichten. Sie machte das Beste daraus, indem sie, die recht gern sang, einen Chor gründete. Zu jener Zeit litt sie unter furchtbaren Rückenschmerzen, hatte Abszesse an den Füßen und konnte kaum laufen. Allen Krankheiten und Gebrechen zum Trotz bildete sie sich unaufhörlich weiter, schlug in einer Gesellschaft, die einer intelligenten, ambitionierten jungen Frau wenig Möglichkeiten bot, konsequent ihren eigenen Weg ein und begann zu schreiben. Mit sechzehn verfasste sie ihren ersten Essay, eine Analyse von Freihandel und Protektionismus, der in einer kleinen Privatauflage in Huntingdon erschien.

1850 wurde ihr ein Tumor an der Wirbelsäule entfernt. Die Operation gelang nur teilweise, Isabella litt an Schlaflosigkeit und Depressionen. Die nächsten Sommer verbrachte sie im schottischen Hochland, doch ihr Zustand besserte sich erst, als ihr Vater sie 1854 auf ärztlichen Rat hin auf eine Seereise schickte, zu Verwandten nach Kanada. Ausgestattet mit hundert Pfund Sterling nutzte sie die Gelegenheit zu einer mehrmonatigen Tour durch die Vereinigten Staaten und den Osten Kanadas, sah Boston, Chicago und Detroit, Toronto und Montreal, verbrachte einige Wochen auf Prince Edward Island vor der kanadischen Küste, reiste durch Cincinnati und fuhr den Mississippi entlang. Die Briefe, die sie an ihre Schwester Hennie schickte, bildeten die Basis für ihr erstes Reisebuch, »The Englishwoman in America«. Isabella schrieb es bei Nacht, eine Gewohnheit, die sie beibehalten sollte. Es erschien im Januar 1856 in dem angesehenen Verlag von John Murray, New York und London, und erhielt begeisterte Rezensionen. Die erste Auflage war bereits im selben Jahr vergriffen, und Isabella bekam von Murray einen beachtlichen Scheck, ihr erstes Einkommen als Schriftstellerin. Diese frühe Reise, der in den nächsten Jahren mehrere andere nach Nordamerika und in den Mittelmeerraum folgten, war ein Vorgeschmack auf die Art von furchtlosem, unkonventionellem Reisen, wie Isabella es sich vorstellte, das Initial zur Veränderung ihres Lebens. Isabella, kaum größer als einen Meter fünfzig, scharfsinnig und gebildet, humorvoll, mitunter sarkastisch, ebenso schlagfertig wie mutig, geplagt von Schmerzen und depressiven Schüben, zuweilen verzweifelt, ja lebensmüde, sollte durch das Reisen der viktorianischen Enge, die ihr die Luft zum Atmen nahm, entkommen und zu sich selbst finden. Indem sie sich schwer zugänglichen Landstrichen aussetzte, gewann sie an physischer Kraft und geistiger Klarheit.

Nach dem Tod des Vaters 1858 zogen Isabella und ihre geliebte Schwester Hennie mit der Mutter nach Edinburgh und verbrachten einige Monate im schottischen Hochland. Dort verfasste Isabella, sie hatte es dem Vater versprochen, einen Essay über die Aspekte der Religion in den Vereinigten Staaten, der 1859 in Buchform erschien. Sie unternahm Touren durch die Highlands, forschte zu Archäologie und Geschichte, Chemie und Biologie und schrieb neben ihren Büchern auch Artikel für verschiedene Zeitschriften, unter anderem das in London erscheinende vielgelesene Wochenmagazin »The Leisure Hour«, wodurch sie ihren Lebensunterhalt bestritt. Mit ihrer Gesundheit ging es jedoch immer weiter bergab. »Ich fühle mich«, notierte sie 1864, »als verginge mein Leben mit der unwürdigen Beschäftigung, mich ausschließlich um mich selbst zu kümmern, und stelle fest, dass ich Gefahr laufe, in vollkommener Selbstbezogenheit zu verkrusten.« Ihre Krankheit ermöglichte es ihr eben auch, ungeliebten gesellschaftlichen Pflichten und langweiligen Menschen aus dem Weg zu gehen, sich früh zurückzuziehen, nachts zu schreiben, spät aufzustehen. Sie isolierte sich mehr und mehr, legte ihre unbändige Vitalität regelrecht still.

Der Knoten platzte 1872, Isabella war vierzig Jahre alt. Am 11. Juli brach sie auf Drängen ihres Arztes von Edinburgh aus zu einer Reise auf, die achtzehn Monate dauern sollte, verzweifelt über ihre Schwäche, doch diesmal fest entschlossen, über sich selbst hinauszuwachsen. Das erste Ziel: Australien. Dora Bird war 1868 gestorben. Zurück im westschottischen Tobermory blieb Henrietta, die Empfängerin sämtlicher Briefe, die Isabella als Fundus für ihre folgenden Bücher dienten. Im September zog sie sich auf See eine schwere Lungenentzündung zu. Man fürchtete um ihr Leben, doch sie erholte sich und ging am 5. Oktober in Melbourne an Land. Fast zwei Monate durchquerte sie den Südwesten Australiens, unternahm Ausflüge in den australischen Busch und erforschte die dortige Pflanzenwelt. An Bord eines kleinen, mit Menschen und Tieren überfüllten Dampfschiffs fuhr sie Ende November über die Tasmansee weiter nach Invercargill, einem Hafen an der Südspitze Neuseelands, getrieben von der Sehnsucht nach Territorien jenseits des ihr bekannten Horizonts. Hitze und Staub schlugen ihr entgegen, sie hatte die schlimmste Jahreszeit erwischt. Am 1. Januar 1873 legte sie, wie ihre Biografin und Freundin Anna Stoddart berichtet, auf der »Nevada«, einem reichlich ramponierten Schiff, von Auckland nach Hawaii, den damaligen Sandwichinseln, ab. Der Dampfer geriet nach kurzem in einen heftigen Hurrikan, der ihn wie Treibgut hin und her schleuderte. Die Mannschaft meuterte, die Passagiere verzweifelten – und Isabella war zum ersten Mal in ihrem Element. Sie kümmerte sich um die seekranken Mitreisenden, las Tennyson, half, die unzähligen Kakerlaken zu erschlagen, und vergnügte sich beim Scheibenwerfen. Am 25. Januar traf sie in Honolulu ein. Dort ereignete sich, wonach sie sich ihr Leben lang gesehnt hatte:

Sie fühlte sich frei. Es war überwältigend: »Endlich liebe ich, und der alte Meeresgott hat mein Herz geraubt und meine Seele so ergriffen, dass ich von nun an, egal, wo sich mein Körper auch befindet, in meinem Herzen mit ihm verbunden bin. Es ist, als lebte ich in einer neuen Welt, so frisch, so vital, so sorglos, so ungehindert, so voll der Eindrücke, dass jeder alte Groll verschwindet. Keine Nervosität mehr, keine Konventionen.« Isabella organisierte sich ein Pferd und ritt quer durch das Land – zum ersten Mal so, wie sie wollte, im Herrensitz, was ihrem Rücken außerordentlich gut tat. »Mein Zustand bessert sich Tag für Tag«, schrieb sie an Hennie, »ich fühle mich nicht mehr als Invalidin.« Sie schlief in Hütten, wanderte durch Lavafelder und hatte kaum ihr Lager am Hang des Mauna Loa, einem der größten aktiven Vulkane der Welt, aufgeschlagen, als er ausbrach »und wie ein Drache zu brüllen und fauchen begann«. Als sie in den Spiegel schaute, erkannte sie sich selbst nicht wieder, so jung sah sie aus. »Ich war davon genauso überrascht«, berichtete sie ihrer Schwester, »wie manchmal in Edinburgh, wo ich nicht glauben konnte, dass dies ängstliche, abgezehrte Gesicht mir gehört.«

Es gab kein Zurück mehr. Von nun an sollte Isabella Bird ihr Leben dem Reisen, Forschen und dem Schreiben widmen. »Die sieben Monate auf den Sandwichinseln«, schrieb sie an ihren Verleger, »waren eine spannende und höchst faszinierende Zeit. Ich habe ausführliche Beschreibungen davon an meine Schwester geschickt … sie sind auf großes Interesse der Freunde zu Hause gestoßen, die mich drängen, meine Erfahrungen zu veröffentlichen, da es bislang kein modernes Reisebuch über Hawaii gibt.« »Six Months in the Sandwich Islands« erschien 1875. Von Hawaii aus reiste Isabella zur amerikanischen Westküste weiter. In San Francisco nahm sie den Zug, fuhr in die Berge, mietete in Truckee, dem Zentrum der »Holzfällerregion«, ein Pferd und ritt als erstes zum Lake Tahoe, einem einsam gelegenen Bergsee auf der Grenze zwischen Kalifornien und Nevada. Ihr Ziel waren die Rocky Mountains in Colorado, deren trockenes Klima unzählige, vor allem an Lungenkrankheiten leidende Menschen anzog. Isabella trieb es in raue, gänzlich unerforschte Gegenden, je weiter von der Zivilisation entfernt, desto besser. Sie scheute keine Anstrengung, um an Orte zu gelangen, die sie mit einer von Menschen noch kaum berührten Natur konfrontierten. Das Ziel ihrer Sehnsucht war Estes Park, ein Tal in 2293 Meter Höhe über dem Meeresspiegel, »eine unregelmäßig geformte Senke, funkelnd in den glühenden Strahlen, die sich in den Stromschnellen des Big Thompson River brachen, beschützt von riesenhaften, fantastisch geformten Bergen, die es wie Schildwachen umringen, über ihm Longs Peak in unnahbarer Pracht … Ich bin an den Ort gelangt, den ich so sehr ersehnt habe – und in allem übersteigt er meine kühnsten Träume«. In jener Abgeschiedenheit fand Isabella »Glück und Seligkeit, Frohsinn, Genuss und Freiheit« und begegnete vielleicht der Liebe ihres Lebens: Jim Nugent, bekannt als Rocky Mountain Jim, ein einäugiger, zur Fahndung ausgeschriebener Desperado, ebenso berüchtigt wie bewundert, klug, gebildet und sensibel, ebenso Gentleman wie Rowdy, unberechenbar und gewalttätig, aus Verzweiflung zum Trinker geworden, von enormer Vitalität und zugleich depressiv, ja lebensmüde. Zwei verwandte Seelen, die sich in der harten, kalten Einsamkeit der Berge begegneten, beide getrieben von unendlicher Sehnsucht nach einem anderen Leben, verbunden in ihrer Liebe zur Natur. Für Isabella öffnete Jim sein verkrustetes Herz. Trotz aller Ablehnung der viktorianischen Konventionen war sie noch immer so damit verwoben, dass sie sich ein Einlassen auf ihn, einen Outlaw, verwehrte. Darüber hinaus wurde ihr bewusst, dass sie Henrietta, ihr Ein und Alles, durch eine Entscheidung für

Jim wohl verlieren würde. Sie wies ihn ab. Anna Stoddart berichtet, dass Jim Nugent zusammenbrach, als er in Namaqua von Isabella Abschied nahm. Am 25. Juli 1874 erhielt sie die Nachricht von seinem tragischen Tod: Er war von Evans, dem Mann, der ihn ebenso bewunderte wie hasste, erschossen worden. In »A Lady's Life in the Rocky Mountains«, erschienen 1879, ihrem wohl berühmtesten Buch, setzt sie Jim Nugent, wenn auch verhohlen, ein Denkmal. Im Städtchen Estes Park, im heute von Touristen überfluteten Rocky Mountain National Park, erinnert das Restaurant »Bird & Jim« an die ungewöhnliche Begegnung.

1880 erschien bereits Isabellas nächstes Buch, »Unbeaten Tracks in Japan«. Mit einem jungen japanischen Dolmetscher hatte sie Hokkaido bereist und einige Zeit bei den Ureinwohnern Nordjapans, den Ainu, verbracht, war nach Hong Kong, Kanton, Saigon und Singapur gekommen und hatte Malaysia gesehen. 1881 brach alles zusammen: Henrietta, ihre »geliebte und einzige Schwester«, starb an Typhus. Ihr »liebevolles Interesse, ihre Aufmerksamkeit und sorgfältige Kritik« waren die Inspiration von Isabellas Schreiben. »Der Schmerz ist furchtbar«, notierte sie. »Sie war meine Welt, sie füllte mein ganzes Denken aus.« Henriettas Arzt John Bishop, ein langjähriger Freund beider Schwestern, hatte wiederholt um Isabellas Hand angehalten. Nun gab sie nach. Fünf Jahre lang spielte sie die aufmerksame Ehefrau, fiel in ihren alten Zustand zurück. Als Bishop 1886 starb, wurde Isabella klar, dass sie so schnell wie möglich wieder losziehen musste. Sie absolvierte einen Kurs als Krankenschwester und machte sich auf den Weg nach Indien, durchquerte Tibet, bereiste Persien, Kurdistan und die Türkei. Ihre Briefe galten nun Freunden in Schottland und vor allem ihrem Verleger John Murray. Ihre Reisen dehnten sich aus, wurden ambitionierter, dienten der Forschung. Sie begann zu fotografieren. 1892 wurde Isabella Bird als erste Frau in die Royal Geographical Society aufgenommen.

Eine ihrer letzten großen Unternehmungen führte sie 1894 mehrere Monate durch Korea und China. Sie erforschte den Han Jiang, den längsten Nebenfluss des Jangtsekiang, erstieg den Diamantenberg an der Ostküste Nordkoreas und erlebte den Ausbruch des Ersten Japanisch-Chinesischen Krieges, der zur Okkupation Koreas durch die Japaner führen sollte. Gezwungen, das Land zu verlassen, reiste sie in die Mandschurei und fotografierte chinesische Soldaten auf dem Weg an die Front. Nicht nur in Briefen, sondern nun auch in zahlreichen Fotografien dokumentierte sie die verschiedenen Stationen ihrer Reise.

Kurz vor ihrem dreiundsiebzigsten Geburtstag, die Taschen schon gepackt für eine Tour, die sie erneut nach China führen sollte, erkrankte Isabella. Einige Tage vor ihrem Tod, so Anna Stoddart, erhielt sie Besuch von einem alten Freund, der ahnte, dass es schlimm um sie stand. »Sag Hennie«, bat sie ihn, »dass ich nach Hause komme.« Isabella Bird starb am 7. Oktober 1904 in Edinburgh.

Klaudia Ruschkowski

Literatur

Anna M. Stoddart, »The Life of Isabella Bird (Mrs. Bishop)«, John Murray, London, 1906

Meiner Schwester,
an die
diese Briefe ursprünglich geschrieben wurden
und der sie nun
in Liebe gewidmet sind.

1. Brief

Von San Francisco zum Lake Tahoe

Lake Tahoe – Ein Morgen in San Francisco – Staub – Pazifischer Postzug – Digger Indianer – Cape Horn – Ein Berghotel – Mietstall in Truckee – Ein Bergfluss – Begegnung mit einem Bären – Tahoe

Lake Tahoe, 2. September 1873

Ich habe einen Traum an Schönheit entdeckt, den man sein Leben lang betrachten und dabei tief einatmen möchte. Nicht einladend wie die Sandwichinseln[1], sondern schön auf eigene Weise. Eine entschieden nordamerikanische Schönheit: schneebedeckte Berge, hoch aufragende Kiefern, Mammutbäume und Silberfichten. Eine kristallklare Atmosphäre, die reichsten Farbspiele und ein von Föhren umstandener See, auf dessen Oberfläche sich die ganze Herrlichkeit spiegelt. Vor mir erstreckt sich Lake Tahoe, eine zweiundzwanzig Meilen[2] lange und zehn Meilen breite Wasserfläche. Der Bergsee, an manchen Stellen tausendsiebenhundert Fuß[3] tief,

1 Isabella Bird verbrachte 1873 sechs Monate auf den sogenannten »Sandwichinseln«, wie der englische Seefahrer und Entdecker James Cook (1728–1779) das Königreich Hawaii getauft hatte, und reiste im August 1873 direkt von dort aus nach San Francisco weiter.

2 Eine Meile entspricht etwa 1,60 Kilometern.

3 Ein Fuß entspricht ca. 0,30 Metern.

liegt auf einer Höhe von sechstausend Fuß, die schneebedeckten Gipfel, die ihn umgeben, ragen zwischen acht- und elftausend Fuß empor. Die Luft ist scharf und geschmeidig. Bis auf das ferne, annähernd rhythmische Klirren der Axt eines Holzfällers ist kein Geräusch zu hören.

Allein der Gedanke, in das Getöse von San Francisco zurückkehren zu müssen, das ich gestern früh im kalten Morgennebel verließ, ist mir zuwider. Der Weg zur Oakland Fähre führte durch Straßen, an denen sich tausende von Cantaloupe- und Wassermelonen, Berge von Tomaten, Gurken, Kürbissen, Birnen, Weintrauben, Pfirsichen und Aprikosen türmten, alles von erstaunlicher Größe, verglichen mit dem, was ich kenne. In anderen Gassen stapelten sich Mehlsäcke, die man nachts draußen stehen lässt, da während dieser Jahreszeit kein Regen zu erwarten ist. Ich will mich nicht lange bei diesem ersten Teil der Reise aufhalten – dem Überqueren der Bucht in nasskaltem Nebel wie im November, den vielen Lunchkörben im Eisenbahnwaggon, als wäre eine riesige Picknickgesellschaft in ihm unterwegs, dem letzten Blick auf den Pazifik, den ich nun beinahe ein ganzes Jahr lang unentwegt vor Augen hatte, der grellen Sonne und dem strahlenden Himmel über der Küste, den Zeichen einer langen Trockenheit, die man nicht als Dürre bezeichnen kann, den von der Gifteiche blutrot gefärbten Rändern der Täler, den Weingärten mit ihren großen, purpurnen Trauben inmitten staubiger Blätter, und den zwischen den Rebstöcken liegenden mächtigen staubbedeckten Melonen. Das Getreide wurde bereits im Juni von den endlosen Feldern geerntet. Nun wartet es in Säcken, die sich längs der Gleise häufen, auf seinen Transport. Kalifornien ist »ein Land, wo Milch und Honig fließen«. Die Scheunen strotzen vor Fülle. In den Obstgärten werden die Äste der Apfel- und Birnbäume gestützt, um nicht unter der Last der Früchte einzubrechen. Melonen, Tomaten und riesige Kürbisse liegen nahezu unbeachtet am Boden. Gut genährtes, ja, fettes Vieh ruht im Schatten der Eichen. Das Fell der prächtigen rotbraunen Pferde glänzt nicht vom Striegeln, sondern vom guten Futter, und blühende Farmen ringsum zeigen, auf welch solider Basis der Wohlstand des »Goldenen Staates« gründet.

Sehr fruchtbar, doch weniger verlockend ist das glühendheiße Sacramento Valley und abstoßend die Stadt Sacramento selbst, die, hundertfünfundzwanzig Meilen vom Pazifik entfernt, nur dreißig Fuß über dem Meeresspiegel liegt. Das Thermometer zeigte fast vierzig Grad im Schatten, und der feine weiße Staub war zum Ersticken.

Am späten Nachmittag begann die Auffahrt in die Sierra Nevada, deren gezackte Gipfel wir schon seit vielen Meilen vor uns haben. Die staubbedeckte Fruchtbarkeit blieb zurück, die Gegend wurde rau und felsig. Ströme, die dem schlammigen Sacramento die trübe Brühe aus den hochgelegenen Goldminen zuführen, schneiden sich tief in das Land ein. Die zerklüfteten Bergrücken zogen sich immer länger dahin, die Schluchten wurden immer abgründiger, die Kiefern immer mächtiger, je weiter wir in die kühle, großartige Höhe vordrangen. Am späten Nachmittag hatten wir die letzten Spuren von Landwirtschaft und die letzten Laubbäume hinter uns gelassen. In Colfax, einer zweitausendvierhundert Fuß hoch gelegenen Bahnstation, stieg ich aus und schritt den Zug ab. Ganz vorne standen zwei große, herausgeputzte Dampflokomotiven, »Grizzly Bear« und »White Fox«, die Tender hoch mit Holzscheiten gefüllt, beide über dem Kuhfänger[4] mit einem einzigen großen Scheinwerfer ausgerüs-

4 Der vorstehende »Cowcatcher« diente den US-amerikanischen Dampflokomotiven als Schienenräumer. Erstmals wurde ein solcher »Kuhfänger«, eine Erfindung des Engländers Charles Babbage (1791–1871), bei der Dampflokomotive »John Bull« verwendet.

tet, dazu viel leuchtendes Messing, ein komfortables Führerhaus mit Glasscheiben und gut gepolsterte Sitze für den Lokomotivführer. Auf die Lokomotiven folgten ein Gepäck- und ein Postwagen. In einem von zwei Männern bewachten Wells, Fargo & Company Expresswaggon wurden Goldbarren und Wertpakete transportiert. Den Anschluss machten zwei Güterwagen voller Pfirsiche und Trauben, zwei sechzig Fuß lange Waggons erster Klasse, die sogenannten »Silver Palace Cars«, der größtenteils von Chinesen besetzte Raucherwagen und schließlich fünf einfache Passagierwaggons. Auf den Plattformen der vorderen vier drängten sich Digger Indianer[5] mit ihren Frauen, Kindern und allem möglichen Gerät. Diese Indianer sind durch und durch Wilde, ohne den Funken einer noch so anspruchslosen Kultur, und zählen zu den armseligsten der unglücklichen Stämme, die vor den Augen der Weißen aussterben. Sie waren alle sehr klein, hatten flache Nasen, einen breiten Mund und schwarzes, über den Augen gerade geschnittenes Haar, das ihnen lang und strähnig über Schultern und Rücken fiel. Das Haar der Frauen schien dick mit einer pechartigen Substanz bestrichen, ein breiter, pechschwarzer Streifen zog sich auch über Nase und Wangen. Sie schleppten ihre Kinder an Bretter geschnallt auf dem Rücken. Die Kleidung aller bestand aus Fellen und zerlumpter, schmutzig grober Wolle. An den Füßen trugen sie schlichte Mokassins. Sie sahen schrecklich aus und starrten vor Ungeziefer und Schmutz. Die Männer hatten kurze Bogen und Pfeile bei sich. Einer mit einem Köcher aus Luchsfell schien der Häuptling zu sein. Manche von ihnen waren mit Angeln ausgerüstet, doch die Umstehenden erklärten mir, dass sich diese Indianer fast ausschließlich von Heu-

5 Angehörige der Maidu, eines Stammes in Nordkalifornien. Jäger und Sammler, die sich vor allem von Eicheln ernährten und nach essbaren Wurzeln gruben, weshalb sie bei den europäischen Einwanderern »Digger Indians« hießen.

schrecken ernähren. Sie standen in traurigem Kontrast zu den sie umgebenden Zeugnissen einer einstmals mächtigen Zivilisation.

Das Licht der untergehenden Sonne, ein Licht aus jener alten Zeit, verklärte die Berge, und als sich der abendliche Tau über das Land legte, erfüllten aromatische Düfte die reglose Luft. Auf einem einzigen Gleis, das streckenweise nur auf einem schmalen Sims entlangführte, der von Männern, die man in Körben vom Gipfel hinabgelassen hatte, über zwei- bis dreitausend Fuß tiefen Schluchten in den Berg geschlagen worden war, kroch das eiserne Ungetüm nun langsam in die Höhe. Ab und zu hielten wir vor einer Reihe von Holzhäusern oder an einer einsamen Blockhütte, vor der ein paar Chinesen herumlungerten. Pfade an den Seiten der Schluchten deuteten allerdings auf nahegelegene Goldminen hin. An manchen Stellen folgten die engen Kurven so rasch aufeinander, dass selten mehr als ein Teil des Zuges zu sehen war, wenn man den Kopf aus dem Fenster streckte. Bei Cape Horn, wo die Gleise auf einem schmalen, zweitausendfünfhundert Fuß hoch gelegenen Felsvorsprung entlangführen, schließt jeder verständlicherweise die Augen und hält den Atem an. Ich sparte mir diesen Nervenkitzel jedoch für die Überquerung einer hölzernen Trestle-Brücke auf, die unmittelbar auf eine scharfe Kurve folgte. Die Waggons schienen über die Brücke hinauszuragen, und man hatte das Gefühl, als würde man direkt in eine wilde Schlucht hinabschauen, durch die in ungeheurer Tiefe ein reißender Sturzbach tobte.

In der Nähe des Gipfelpasses fuhren wir in hölzerne Galerien ein, die sogenannten Schneedächer, die für die nächsten fünfzig Meilen jeden Blick auf die Schönheiten des Landes verstellten. Selbst der Donner Lake, das »Juwel der Sierra«, blieb unsichtbar. In wenigen Stunden war die Temperatur von fast vierzig Grad auf null gesunken. Wir zitterten vor Kälte in der frostig klaren Luft. Auf einer Strecke von hundertfünf Meilen hatten wir eine Steigung von nahezu siebentausend Fuß bewältigt. Nachdem wir die Galerie durchquert hatten und im Dunkeln immer wieder großartige Blicke auf brennende Kiefernwälder werfen konnten, trafen wir nachts gegen elf Uhr in Truckee ein. Das Zentrum der »Holzfällerregion« der Sierra gilt als »Bergstadt mit rauen Sitten«. Alle Halunken der Gegend scharen sich hier zusammen, in den Saloons kommt es jede Nacht zu Schießereien. Mir wurde jedoch versichert, dass man einer Dame mit Respekt begegnen würde, und dringend empfohlen, ein paar Tage zu bleiben und mir die Seen anzuschauen. Trunken vor Müdigkeit stieg ich aus und beneidete die Passagiere in ihren Schlafwagen, die dort bereits auf komfortablen Ruhebetten in tiefem Schlummer lagen. Der Zug war an der Hauptstraße zum Stehen gekommen – wenn der große, gerodete, von Schienensträngen durchzogene Platz diese Bezeichnung verdiente. Hier und da ragte noch ein Baumstumpf auf, stapelten sich zersägte Stämme, und der Mond beschien ein Durcheinander von schindelgedeckten Häusern und überdachten Veranden. Gleich gegenüber vom Zug stand ein grobschlächtiges Westernhotel, in dessen hell erleuchteter Bar sich trinkende und rauchende Männer drängten. Zwischen dem Hotel und den vielen Waggons bewegten sich jede Menge Müßiggänger und Passagiere. Unter dem Geläut schwerer Glocken rangierten mächtige Dampflokomotiven auf den Gleisanlagen. Der grellwütige Blick ihrer Zyklopenaugen dämpfte den Schein, der von Waldbränden an einem der Berghänge herrührte. Auf einigen Freiflächen loderten Feuer aus Kiefernscheiten, um die sich Gruppen von Männern geschart hatten. Eine Kapelle lärmte, der unselige Schlag von Tom-Toms erklang in nicht allzu weiter Ferne. Berge schienen die Stadt wie Wälle zu umgeben, und hohe Kiefern reckten sich klar und deutlich gegen einen Himmel, aus dem Mond und Sterne ein eisiges Licht versprühten.

In dieser Höhe herrscht beißender Frost, und als ein »irrepressible nigger«[6], der das Hotel zu vertreten schien, mich und meine Reisetasche in einer Art »Empfangsraum« abgesetzt hatte, war ich froh, im Ofen noch Reste glimmender Kiefernscheite zu entdecken. Ein Mann erschien und teilte mir mit, er werde versuchen, mich unterzubringen, sobald die Züge abgefahren seien. Ich dürfe aber nicht zu viel erwarten, das Hotel sei voll. Es war bereits halb zwölf. Seit sechs Uhr morgens hatte ich nichts gegessen. Als ich hoffnungsvoll nach einem heißen Abendessen und etwas Tee fragte, hieß es, um diese Zeit sei nichts mehr zu machen. Eine halbe Stunde später tauchte der Mann dennoch mit dünnem, kaltem Tee und einem Stück Brot auf, das aussah, als wäre es schon durch mehrere Hände gewandert.

Ich erkundigte mich bei dem »unbezähmbaren Faktotum«, wo es hier Pferde zu mieten gebe. Augenblicklich kam ein Mann vom Schlag eines echten West-Pioniers aus der Bar herüber, zog den Hut und versprach, mir zu helfen. Er ließ sich in einen Schaukelstuhl fallen, zog einen Spucknapf heran, schnitt ein Stück Tabak ab, schwang seine Füße mit den schmutzigen Stiefeln, in die er seine Hose gestopft hatte, auf den Ofen und begann energisch zu kauen. Zwischendurch bemerkte er, dass seine Pferde gut trabten und galoppierten, warf ein, dass einige Damen den mexikanischen Sattel bevorzugten, und versicherte, ich könne bedenkenlos allein reiten. Nachdem die Route festgelegt war, mietete ich ein Pferd für zwei Tage.

---

6 Anspielung auf den als »irrepressible conflict« – den »unbezähmbaren Konflikt«, d. h. den Kampf gegen die Sklaverei und die Unterdrückung der schwarzen Bevölkerung – bezeichneten amerikanischen Bürgerkrieg von 1861 bis 1865.

An der Brust des Mannes prangte ein Pionierabzeichen, das ihn als einen der ersten Siedler in Kalifornien auswies. Er war von einem Ort zum anderen gezogen, überall wurde es ihm zu zivilisiert, »aber in Truckee«, sagte er, »würde sich wohl nie viel ändern«. Später klärte man mich darüber auf, dass hier nicht zu festgelegten Zeiten geschlafen wird, da es nicht genug Unterkünfte für eine – vorwiegend männliche – Bevölkerung von zweitausend Seelen gibt, die sporadisch noch um eine Menge anderer Leute verstärkt wird. Die Betten sind daher rund um die Uhr von wechselnden Parteien belegt. Entsprechend sah die Kammer aus, die mir zugewiesen wurde. Auf den Haken hingen Mäntel und Reitpeitschen, auf dem Boden lagen schmutzige Stiefel, in einer Ecke lehnte ein Gewehr. Es gab weder ein Fenster, noch frische Luft, doch ich schlief tief und fest und erwachte nur einmal durch eine kurze, heftige Zunahme des Radaus, in dem ich eingeschlafen war, da hintereinander drei Pistolenschüsse abgefeuert wurden.

Am nächsten Morgen zeigte Truckee ein völlig verändertes Gesicht. Die Menschenmengen der vergangenen Nacht waren verschwunden. Wo die Feuer gebrannt hatten, türmten sich Aschehaufen. Ein schlaftrunkener deutscher Kellner schien der einzige Mensch im ganzen Haus zu sein. Die Saloons gähnten vor Leere, nur ein paar übernächtigte Faulenzer trieben sich auf der sogenannten Straße herum. Es hätte ein Sonntag sein können, doch gerade am Sonntag soll es hier, wie ich hörte, hoch her gehen. Gottesdienst scheint es zurzeit keinen zu geben. Die Arbeit ruht nur, um sich dem Vergnügen hinzugeben. Ich packte das Notwendigste in eine kleine Tasche, zog mein hawaiianisches Reitkostüm über einen Seidenrock, schlüpfte in einen Staubmantel und stahl mich über die Plaza zum Tattersall, dem größten Gebäude von Truckee. Dort standen zwölf Pferde in Ställen, die links und rechts einer breiten Einfahrt lagen. Mein Freund vom Vorabend zeigte mir seine Schätze in Gestalt von drei samtbezogenen Damensatteln ohne Knauf. Einige Damen, bemerkte er, benutzten auch einen mexikanischen Sattel, doch »in dieser Gegend« ritte keine Frau im Männersitz. Das brachte mich in Verlegenheit. Im Damensattel kann ich in diesem Gelände keinen Schritt weit reiten. Ich war drauf und dran, meinen euphorischen Plan aufzugeben, als der Mann bemerkte: »Ach, reiten Sie doch, wie Sie wollen. In Truckee kann jeder tun und lassen, was er will.« Seliges Truckee! Im Handumdrehen wurde ein großer Grauer mit einem prächtigen silberbeschlagenen mexikanischen Sattel herausgeputzt. Die Steigbügel waren mit herabbaumelnden Lederquasten verziert, die Schabracke bestand aus Schwarzbärenfell. Ich befestigte meinen Seidenrock am Sattel, deponierte meinen Mantel auf dem Futtertrog und saß sicher auf dem Pferd, bevor der Mann noch nachfragen konnte, ob er mir hinaufhelfen solle. Weder er noch einer der Tagediebe, die sich um uns versammelt hatten, zeigte die geringste Überraschung. Alle verhielten sich sehr respektvoll.

Kaum saß ich im Sattel, war meine Verlegenheit verflogen. Ich trabte durch die Stadt, die aussah wie ein längs der pazifischen Eisenbahn aufgeschlagenes Zeltlager, und folgte über zwölf Meilen den Windungen des Truckee, eines klaren, eiskalten, tosenden Bergstroms, auf dessen Grund riesige Kiefernstämme ruhten, die nicht vor dem nächsten Hochwasser fortgeschwemmt werden würden. An seinen Ufern wachsen weder Farne noch Kriechpflanzen. Nichts Grünes kann sich in Nachbarschaft der turbulenten Stromschnellen halten. Der helle Himmel und die kristallklare Atmosphäre, das strahlende Licht und ein Funkeln, wie ich es nur aus Kalifornien kenne, verleihen zusammen mit der belebenden Luft, die jede Trägheit verscheucht, eine Energie, die vor nichts haltmacht. Beiderseits des Stroms erheben sich riesige Felswände, zinnenbewehrt, zerfurcht, zerklüftet und von hoch aufragenden Kiefern gekrönt. Hin und wieder öffnet sich eine Felsspalte und gibt den Blick frei auf einen Schneegipfel, der in den maßlos blauen, wolkenlosen Himmel ragt. Auf sechstausend Fuß Höhe muss man sich mit Koniferen bescheiden. Mit Ausnahme einiger Espen, die sich dort ausbreiten, wo Kiefern gefällt wurden, und Pappeln, die in tieferen Lagen die Flüsse säumen, gibt es nichts als Nadelwald und ein Unterholz aus Himbeersträuchern, Johannis- und Stachelbeeren, wildem Wein und Bärentraube. Ich erfreute mich an den Zuckerkiefern, die zwar nicht so gigantische Ausmaße besitzen wie die Riesenmammutbäume im Yosemite Park, doch immerhin eine majestätische Höhe von zweihundertfünfzig Fuß erreichen. Die gewaltigen, kerzengeraden Stämme, in einem warmen Rot, das an Zedernholz erinnert, weisen im unteren Drittel nicht einen einzigen Ast auf. Sie haben Ähnlichkeit mit Lärchen, ihre Nadeln sind jedoch lang und dunkel, die Zapfen etwa einen Fuß groß. Diese Bäume, die Wurzeln schlagen, wo sich auch nur eine Krume findet, zerteilten den Himmel mit ihren spitzen Kronen, neigten sich fast rechtwinklig über den Fluss oder überspannten ihn in voller Größe. Überall Stümpfe und abgestorbene Bäume. Glatte Schneisen zeigten an, wo man die gefällten Stämme nach unten schießen ließ, um sie vom Fluss abtreiben zu lassen. Wegen dieser Stämme leben hier verstreut Menschen. Der helle Klang der Axt mischt sich mit den Lauten der wilden Tiere und dem Tosen der Stromschnellen.

Auf dem natürlichen, weichen Weg ließ sich sehr angenehm reiten. Das Pferd war viel zu hoch für mich und hatte seinen eigenen Kopf, doch dort, wo der Boden es erlaubte, bereitete mir sein schwerer Trab Vergnügen. Niemand war hier unterwegs, nur einmal begegnete ich einem von zweiundzwanzig Ochsen gezogenen Fuhrwerk. Die drei sympathischen jungen Fuhrmänner schufen mir mit Mühe genügend Platz, damit ich das schwerfällige Gespann überholen konnte. Nachdem ich zehn Meilen geritten war, führte der Weg über einen steilen Hang in den Wald hinauf, machte eine unvermittelte Biegung, und durch das blaue Dunkel der riesigen Kiefern, deren Stämme aus der vom Fluss durchtobten Schlucht emporwuchsen, schimmerten zwei gewaltige Berge mit kahlen, grauen Gipfeln, gekrönt mit leuchtend weißem Schnee – einer jener überwältigenden Eindrücke, die einen niederknien lassen, um zu beten. Der Wald war dicht und mit einem unwegsamen Unterholz aus Zwergkiefern und Brombeergestrüpp bewachsen. Da das Pferd jedoch auf dem Weg nervös und unberechenbar geworden war, kam mir eine Abkürzung gelegen, und ich ritt drauf zu. Unachtsam, damit beschäftigt, meinen Steigbügel zu verkürzen, schrak ich zusammen, als direkt vor mir ein großes, dunkles, behaartes Tier schnaubend aus dem Dickicht brach. Zuerst dachte ich an einen wilden Eber, doch es war ein Bär. Mein Pferd stürzte wiehernd los, als wolle es zum Fluss hinab, machte jedoch urplötzlich kehrt und preschte einen steilen Hang hinauf. Mir wurde klar, dass ich aus dem Sattel musste, ich sprang also nach rechts, zur Hangseite hin ab, um nicht allzu tief zu fallen. Staubbedeckt, doch unverletzt, kam ich wieder auf die Beine. Eine wahrhaft groteske und demütigende Situation. Der Bär stob in die eine Richtung davon, das Pferd in die andere. Ich eilte letzterem hinterher. Zweimal ließ es mich herankommen, besann sich dann und galoppierte wieder los. Nachdem ich mich eine ganze Meile durch das Dickicht zurück zum Weg geschlagen hatte, las ich zunächst die Satteldecke auf, dann meine Tasche. Kurz darauf erblickte ich den Grauen. Am ganzen Leib zitternd stand er da und schaute mich an. Die Gelegenheit, ihn einzufangen, schien günstig, doch als ich auf ihn zukam, machte er kehrt, bockte, schlug aus, lief im Kreis um mich herum, bäumte sich in einem letzten trotzigen Anfall auf und hetzte in Richtung Truckee davon, den Sattel im Genick. Mit Tasche und Decke beladen, ging ich beschämt weiter.

Nach einem einstündigen Fußmarsch, verschwitzt und hungrig, erblickte ich oberhalb einer Schlucht zu meiner Freude das Ochsenfuhrwerk. Einer der jungen Männer kam, das Pferd am Zügel, auf mich zu. Als sie den Grauen herangaloppieren sahen, hatten sie mit ihrem Gespann den Weg versperrt, um ihn aufzuhalten. Sie fürchteten, dass mir etwas zugestoßen sei, und wollten gerade eins ihrer Tiere satteln, um nach mir zu suchen. Der Junge brachte mir ein wenig Wasser, ich wusch mir das Gesicht und sattelte mein Pferd. Es schnaubte und bockte noch eine ganze Weile, bis es mich endlich aufsteigen ließ, tänzelte dann aber so angstvoll und nervös, dass mich der Junge noch ein Stück begleitete. Er erzählte, dass es in den Wäldern um Truckee seit einigen Tagen von Grizzlys und Braunbären nur so wimmele. Sie wären jedoch nicht gefährlich.

Ich galoppierte weit über die Stelle hinaus, an der ich abgesprungen war, um den immer noch störrischen Grauen zu beruhigen. Bald tat sich vor mir eine herrlich lebendige Landschaft auf. Blauhäher schossen pfeilschnell zwischen den dunklen Kiefern umher, hunderte von Eichhörnchen sprangen durch den Wald, rote Libellen funkelten wie lebendige Lichter, zierliche Streifenhörnchen huschten über den Weg. Hier und da zeigte sich eine blasse Lupine. In den kristallklaren Tiefen des Flusses, der sich allmählich verbreitert hatte und nun ruhig dahinströmte, spiegelten sich majestätische, pfeilgerade in die Höhe schießende Kiefern, die Stämme von gelbgrünen Flechten umrankt, zwischen Tannen und Balsamfichten. Die Schlucht öffnete sich. Vor mir lag der

See, inmitten von Bergen, mit Buchten und Landzungen, von prachtvollen Zuckerkiefern umringt. Auf seiner gekräuselten Oberfläche glitzerten die Strahlen der Mittagssonne. Er lag so unberührt da wie zu Zeiten, wo bis auf Trapper und Indianer niemand von seiner Schönheit wusste. Nur ein einziger Mann lebt das ganze Jahr über hier, die wenigen anderen Siedler verlassen die Gegend Anfang Oktober. Sieben Monate lang ist dieser See, der niemals zufriert, kaum erreichbar. In den dichten Wäldern ringsum gibt es Grizzlys und Braunbären, Wölfe, Elche, Rotwild, Backenhörnchen, Marder, Nerze und Stinktiere, Füchse, Eichhörnchen und Schlangen. Am Ufer entdeckte ich ein rohgezimmertes Gasthaus, vor dessen Tür ein Holzfällerkarren stand und auf ihm der Kadaver eines riesigen Grizzlys, den man morgens hinter dem Haus erlegt hatte. Ich wollte eigentlich noch zehn Meilen weiterreiten, erfuhr aber, dass die meisten Pfade nicht weiterführten. Bezaubert von der Schönheit und der Stille des Lake Tahoe blieb ich also dort, zeichnete, genoss den Blick von der Veranda und durchstreifte den Wald. Auf dieser Höhe gibt es jede Nacht Frost, meine Finger wurden vor Kälte ganz steif, doch die atemberaubende Schönheit hielt mich in ihrem Bann.

Die Sonne versank hinter den Berghängen, die kiefernbestandenen Landzungen am Westufer des Sees färbten sich erst indigoblau, dann tiefrot und glühten schließlich in samtenem Purpur. Die Gipfel, auf denen das letzte Sonnenlicht lag, leuchteten mattrot, die gegenüberliegenden Berge waren von kräftigstem Rosa überzogen, und rosa glänzten auch die fernen, von ewigem Schnee bedeckten Gipfel. Bläulich violette, rote und orangefarbene Schatten färbten die Oberfläche des Sees, der andächtig im Schatten der stattlichen Kiefern ruhte. Während die Sonne noch sank, erhob sich am rotglühenden Himmel ein beinahe voller Mond: keine bleiche, flache Scheibe, sondern eine leuchtende Kugel.

Der Sonnenuntergang hatte in seiner Farbenpracht jedes erdenkliche Stadium der Herrlichkeit durchschritten, hatte das Land in Aufruhr und Triumphe versetzt, es durch Pathos und Leidenschaft geführt. Die tiefe, träumerische Stille des Mondlichts wurde nur durch vereinzelte Rufe von Nachttieren unterbrochen, die in den duftenden Wäldern widerhallten.

2. Brief

Truckee und der Donner Lake

Eine aufgetakelte Lady – Grizzlys –
Das »Juwel der Sierra« – Eine tragische Geschichte –
Karneval der Farben

Cheyenne, Wyoming, 7. September 1873

Als es nach Einbruch der Dunkelheit kalt wurde, zog es alle Gäste zum Ofen im Salon. Eine aufgetakelte Lady aus San Francisco, mit Diamanten behängt, in einem smaragdgrünen Samtkleid mit Brüsseler Spitze, unterhielt die Anwesenden durch pausenloses Geschwätz, zog über Leute und Ereignisse in anzüglich näselndem Westküstentonfall her, ohne sich die geringsten Gedanken zu machen, was sie da von sich gab. Dank seiner guten Erreichbarkeit wird Lake Tahoe in wenigen Jahren gewiss jeden Sommer von solcher Vulgarität überschwemmt werden. Mein Aussehen als »perfect guy« entsprach dem Ruf, den unsere Landsmänninnen in Amerika genießen, und ich spürte, dass der nächste Geistesblitz jener Dame auf mich zielen würde. Daher war ich erleichtert, als die Wirtin, eine kultivierte Engländerin, mich bat, ihr und ihrer Familie in der Bar Gesellschaft zu leisten. Wir unterhielten uns ausführlich über die Gegend und die wilden Tiere, vor allem die Bären, von denen es in den Wäldern jede Menge gibt. Wenn sie nicht verwundet sind, von Hunden gereizt werden, oder eine Bärin Gefahr für ihre Jungen fürchtet, scheinen sie aber keine Menschen anzugreifen.

Ich träumte so lebhaft von Bären, dass ich durch einen pelzigen Griff nach meiner Kehle erwachte. Dennoch fühlte ich mich erfrischt. Als ich nach dem Frühstück meinen Grauen bestieg, stand die Sonne hoch, und die Luft war so scharf und berauschend, dass ich dem Tier freien Lauf ließ, bergauf und bergab ritt, ohne einen Anflug von Müdigkeit. Diese Luft ist ein wahres Lebenselixier. Der Rückweg nach Truckee war herrlich, die Strecke jedoch nicht so verlassen wie tags zuvor. Tief im Wald schnaubte das Pferd und wollte sich aufbäumen. Ich erblickte eine zimtbraune Bärin mit zwei Jungen, die in einigem Abstand vor mir den Weg kreuzten, und bemühte mich, den Grauen ruhig zu halten. Die Bärin sollte nicht glauben, dass ich dunkle Absichten gegen ihre unbeholfenen Kleinen hegte. Allerdings war ich erleichtert, als sich die zottige Gesellschaft daran machte, den Fluss zu durchqueren. Kurz darauf begegnete mir ein Gespann. Der Kutscher hielt an und erkundigte sich, ob ich hier in der Gegend Bären gesehen hätte. Etwas später traf ich auf einen schwerbewaffneten Jäger, der wissen wollte, ob ich die englische Touristin sei, die gestern auf den Grizzly gestoßen war. Ein Holzfäller, der seine Mahlzeit auf einem Felsen mitten im Fluss einnahm, tippte grüßend an den Hut und brachte mir einen Schluck eiskalten Wassers, den ich kaum trinken konnte, da sich das widerspenstige Pferd nicht halten ließ. Er pflückte mir einige Bergnelken, und ich bewunderte sie gebührend. Ich erwähne diese Kleinigkeiten, um zu zeigen, wie groß der Respekt von Männern gegenüber Frauen in diesem Landstrich üblicherweise ist. Deshalb verzeiht man ihnen auch die ungenierte Art, mit der sie allein reitenden Damen begegnen. Die weibliche Würde und die männliche Achtung vor der Frau sind das Salz der Gesellschaft in diesem wilden Westen.

Mein Grauer war so reizbar, dass ich mir das Zentrum von Truckee ersparen wollte, und mich durch eine chinesische Barackensiedlung zur Stallung durchschlug, wo schon ein riesiger Rotschimmel für meinen Ritt zum Donner Lake bereitstand. Ich erkundigte mich bei dem Besitzer, ob ich mich auf umherziehende finstere Gesellen einstellen müsste. Das könnte eine abendliche Tour gefährlich machen. Derzeit kursiert die Geschichte von einem Mann, der zwei Abende zuvor mit einem zerhackten menschlichen Körper in seiner Satteltasche durch Truckee gekommen war. Geschichten dieser Art kann man hier viele hören, ob sie nun wahr sind oder nicht. »Es gibt die übelsten Halunken«, erwiderte der Stallbesitzer, »doch selbst die schlimmsten unter ihnen werden Sie unbehelligt lassen. Es gibt nichts, was die Leute hier im Westen mehr bewundern als den Mut einer Frau.« Ich musste auf ein Fass steigen, um in den Steigbügel zu treten, und als ich im Sattel saß, reichten meine Füße gerade bis zum Bauch des Rotschimmels. Ich fühlte mich auf ihm so klein wie eine Fliege.

Der Weg führte zunächst durch ein morastiges Tal, in dem üppiges Sumpfgras wucherte, das erste *grüne Gras*, das mir bislang in Amerika begegnet ist. Die Kiefern, deren rote Stämme sich aus dem Grün erhoben, waren prächtig anzuschauen. Ich ritt zügig weiter und gelangte bald zum Donner Lake, bezaubert von seiner Schönheit. Drei Meilen lang und eine halbe Meile breit liegt er versteckt zwischen den Bergen. An seinen Ufern stehen nur einige verlassene Holzfällerhütten. Die Abgeschiedenheit gefiel mir sehr. Auf dem ganzen Weg war ich weder einer Menschenseele noch einem Tier begegnet, selbst Vögel hatte ich nicht erblickt. Über die Berge, die sich direkt von den Rändern des Sees aus erheben, ziehen sich dichte Kiefernwälder, aus denen hier und da nackte, wie Burgzinnen oder Nadelspitzen geformte graue Felsen ragen. Der See ist nach George Donner benannt. Auf dem Weg nach Kalifornien hatte er im Herbst 1846 mit seiner Familie und einem Treck von Siedlern die Route über den Truckee River genommen. Er war mit einer großen Rinderherde und deshalb nur langsam unterwegs, ließ die anderen vorausziehen und rastete mit seiner eigenen sechzehnköpfigen Gruppe, darunter seine Frau und vier Kinder, am See. In der Nacht setzte ein Schneesturm ein. Am nächsten Morgen beschloss man, dass alle – bis auf George Donner, der sich verletzt hatte, seine Frau und ein deutscher Freund – versuchen sollten, den Berg mit dem Pferd zu überqueren, was ihnen unter großen Gefahren auch gelang. Der Schneesturm hielt über mehrere Wochen an, unmöglich, den Eingeschlossenen zu Hilfe zu kommen. Bei Winterende machte sich schließlich ein Suchtrupp auf, überzeugt, die drei lebend anzutreffen, schließlich hatten sie genügend Vieh gehabt, um sich zu versorgen. Nach einer mühseligen Tour gelangten die Männer endlich zum See. Als sie die Tür zur grobgezimmerten Hütte aufstießen, trafen sie auf den Deutschen, der vor dem Feuer saß und gierig einen gerösteten menschlichen Arm verschlang. Die Gruppe überwältigte ihn und entriss ihm unter größten Schwierigkeiten den Arm. Nach kurzer Suche entdeckten die Helfer im Schnee den gefrorenen Körper der Frau, ohne Arm, aber rund und prall, was darauf hindeutete, dass sie bei bester Gesundheit gewesen sein musste, als ihr Schicksal sie ereilte. Mit dem Deutschen kehrten die Retter nach Kalifornien zurück. Dieser sagte, George Donner sei im Herbst gestorben, das Vieh entlaufen und Donners Frau an Entkräftung gestorben, nachdem die wenigen verbliebenen Vorräte aufgezehrt waren. Die Geschichte klang unglaubwürdig, und die Wahrheit kam schließlich ans Licht. Der Deutsche hatte zunächst den

Mann und dann die Frau brutal ermordet, um sich Donners Geld einzustecken, doch da es keine Zeugen gab, kam der Mörder davon. Ihm wurde nur auferlegt, den verwaisten Kindern der Donners das Geld zurückzugeben.[7]

Diese tragische Geschichte kam mir in den Sinn, während ich auf den See zuritt, der mit jedem Augenblick eindrucksvoller und schöner wurde. Die Sonne sank rasch, und vor ihrem letzten goldenen Schein zeichneten sich grüne, mit stattlichen Kiefern bedeckte Bergmassive ab, die nacheinander in tiefblauem Dunst versanken, überragt von den graubleichen, spitzen, schneebedeckten Gipfeln, in bernsteinfarbenem Glanz. Das Blau verdunkelte sich, Kühle stieg vom Boden empor, Düfte durchzogen die Luft, und immer noch flirrten die hohen Gipfel im Licht. Plötzlich, von einer Sekunde auf die andere, erlosch es, verschwand, machte der aschfahlen Blässe von Totengesichtern Platz. Im Schatten der Berge wurde es nun sehr kalt, ein eisiges Frösteln durchzog mich, die Einsamkeit, die mich umgab, war überwältigend. Nur zögernd lenkte ich den Rotschimmel in Richtung Truckee und blickte immer wieder zu den aschgrauen Bergen zurück, von denen eine überirdische Faszination ausging. Im Osten änderte sich die Szene mit jedem Moment, während der See noch über lange Zeit wie »ein Meer mit flüss'gem Gold gefüllt«[8] in meinem Rücken lag – und irgendwo vor mir Truckee, unsichtbar, in einem kobaltblauen Kessel. Binnen

7 Die »Donner Party«, eine Gruppe amerikanischer Siedlerfamilien, angeführt von George Donner und James F. Reed, war im Mai 1846 in Richtung Kalifornien aufgebrochen. Missgeschicke und Fehlentscheidungen führten dazu, dass sie im Winter 1846/47 in der Sierra Nevada nahe des anschließend nach Donner benannten Sees eingeschneit wurde. Einige der Siedler überlebten nur durch Kannibalismus.

8 Aus dem 1810 erschienenen Prosagedicht »The Lady of the Lake«, Canto I, IX, des schottischen Dramatikers und Dichters Sir Walter Scott (1771–1832).

Kurzem setzte ein Farbenrausch ein, den ich nicht anders beschreiben kann als halluzinative Trunkenheit, als kaum erträgliche Freude, zärtliche Qual, unsagbare Sehnsucht, als außerirdische Musik, Ehrfurcht und überströmende Liebe. Dies dauerte wohl mehr als eine Stunde an, und obwohl der Weg vor mir kaum noch erkennbar war, und der Zug, der mich mitnehmen sollte, im Eiltempo die Berge erklomm, gelang es mir nicht, schneller als im Schritt zu reiten.

Die östlichen Berge, die soeben noch grau gewesen waren, wurden nun von einem fahlen Rosa überzogen, das Rosa versank in ein Rosé, das Rosé in tiefes Purpur, und unversehens löste sich jede Materialität auf, alles wurde klar und rein wie ein Amethyst, während sich die wellenförmigen Hänge, Bergkämme und Grate in einem tiefdunklen Blau verloren und ein absonderlicher atmosphärischer Effekt das Ganze zu einem vollkommenen Bild zusammenfügte. Es verdüsterte sich, errötete, die Konturen verschmolzen – mit jedem Atemzug gewann es größere Magie. Unter den Kiefern herrschte nun tiefe Nacht. Die von Lichtjuwel gekrönten Gipfel im Osten, die ihre Pracht so ausdauernd zur Schau gestellt hatten, wurden vom selben Schicksal ereilt wie die der Sierra und schlagartig totenbleich. Eine Zeitlang leuchtete das Platinlicht noch im Westen wider, die Silhouetten der Kiefern zeichneten sich gegen seine kalte Reinheit ab, und im Osten, wo der rosarote Schein kaum verloschen war, erhob sich ein gewaltiger Mond. An allen Berghängen flackerten grellrote Feuer. Ich stellte fest, dass die unheimliche Seite der Nacht angebrochen war, und trieb mein Pferd zum Galopp an, von dem ich nicht abließ, bis wir Truckee erreicht hatten. Dort waren die abendlichen Gelage voll im Gange. Feuer loderten, aus den überfüllten Bars und Saloons drang grelles Licht, die Spieltische wurden umlagert, Fiedel und Banjo lärmten in scheußlicher Disharmonie, überall Geschrei, Anzüglichkeiten und obszönes Gezänk.

3. Brief

Mit dem Pazifik-Express nach Cheyenne, von Greeley nach Fort Collins

Tempel des Morpheus – Utah – Eine gottvergessene Stadt – Ein verzweifeltes Paar – Hunde und Dörfer – Eine abstinente Siedlung – Ein Gasthaus in Colorado – Wanzenpest – Fort Collins

Cheyenne, Wyoming, 8. September 1873

Pünktlich um elf Uhr donnerte der schwere Pazifik-Express heran, ließ seine wuchtige Glocke ertönen und kam direkt vor dem Gasthaus zum Stehen. Ein Steward in Hausschuhen, dem ich an der Tür eines »Silver Palace« meine Fahrkarte gezeigt hatte, führte mich flüsternd zu meinem Schlafwagenplatz, einem breiten, luxuriösen Bett mit einer Rosshaarmatratze auf Sprungfedern, feinem Leinzeug und teuren kalifornischen Decken. Meine vierundzwanzig Mitreisenden schliefen bereits, hinter dicken Vorhängen verborgen. Ein wahrer Tempel des Morpheus. Hier dient alles dem ungestörten Schlaf. Vier silberne Deckenleuchten verströmten ein schwaches, träumerisches Licht. Hoch oben, beiderseits des Mittelgangs, verliefen silberne Leisten, von denen grüne und karmesinrote, mit Goldstreifen durchwirkte Ripsvorhänge fielen, die auf dem samtigen Axminster-Teppich aufstießen. Die Wagentemperatur wird sorgfältig bei einundzwanzig Grad gehalten. Draußen waren es nur zwei. Polstertüren und Doppelfenster, ein ebenso raffiniertes wie kostspieliges System an Federungen und Puffern, dazu eine Geschwindigkeit von höchstens achtzehn Meilen pro Stunde sorgen für Stille und eine ruhige Fahrt ohne Gerüttel.

Als ich mich ausstreckte, verblasste die Erinnerung an den Galopp im Dunkel der Kiefern, der eisige Mond, die Feuer in den Wäldern, das grelle Licht und das Getöse von Truckee so, wie Träume verblassen. Acht Stunden später dämmerte es rosafarben über einer flachen Ödnis. Graugrünes Gestrüpp wucherte auf einem wüsten Alkaliboden, der von niedrigen, hellen Hügelkämmen begrenzt war. Wir reisten den ganzen Tag unter einem wolkenlosen Himmel über einsame, grell leuchtende Ebenen und hielten zweimal an abgeschiedenen Blockhütten, wo für einen Dollar pro Kopf ein kräftiges, fettreiches, von trägen Fliegen umsummtes Mahl angeboten wurde. Gegen Abend fuhren wir beinahe in Luftlinie über das Land, und ich saß eine Stunde lang auf der rückwärtigen Plattform, um die Schönheit des Sonnenuntergangs zu genießen. Soweit man in dieser kristallklaren atmosphärischen Luft sehen konnte, nichts als Wüste. Das fünfundvierzig Meilen entfernte, zerklüftete, im Abendschein flammende Humboldtgebirge mit seinen Schneefeldern erschien so nah, als könne man hinübergaloppieren. Die glänzenden Metallgleise, die sich wie alles andere in der flimmernden Ferne verloren, waren das einzige, was uns mit der Zivilisation im Osten wie im Westen verband.

Als uns der Steward am nächsten Morgen bei Sonnenaufgang ohne viele Worte aus den Betten trieb, fuhren wir bereits auf den Großen Salzsee zu, an dem sich die weiße Wasatchkette entlangzieht. Durch ausdauernde Bewässerung und Fleiß haben die Mormonen dem Uferland beträchtliche Getreideernten abgerungen. Wir kamen an Hütten vorbei, aus denen trotz der frühen Stunde bereits einige Mormonen in Begleitung ihrer drei oder vier Ehefrauen traten, um ihr Tagwerk zu beginnen. Die Frauen waren ebenso hässlich wie ihre formlosen, blauen Kittel. In der Mormonenstadt Ogden stiegen wir in einen anderen Waggon um, und weiter ging es durch weiße, staubige Ebenen, hin und wieder sah man einen schlammigen Fluss oder ein ödes, ausgedörrtes Tal, das sich mitunter zu einem Canyon verengte. Gegen den feinen, weißen Alkalistaub, der in der Nase brennt, blieben die Fenster einvernehmlich geschlossen. Die Strecke wurde immer eintöniger. Mit hoher Geschwindigkeit fuhren wir durch Prärien und über Schotterflächen, nur hier und da eine Anhöhe, die das Einerlei der Landschaft durchbrach. Die Wagenstraße nach Utah verlief immer wieder parallel zu den Gleisen, und Ochsengerippe bleichten in der Sonne, die Reste jener, »deren Leichen in der Wüste liegen blieben«[9].

Bei Anbruch des nächsten Tages erreichten wir, vor Kälte zitternd, das düstere Fort Laramie, einen ehemaligen, siebentausend Fuß hoch gelegenen Handelsposten. Nach weiteren tausend Fuß über Kies und Schottergestein gelangten wir nach Sherman, dem höchsten Punkt an der Bahnlinie. Östlich von hier fließen alle Ströme dem Atlantik zu. Die Fahrt über diese sichtlich flachen Plateaus nennt man »Überquerung der Rocky Mountains«. Außer zwei niedrigen Gipfeln, die sich schwach vor einem weit entfernten Horizont abzeichneten, konnte ich nichts von ihnen erblicken. Es wurde erbärmlich kalt. Einige meinten, es würde schneien, doch ich sah nichts als wogende Nebelschwaden. Den ganzen Morgen über stromerten Burschen durch die Waggons, ver-

9 Brief an die Hebräer, 3,17

kauften Zeitungen, Romane, Kakteen, Zuckerstangen, Popcorn, Erdnüsse und elfenbeinernen Kitsch. Ich hatte jedes Zeitgefühl verloren. Erst, als der Zug schließlich vor dem Hotel in Sherman anhielt, begriff ich, dass Sonntag war.

Um uns herum erstreckten sich endlose, trockene Hochebenen. Die glühende Sommerhitze hatte das spärlich wachsende Gras schon längst zu Heu versengt. Es gab weder Baum noch Strauch, der Himmel war grau, die Erde gelbbraun, und die Siedlung erstickte unter Wolken groben Staubs, die der Wind über die Prärie peitschte. Cheyenne gilt als gottverlassenes, gottvergessenes Nest. Dass es selbst Gott vergisst, sieht man ihm deutlich an. Es verdankt seine Existenz der Eisenbahnlinie und dient, auch wenn seine Einwohnerzahl abgenommen hat, immer noch als Magazin für eine beachtliche Menge an lebenswichtigen Gütern, die im Umkreis von dreihundert Meilen auf großen, von Pferden, Maultieren oder Ochsen gezogenen Güterwagen in die dünn besiedelten Gebiete geliefert werden. Mitunter halten sich über hundert Gespanne mit doppelt so vielen Männern zur gleichen Zeit in Cheyenne auf. Noch vor Kurzem galt die Stadt als reine Hölle, bevölkert von Rowdies und Desperados, dem Abschaum der immer weiter vorrückenden Zivilisation. Morde, Messerstechereien und Schießereien waren in den Trinkhöhlen an der Tagesordnung. Sind die Dinge einmal am Tiefpunkt angelangt, wird im Westen zu einem drastischen Heilmittel gegriffen. Die Siedler, denen die Lage unerträglich scheint, organisieren sich in einem Vigilanz-Komitee. »Richter Lynch« tritt mit einem Strick hinzu, die Mehrzahl der Leute schart sich um die Ordnungshüter, anstößige Personen erhalten Warnungen, eine gekritzelte Zeichnung von einem Baum, an dem ein Mann hängt, versehen mit Sprüchen wie »wenn du bis morgen früh nicht verschwunden bist …«. Die übelsten Desperados fertigt man in einem

Schnellverfahren ab, hinter dem sogar das Standgericht zurückbleibt. Sie werden im Handumdrehen aufgehängt und dann gleich verscharrt. Auf diese Weise ist man, wie ich erfuhr, in vierzehn Tagen mit hundertzwanzig Unruhestiftern fertig geworden. Bis die Gesetzgebung der Vereinigten Staaten mit ihrem Filz und ihren Unzulänglichkeiten auch hier in Kraft tritt, sollte es in Cheyenne wohl vergleichsweise friedlich und geordnet zugehen.

Gottesfurcht ist nicht die Stärke dieser Stadt. Durch die Straßen hallen die schrecklichsten Obszönitäten, und die Gewalt in den Bars und Saloons ist keineswegs aus der Welt geschafft, nur unterdrückt. Der ganze Ort erscheint als wildes Durcheinander von Holzhäusern und Baracken. Abfallhaufen und die Innereien von Rotwild und Antilopen erzeugen den widerwärtigsten Gestank. Manche der Häuser sind blendendweiß gestrichen, andere ohne Anstrich einfach roh belassen. Es gibt weder Busch noch Garten, nichts Grünes weit und breit. Alles wuchert chaotisch in die endlose, braune Prärie hinein und macht einen zutiefst vernachlässigten und primitiven Eindruck. Ein ordinärer, armseliger Ort, der von alkoholisierten Gestalten überquillt. Unter den Hotelfenstern werden unentwegt Güterwaggons rangiert. Jenseits der Gleise kommt in der braunen Ödnis hin und wieder ein einsamer, langsam dahintrottender Reiter in Sicht oder eine Gruppe bemalter, federngeschmückter Indianer auf jämmerlichen Ponys, allerdings zivilisiert genug, um Feuerwaffen bei sich zu tragen. Die mit Bündeln behängten Squaws sitzen rittlings auf den Lastponys. Mitunter taucht eine Herde knochiger Langhornrinder auf, die sich mehrere Monate lang von Texas aus bis hierher durchgefressen haben, begleitet von vier oder fünf gespornten Cowboys in blauen Kapuzenmänteln, mit spitzem Hut und schweren Stiefeln. Sie reiten auf kleinen, drahtigen Pferden und sind bis an die Zähne mit Revolvern und Repetiergewehren bewaffnet. Ein Planwagen, von acht Ochsen gezogen und allein auf weiter Flur, brachte wahrscheinlich einen Auswanderer mit Hab und Gut nach Colorado. Auf einem der trostlosen Plätze der Siedlung pausierten sechs weiß bespannte Planwagen mit jeweils zwölf Ochsen, jeder auf dem Weg in eine andere entlegene Gegend.

9. September 1873

Auf dem hiesigen Postamt fand ich ein Empfehlungsschreiben von Ex-Gouverneur Hunt[10] und eine weitere, nicht minder willkommene Legitimation von Mr. Bowles vom »Springfield Republican«[11]. Sein Name ist im Westen allen ein Begriff. Damit bewaffnet, werde ich kühn in Colorado einfallen. Durch den Gestank hier leide ich an Schwindel und Erbrechen. Jemand berichtete, dass in den letzten drei Wochen fünfundsechzig Menschen an Cholera gestorben seien. Ich frage mich, ob es dieser habgierigen Gegend nicht grundlegend an Menschlichkeit mangelt. Womöglich lässt sie sich nicht mit Dollars kaufen wie jede andere Ware, Wahlstimmen inbegriffen. Gestern Abend machte ich die Bekanntschaft eines schmächtigen, schwer lungenkranken Mannes aus Wisconsin, der mit seiner mutigen Frau und einem Säugling unterwegs ist. Wegen der »guten Luft« war er in diese Breiten geschickt geworden, die letzte Rettung hieß es, doch sein Zustand hatte sich verschlimmert. Frühmorgens ereilte ihn ein Blutsturz. Er kroch zu meiner Tür, vor Schwäche

10 Der Republikaner Alexander Cameron Hunt (1825–1894) hatte von 1867 bis 1869 als Gouverneur des Territoriums von Colorado gewirkt.

11 Der in Springfield, Massachusetts, geborene amerikanische Journalist Samuel Bowles III (1826–1878) gründete 1844 die Tageszeitung »Springfield Republican«, die er bis zu seinem Tod herausgab.

kaum der Sprache fähig, um mich zu bitten, seiner Frau beizustehen, die an Cholera erkrankt war. Auch das Kind hatte die ganze Nacht über gelitten. Doch weder für Geld noch gute Worte war auch nur ein einziger Mensch dazu zu bewegen, etwas für sie zu tun, noch nicht einmal ein Medikament wollten sie ihr besorgen. Seine Frau war blau angelaufen, die Krämpfe verursachten ihr große Schmerzen, und der arme, ungestillte Säugling schrie vor Hunger. Vergebens bemühte ich mich um heißes Wasser und Senf für einen Umschlag, und obwohl ich einem Farbigen einen Dollar bot, um Medizin zu kaufen, schaute er das Geld nur herablassend an, summte vor sich hin und sagte, er müsse auf den Pazifik-Express warten, der nach Fahrplan aber sowieso erst in einer Stunde eintreffen würde. In ganz Cheyenne war kein einziges Babyfläschchen aufzutreiben, so sehr ich mich auch bemühte. Kein einziges mütterliches Herz ließ sich für die hilflose junge Frau und das hungrige Kind erweichen. Zum Schluss blieb mir nichts anderes übrig, als ein Stückchen Schwamm in ein Gemisch aus Milch und Wasser zu tauchen, um das kleine Geschöpf zu beschwichtigen. Ich legte ihm Senfpapier auf, eilte zum Drogisten und stieß dort auf den freundlichen Gastwirt, einen Junggesellen, der mir ein Mädchen empfahl, das nach langer Überredung endlich einwilligte, sich für zwei Dollar pro Tag des Säuglings anzunehmen und seine Mutter zu pflegen. Als sich der Zustand der Frau zu bessern begann, nahm ich den Zug nach Greeley, einer Prärie-Siedlung am Schnittpunkt der Eisenbahnlinie von Cheyenne nach Denver. Man hatte mir empfohlen, von dort aus in die Berge zu reiten.

Fort Collins, 10. September 1873

Es war schon ein besonderes Gefühl, in die Prärie hinauszufahren. Ringsum nichts als Ebenen, einfach nur flach, mitunter wie schläfrige, lang dahin rollende Meereswogen. Dort wächst nichts als dürres, gelbbraunes Gras, darauf verdorrte Stängel, Palmlilien und kleine bienenkorbartige Kakteen. Man könnte hier endlos entlanggaloppieren.

Bevölkert sind diese Landstriche mit seltsamen Wesen, die wegen ihres kurzen, scharfen Bellens Präriehunde heißen, in Wirklichkeit aber Murmeltiere sind. Die großen Kolonien, in denen sie leben, bestehen aus einer Anzahl von erhöhten, kreisrunden und achtzehn Zoll[12] breiten Öffnungen. Schräg abfallende Gänge führen fünf oder sechs Fuß tief unter die Erde. Wir passierten hunderte dieser dicht an dicht liegenden Höhlenbauten, vor nahezu jedem hockte aufrecht ein kleines, pelziges, rötlichbraunes Tier, das eine erstaunliche Ähnlichkeit mit einer jungen Robbe besitzt. Diese possierlichen Geschöpfe, allesamt der Sonne zugewandt, erfüllen die Funktion von Wächtern. Als wir vorbeifuhren, stießen sie ein warnendes Kläffen aus, wedelten mit dem Schweif und tauchten mit einem grotesken Schwung der Hinterläufe in ihr Loch ab. Das Wish-Ton-Wish, wie es bei den Indianern heißt, hat kaum Feinde und vermehrt sich außergewöhnlich rasch. Bei dem Eifer, mit dem es seine Höhlen gräbt, kann man sich vorstellen, dass die Prärien im Laufe der Jahre ernsthaft Schaden nehmen und für Pferdehufe unsicher werden. Es scheint seine Behausung für gewöhnlich mit Eulen zu teilen, und manche behaupten, dort lebten auch Klapperschlangen. Um des harmlosen, munteren Präriehunds wegen hoffe ich, dass es sich hierbei um einen Mythos handelt.

---

12 Ein Zoll entspricht etwa 2,5 Zentimetern.

Nach langer Fahrt durch tiefes, eintöniges Gelände tauchten fünf verschiedene Bergzüge auf, stechend blau vor einem ebenso stechend blauen Himmel, einer hinter dem anderen. Sich diesen wunderbaren Bergen in einem amerikanischen Eisenbahnwaggon zu nähern, heiß, stickig, voll mit kauenden, spuckenden Yankees, ist sicher nicht die beste Art. Aber die Berge hatten schon bald Besitz von mir ergriffen, ich konnte sie *spüren*, während ich sie betrachtete. Gegen fünf Uhr nachmittags kamen Holzhäuser und grüne Felder in Sicht. Der Zug hielt an. Zusammen mit zwei weiteren Passagieren stieg ich aus, und wir schleppten unser Gepäck durch knöcheltiefen Staub zu einem kleinen, roh gezimmerten Gasthaus, wo wir mit Mühe Unterkunft fanden. Die Siedlung heißt »Greeley Temperance Colony« und wurde erst vor Kurzem von fleißigen Einwanderern aus dem Osten gegründet – sämtlich Abstinenzler mit fortschrittlichen politischen Ansichten. Sie erwarben fünfzigtausend Morgen[13] Land und legten einen Bewässerungskanal an, der das Wasser bestens verteilt. Inzwischen sind sie bereits auf dreitausend Einwohner angewachsen und gelten als wohlhabendste und strebsamste Kolonie in Colorado. Hier gibt es weder Trägheit noch Kriminalität. Der reiche Ertrag der Äcker ist ausschließlich künstlicher Bewässerung zu verdanken. Bei den zahllosen Gebieten, wo die Natur alles im Überfluss gibt, überrascht es immer wieder, dass Menschen sich an solcherart von Orten ansiedeln, sich von Kanälen abhängig machen und permanent Gefahr laufen, ihre Ernten von Heuschrecken vernichtet zu sehen. Eine Bestimmung in der Satzung der Gemeinde verbietet Einfuhr, Verkauf oder Genuss alkoholischer Getränke. Die Männer aus Greeley setzen ihren Kreuzzug gegen das Trinken über die Ortsgrenzen hinaus fort. Erst kürzlich haben sie, wie ich erfuhr, drei in der Nähe

13 Ein Morgen entspricht 0,25 Hektar.

eröffnete Saloons geplündert und den Inhalt aller Whiskyflaschen auf den Boden geleert. Im Umkreis von Greeley gehen die Leute nun kein Risiko mehr ein und verzichten auf Geschäfte mit dem Alkohol. Der mäßigende Einfluss macht sich breit. Da die Männer ihre Abende nicht in der Bar verbringen können, schlief Greeley schon zu einer Stunde, wo es in anderen Städten erst richtig losgeht. Die Natur ist geizig, das Leben rau und hart. Unter solchen Bedingungen kann man kaum an etwas anderes als die existentiellen Notwendigkeiten denken.

Meine ersten Erfahrungen in Colorado waren recht unerfreulich. In Greeley gab man mir zunächst eine kleine Dachkammer, die ich dann einem Ehepaar mit Kind überließ. Man steckte mich in einen Verschlag, abgeteilt nur durch ein Stück Stoff. Es war drückend heiß und wimmelte von dicken, schwarzen Fliegen. Der englischen Wirtin war gerade die Küchenhilfe abhandengekommen. Sie befand sich in solch einer Aufregung, dass ich ihr bei der Zubereitung des Abendessens zur Hand ging, dessen Zutaten hauptsächlich aus Fett und Fliegen bestanden. Zwanzig Männer in Arbeitskleidung kamen herein, aßen, verschwanden wieder. Es fiel kein Wort. Die Wirtin machte mich mit einem Siedler aus Vermont bekannt, der im Vorgebirge lebt, den Foot Hills, ein sehr zuvorkommender Mann. Er gab sich größte Mühe, mir ein Pferd zu beschaffen. Daran mangelt es hier eigentlich nicht, doch entweder handelt es sich um große amerikanische Zugpferde oder um die kleinen energischen Broncos – Mustangs, die sich niemals ganz zähmen lassen. Sie sind schlimmer als Maultiere, bocken fast alle und gelten als widerspenstig und hinterhältig. Bei Mondlicht – welch ein Mondlicht! – versuchte ich es mit einem indianischen Pony, stellte jedoch fest, dass es zu empfindliche Hufe hatte. Da es keinen anderen Aufenthaltsraum als die Küche gab, ging ich früh zu Bett, um kurz darauf durch Myriaden krabbelnder Tiere aufgescheucht zu werden. Im Kerzenlicht erblickte ich solche Scharen von Wanzen, dass ich es mir auf ein paar Holzstühlen bequem machte und bis zum Morgengrauen unruhig vor mich hin dämmerte. Die Wanzen sind eine wahre Pest in Colorado. Sie kriechen aus der Erde und setzen sich in den Holzwänden fest. Selbst durch größte Sauberkeit ist ihnen nicht beizukommen. Viele umsichtige Hausfrauen nehmen die Betten deshalb jede Woche einmal auseinander und reinigen sie mit Karbolsäure.

Der Morgen war strahlend und kühl, die mächtige Bergkette der Rocky Mountains dehnte sich in aller Herrlichkeit vor mir aus. Ich versuchte es noch einmal mit dem Pony. Nichts zu machen. Es schien mir ungeeignet für einen langen Ritt. Da mein neuer Bekannter aus Vermont anbot, mich in seinem Wagen bis Fort Collins mitzunehmen, packte ich rasch ein paar Sachen zusammen und machte mich mit ihm auf den Weg. Vor uns lagen fünfundzwanzig Meilen. Wir verließen Greeley um zehn Uhr früh und trafen nach einer kurzen Mittagspause nachmittags um halb fünf in Fort Collins östlich der Ausläufer der Rocky Mountains ein. Die erste Hälfte der Fahrt gefiel mir gut. Dann brannte die Sonne so stark auf den gleißend hellen Erdboden, dass selbst der weiße Sonnenschirm, den ich seit meiner Abreise aus Neuseeland nicht mehr benutzt hatte, keinen Schutz vor der Hitze bot. Es war erdrückend. Bis auf heuartige Grasbüschel in den Flussbetten gab es weit und breit kein Grün, auf dem die Augen ausruhen konnten. Die meiste Zeit folgten wir dem Lauf des Cache la Poudre River, der aus den Bergen kommt, das Bewässerungssystem von Greeley speist und in den South Platte River, einen Nebenfluss des Missouri, mündet. Hat man den großen Zaun, den Greeleys energische Ansiedler rund um die paar wenigen Häuser gezogen haben, hinter sich gelassen, befindet man sich in der grenzenlosen Prärie. Gelegentlich begegneten wir einem Reiter, einem Planwagen. Mit Ausnahme der von Präriehunden unterhöhlten Gebiete kann man hier nahezu jeden Weg nehmen. Sobald ein paar Gespanne denselben Spuren folgen, heißt das »Straße«. Wir durchquerten den Fluss, dessen Lauf durchgehend von einem Rain aus niedrigen Pappeln und Espen begleitet wird, und fuhren stundenlang durch Ödnis, allerdings mit einem fantastischen Bild vor Augen. Von den lombardischen Ebenen aus betrachtet, bieten die Alpen das schönste Bergpanorama, das ich bislang erblickt habe. Mit diesem hier ist es jedoch nicht zu vergleichen. Fünf Giganten, jeder beinahe so hoch wie der Mont Blanc, erheben ihre atemberaubenden Gipfel über zahllose niedrigere Berge, die sich ins Unendliche erstrecken, in einer transparenten, unvorstellbar blauen, von keinem noch so zarten Dunstschleier getrübten Luft, etwas, das es nur in dieser Gegend gibt. Der fehlende Vordergrund ist ein Kunstfehler, das mangelnde Grün erzeugt Melancholie. Nur einmal, als wir den Fluss erneut durchquerten, rückten Pappeln in das Bild, und die Schönheit war vollkommen. Wir hielten an einer Blockhütte und wurden mit einem kräftigen Mahl aus Rindfleisch und Kartoffeln versorgt, das wir mit fünf Männern teilten. Sie entschuldigten sich, dass sie kein Jackett trugen, was mich sehr belustigte. Als wenn Jacketts hier zum Alltag gehörten!

Heute wird in diesem Bezirk von Colorado gewählt. Die Männer sprengten über die Prärie, um ihre Stimmen abzugeben. Meine drei Mitreisenden kannten kein anderes Thema als die Politik. Sie sprachen offen und ohne Skrupel über die Summen, die für Wählerstimmen gezahlt werden. Anscheinend gibt es auf keiner Seite einen Politiker, der sich nicht der Korruption schuldig macht. Wir erblickten eine riesige Herde von Langhornrindern, fünftausend Tiere, die seit neun Monaten von Süd-Texas nach Iowa unterwegs sind. Begleitet wurden sie von zwanzig Vaqueros, schwer bewaffneten Cowboys. Ein leichtes Gespann führte zusätzliche Waffen und Munition mit – und das war auch nötig, da die Indianer, außer sich vor Zorn über das rücksichtslose Abschlachten der Büffel, die ihre Existenzgrundlage sind, von allen Seiten her angreifen. In den Ebenen leben Wildpferde, Büffel, Rotwild und Antilopen, in den Bergen Bären, Wölfe, Elche, Pumas, Bisons und Argali, riesige wilde Schafe. Aus jedem Wagen ragt eine Flinte, jeder hier hofft, auf Jagdwild zu treffen.

Als wir Fort Collins erreichten, war mir vor Sonne und Hitze übel und schwindelig. Diese unangenehme Ortschaft diente früher als wichtiger Militärposten. Gegenwärtig gibt es jedoch nichts als ein paar Blockhäuser, die erst vor Kurzem auf den nackten, glühenden Erdboden gesetzt wurden. Die Siedler hegen »große Erwartungen«. Worin könnten sie bestehen? Im Haus gibt es weniger Wanzen, dafür aber umso mehr Fliegen. Diese neuen Siedlungen sind durchweg abstoßend, alles dreht sich um Dollars und darum, wie sie zu machen sind. Vulgäre Sprache, vulgäre Kost, vulgäres Einerlei. Nichts, was ein Streben nach Höherem, sofern es so etwas geben sollte, unterstützen könnte, nichts, auf dem das Auge gern ruhen würde. Die untere Etage dieses Gasthauses wimmelt von Heuschrecken. Tausende von schwarzen Fliegen bedecken den Boden und stieben bei jedem Schritt summend auseinander.

4. Brief

Durch die Foot Hills in die Wildnis der Rocky Mountains

Fliegenplage – Ein melancholischer Kutscher –
Die Foot Hills – Herberge in den Bergen –
Ein langweiliges Leben – »Verträglich sein« –
Das Klima von Colorado – Höhenkrankheit und Schlangen

Canyon, 12. September 1873

Ich fühlte mich so lustlos und müde, dass ich den Nachmittag verschlief, um Hitze und Fliegen zu vergessen. Zum Abendessen tauchten dreißig Männer in Arbeitskleidung auf, schweigend und schwermütig. Das Rindfleisch war zäh und speckig, die Butter zu Öl geronnen, beides schwarz von lebendigen, ertrunkenen und halbwegs ertrunkenen Fliegen. Auch auf dem schmierigen Tischtuch klebte eine schwarze Fliegenschicht.

Kein Wunder, dass die Gäste so bekümmert dreinblickten und sich rasch wieder aus dem Staub machten.

Es wollte mir nicht gelingen, ein Pferd zu bekommen. Jemand empfahl mir, mich in Canyon bei einem Siedler einzumieten, der eine Sägemühle besitzt und Gäste aufnimmt. Er schrieb ein paar empfehlende Sätze auf einen Zettel, drückte ihn mir in die Hand und sagte, es handele sich um ein großartiges Gebiet in den Bergen, wo sich im Sommer regelmäßig viele Leute ihrer Gesundheit wegen aufhalten. Die Vorstellung von einer richtigen Pension, wie ich sie in Amerika bereits kennengelernt hatte, beeindruckte mich. Ich beschloss, mein gesamtes Gepäck mitzunehmen, um nicht Gefahr zu laufen, wegen meines schlechten Aufzugs abgewiesen zu werden.

Früh am nächsten Morgen verließ ich Fort Collins in einem Pferdewagen, vor den zwei zierliche Broncos gespannt waren. Der junge Kutscher mit dem melancholischen Blick war noch nie in Canyon gewesen. Es gab auch keine richtige Straße. Wir begegneten niemandem, sahen nichts als ein paar Antilopen in weiter Ferne, der Junge wurde noch melancholischer und hatte bald darauf die Orientierung verloren. Zwanzig Meilen fuhren wir kreuz und quer, bis wir auf einen alten Pfad stießen, der uns endlich zu unserem Ziel führte, eine fruchtbare Gegend, in der gerade Getreide geerntet wurde. Zwei der fünf oder sechs ansehnlichen Holzhäuser kamen als Unterkunft in Frage. Eines war jedoch von Schnittern belegt, im anderen trauerte man um ein Kind. Ich bat den Jungen weiterzufahren, nicht böse darum, den nüchternen Alltag dieses Ortes hinter mir zu lassen.

Bis dahin beherrschte eine merkwürdige Verlorenheit diese Reise. Mit Ausnahme der gewaltigen Bergkette zu unserer Rechten waren wir von Prärie umgeben. Ich fühlte mich wie auf See, ohne Kompass. Die Räder rollten leise über das kurze, trockene Gras und hinterließen keine Spur. Kein fröhliches Hufklappern, das uns begleitete. Der Himmel war bewölkt, die Luft heiß und drückend. Am Weg verweste ein Maultierkadaver, von dem einige Geier kurz irritiert aufflogen, um sich gleich wieder über ihn herzumachen. Tierknochen und Gerippe waren nun häufig zu sehen. Die Foot Hills, eine Kette niedriger, grasbewachsener Hügel, erhoben sich aus der Ebene, eintönig und ohne besondere Merkmale, bis auf die Schneisen, durch die sich Ströme mit Schmelzwasser aus den höher gelegenen Regionen ihren Weg gegraben hatten.

Desorientiert und zutiefst bekümmert entschied sich der Kutscher für die breiteste der Schneisen. Wir fuhren bergan. Eine Stunde später lagen die Foot Hills zwischen uns und der endlosen Prärie, und am Horizont wurde ein erhöhter, zerklüfteter, von Kiefern bestandener Bergzug sichtbar. Die Foot Hills, die sich im Osten sanft aus der Ebene erheben, erscheinen von Westen aus, als hätte man sie gewaltsam vom nächsten Bergmassiv abgebrochen: Felswände und Terrassen in überwältigenden Farben, verwittert, von Erzadern durchzogen und selbst unter dem grauen Himmel in leuchtender Pracht. Der Junge glaubte fest, die Wegbeschreibung, die man ihm eingetrichtert hatte, verstanden zu haben, war aber leider auf den Kopf gefallen. Wir fanden uns vor einem Fluss wieder, zu tief und reißend, um hindurchzukommen, und verloren weitere wertvolle Stunden, da wir vor einer unpassierbaren Schlucht kehrtmachen mussten. Er fürchtete um seine Pferde und lamentierte, für kein Geld der Welt würde er jemals wieder in die Berge fahren. Mit durchschnittlicher Intelligenz ausgestattet, sollte solch ein Ausflug eigentlich keine Schwierigkeiten machen. Nach neunstündiger Fahrt hatten wir bestimmt fünfundvierzig Meilen zurückgelegt, wobei die Broncos keinerlei Spur von Ermüdung zeigten, und gelangten schließlich zu einem Strom, an dessen Ufer sich ein Weg entlang zog, der uns in ein nach drei Seiten hin offenes Tal führte, das in einen majestätischen Canyon mündete. Zweitausend Fuß unter uns tobte das Wasser über Stromschnellen hinweg. Jenseits des Canyons erhoben sich die bewaldeten Rocky Mountains. Nach kurzer Zeit kamen wir in eine vollkommen abgeschiedene, aufregende Welt. Eine unwegsame, schwankende Brücke aus Kiefernrinden, die auf ein paar ungesicherten Stämmen lag, schien über das Wasser zu führen. Die Broncos blähten die Nüstern, die Sache gefiel ihnen nicht. Gutes Zureden bewog sie dann doch nach einer Weile, uns hinüberzubringen. Zwischen einigen Sumpfpappeln sahen wir am anderen Ufer eine halb verfallene, rohe Blockhütte, miserabel zusammengezimmert, das Dach aus Lehmplatten hatte riesige Löcher. Weiter oben stand eine primitive, ebenfalls baufällige Sägemühle, neben ihr ein paar Stämme, davor ein Planwagen und ein einsames Zelt. Über einem Feuer hing ein Topf, aber nirgendwo gab es Hinweise auf eine Pension. Mir wurde ein wenig unbehaglich zu Mute. Ich schickte den Kutscher zum Blockhaus hinüber. Er kehrte mit einem grimmigen Lächeln zurück, sagte, die Hütte gehöre Mr. Chalmers, es gebe hier keine Unterkunft, weder für einen wie ihn, noch gar für eine wie mich! Ein Vorwand, da war ich mir ganz sicher. Ich ging selbst hinüber und betrat den einzigen Raum, dessen vordere Wand zu einem Teil weggebrochen war. Anstelle von Fenstern gab es Löcher, ebenso groß wie die im Dach. Drinnen standen zwei Stühle und zwei derbe Holzgestelle mit Strohsäcken, die wohl als Bett dienten. Herd, Tisch und Bänke befanden sich in einem angrenzenden Verschlag. Dort wurde zugleich gekocht und gegessen. Das war alles.

Eine verhärmte, mürrische Frau maß mich mit ihren Blicken. Sie erklärte, dass sie den Leuten, die in der Gegend kampierten, Milch und Butter verkaufte, dass sie bis auf zwei asthmakranke alte Damen niemals zahlende Gäste gehabt hätte, dass sie mich jedoch für fünf Dollar pro Woche aufnehmen werde, wenn ich »verträglich sei«. Die Pferde mussten gefüttert werden. Ich setzte mich auf eine Kiste, verzehrte etwas getrocknetes Rindfleisch mit Milch und dachte nach. Ich könnte wieder nach Fort Collins fahren, doch dann würde mein Traum vom Leben in den Bergen in weite Ferne rücken. Ich müsste über Denver reisen, eine Stadt, die mir gar nicht gefiel, oder den Zug Richtung New York nehmen. Hier war das Leben hart, härter als ich es bis jetzt erfahren hatte, die Gesichter und Umgangsformen der Chalmers stießen mich ab. Wenn ich es aber ein paar Tage lang aushielte, sollte es mir gelingen, den Canyon und andere Schwierigkeiten zu meistern, um nach Estes Park zu gelangen, Ziel meiner Reise und meiner Träume. Ich beschloss zu bleiben.

16. September 1873

Fünf Tage hier und Estes Park kein bisschen näher. Ich weiß nicht, wie die Zeit vergeht und habe das eingeschränkte Leben hier satt – ein Leben, in dem sich niemals etwas ereignet. Als der Pferdewagen außer Sicht geriet, war mir, als hätte ich eine Brücke hinter mir abgebrochen. Ich setzte mich hin und strickte eine Weile, was für gewöhnlich hilft, wenn mich in bestimmten Situationen der Mut verlässt. Ich hatte keine Ahnung, wie es weitergehen sollte. Es gab weder Tisch noch Bett, weder Waschschüssel noch Handtuch, kein einziges Glas, kein Fenster, keinen Riegel an der Tür. Das Leben hier ist auf das Elementarste beschränkt. Ich ging hinaus. Jedes Familienmitglied war beschäftigt, niemand nahm Notiz von mir. Als ich zurückkehrte, hatte es sich ein unbeholfenes, hässliches, zerzaustes Mädchen von etwa sechzehn Jahren auf einem Holzklotz bequem gemacht und starrte mich eine halbe Stunde lang an. Ich versuchte, mit ihr ins Gespräch zu kommen, sie drehte die Daumen und gab schnippische, einsilbige Antworten. Ich bezweifelte, dass es mir gelingen würde, »verträglich« zu sein. Es wurde Abend. Ich zog mein hawaiianisches Reitkleid an und rollte die Ärmel bis zu den Ellbogen in »verträglicher« Weise auf. Die Familie erschien zum Essen. Man schob mir etwas getrocknetes Rindfleisch und Milch durch die Tür.

Die Chalmers schliefen alle unter den Bäumen und trugen vor Einbruch der Dunkelheit ihre Strohsäcke hinaus. In dieser Nacht folgte ich ihrem Beispiel und betrachtete während sie schliefen den Großen Bären. Von da an richtete ich mir unter einem Stück Dach ein Deckenlager auf dem Fußboden ein. Diese Leute besitzen weder Lampen noch Kerzen. Wenn ich abends etwas tun will, muss das am unruhig flackernden Licht eines Holzfeuers geschehen. Da die Nächte kalt sind, es keine Wanzen gibt und ich nun tagsüber reichlich Hand anlege, brauche ich nicht mehr lange auf den Schlaf zu warten. Bei Dämmerung schlage ich mein Bett auf und fülle einen Eimer mit eiskaltem Flusswasser. Die Familie zieht ins Freie, und ich sorge dafür, dass genügend Kiefernäste vorhanden sind, damit das Feuer die halbe Nacht überdauert. Die Ödnis ist wahrhaft gespenstisch. Wölfe sorgen für zahllose Geräusche, unentwegt huscht es unter dem Fußboden, eigenartige Schreie ertönen, dazu ein regelmäßiges Klopfen, dessen Herkunft nicht auszumachen ist. Eines Nachts geriet ein Tier, wahrscheinlich ein Fuchs oder ein Skunk, durch das Loch in der Wand in den Raum, streifte mein Gesicht und floh durch die Fensteröffnung. In der folgenden Nacht erblickte ich voller Ekel den Kopf einer Schlange, die sich direkt neben mir aus einem Spalt im Fußboden herauswand.

Bei Sonnenaufgang kommt Mrs. Chalmers herein – wenn man bei einem nahezu offenen Raum von Hereinkommen sprechen kann – und entfacht ein Feuer, da sie denkt, ich wäre zu dumm dazu. Um sieben Uhr bin ich angezogen – als Spiegel dient mir die blanke Innenseite meines Uhrgehäuses –, habe die Decken zusammengelegt und den Boden gefegt. Dann stellt sie mir Brot, Milch oder etwas Brei auf die Kiste neben der Tür. Nach dem Frühstück schöpfe ich Wasser, wasche täglich zwei Kleidungsstücke und achte darauf, dass es keine Zeugen für meine Unbeholfenheit gibt. Gestern hat ein Kalb eines meiner Kleider quasi in Fetzen gekaut. Der Tag war darauf mit Flick- und Näharbeiten und vielen anderen Dingen ausgefüllt, die anstehen, wenn man alles allein erledigt. Um zwölf Uhr mittags und um sechs Uhr abends stellt man mir etwas zu essen auf die Kiste. Dann kommen die Betten an die Reihe, und so fort. Eine verhärmte Auswanderin hat vor Kurzem in einer provisorischen Baracke am Fluss ein Kind zur Welt gebracht. Ich gehe jeden Tag hinüber, um ihr zu helfen. Während eines einzigen Spaziergangs habe ich mit allen bekümmerten, um ihr tägliches Leben kämpfenden Siedlern hier Bekanntschaft geschlossen. Alle sind sie der Gesundheit wegen da. Den meisten hat der Aufenthalt bereits genützt, bei anderen zeichnet sich ein Nutzen ab, selbst wenn sie nichts Besseres über dem Kopf haben als eine Wagenplane oder eine zwischen vier Pfählen aufgespannte Decke. Colorados Klima gilt als das beste in Nordamerika. Schwindsüchtige, Asthmatiker, Magenkranke und Nervenleidende versammeln sich hier zu Hunderten und Tausenden. Einige setzen sich für drei oder vier Monate der »camp cure« aus, andere sind entschlossen, sich dauerhaft hier anzusiedeln. Sechs Monate im Jahr kann man gefahrlos im Freien schlafen. Die dünne, sehr trockene Luft regt die Atmung an, Regen fällt hier weit unter dem Durchschnitt, Tau ist ein seltenes Phänomen und Nebel nahezu unbekannt. Die Sonne scheint hell und verlässlich, drei Viertel aller Tage im Jahr zeigen einen unbewölkten Himmel. Die Sommer sind nicht so heiß, die Winter nicht so kalt wie im übrigen Teil der Staaten, und selbst, wenn der Tag vor Hitze glüht, wird es in der Nacht angenehm kühl. Zu Schneefall kommt es in diesen niedrigeren Breiten kaum. Ich habe mir sagen lassen, dass weder Pferde noch Vieh gefüttert oder während des Winters in den Stall gebracht werden müssen.[14]

Meine eigenen Lebensbedingungen hier sind jedoch nicht sehr günstig, weder für den Körper, noch für den Geist. Momentan überfällt mich eine ungewöhnliche Mattigkeit, die mir meine Übungen erschwert. Vermutlich handelt es sich um nichts anderes als eine abgemilderte Form dessen, was als Höhenkrankheit bezeichnet wird, und rasch vergeht.

Heute Morgen habe ich neben meinem Verschlag eine Klapperschlange getötet, ihr die Rassel abgeschnitten und elf Hornringe gezählt. Durch die Vielzahl an Reptilien wird das Leben zusätzlich erschwert. Neben Klapperschlangen und Mokassinottern, beide tödlich, gibt es die hochgiftigen Teppichpythons und Grünnattern und die harmlosen aber widerwärtigen Wasserschlangen, Baumnattern und Mäusevipern. Seit ich hier bin, hat man bereits sieben Klapperschlangen erwischt. Eine drei Fuß lange Schlange lag zusammengerollt unter dem Kopfkissen einer kranken Frau. Mittlerweile halte ich jedes verdorrte Blatt für eine Schlange, bin stets auf der Hut und bereit, beim bloßen Rascheln der Blätter die Flucht zu ergreifen. Abgesehen von den Schlangen wimmelt es am Boden und in der Luft von allen möglichen großen und kleinen Insekten, die sich stechend, summend, brummend, beißend, kratzend oder schmatzend bemerkbar machen.

---

14 Die Heilwirkung des Klimas von Colorado ist nicht übertrieben. Bei meinen anschließenden ausgedehnten Reisen durch das ganze Gebiet fand ich heraus, dass es sich bei neun von zehn Siedlern um kurierte Invaliden handelt. Statistiken und medizinische Abhandlungen zu den klimatischen Vorzügen in Colorado weisen diesen Staat – wie er sich zum Zeitpunkt meines Aufenthalts darstellt – als das weltweit effektivste Sanatorium aus. *I.L.B.*

5. Brief

Das harte Leben im »Grossen Einsamen Land«

Tag ohne Datum – »Diese Hände da« – Puritaner –
Beharrliche Trägheit – Die Mutter des Hauses – Familienandacht –
Ein furchtbarer Sonntag – Ein hohlköpfiger Engländer –
Morgendlicher Besuch – Eine andere Atmosphäre –
Das »Große Einsame Land« – Etwas Fragwürdiges –
Ein Holz-Camp – Schwieriges Gelände für Pferde –
Unfälle – Enttäuschungen

Canyon, September 1873

Das fehlende Datum zeigt mein Dilemma. *Sie* haben keine Zeitung, *ich* keinen Kalender. Mr. Chalmers ist tagsüber unterwegs und keiner der anderen in der Lage, mir zu helfen, mehr noch, sie reagieren mit Verachtung auf meine Frage, um welchen Tag es sich handelt. Aber morgen wird die Eintönigkeit ein Ende haben. Mr. Chalmers hat mir angeboten, mich über die Berge nach Estes Park zu bringen und seine Frau überredet, einmal »alle Fünfe gerade sein zu lassen«. Nach langem Widerstand, ausgiebigen Klagen über die Zeitverschwendung, die Gefährlichkeit eines solchen Unternehmens und die Einbußen, die man dadurch erleiden werde, willigte sie schließlich ein, ihn zu begleiten. Mein Leben hier ist weniger trist, seit das ihre für mich an Farbe gewonnen hat. Da ich »verträglich« bin, verkehren wir jetzt beinahe freundschaftlich miteinander. Mein erster Verbrüderungsversuch, der noch schroff abgewiesen wurde, liegt bereits einige Tage zurück. Nachdem meine eigene Arbeit getan war, bot ich an, das Geschirr abzuwaschen. Ihr Blick sprach Bände, als sie mit gerümpfter Nase und unverhohlenem Spott erwiderte: »Ich wette, Sie machen uns mehr Arbeit, als Sie erledigen. Diese Hände da« –braungebrannt und kräftig wie sie waren – »taugen zu nichts, ich wette, die haben niemals zugepackt.« Und zu ihrer unbeholfenen Tochter gewandt: »Die Frau da sagt, sie will abwaschen! Mit solchen Händen! Ha! Ha!« Dies schien fast einem Lachen gleichzukommen, der einzige Ausbruch, den ich bei dieser Frau erlebt habe, die sonst nicht einmal auch nur die Andeutung eines Lächelns zeigt. Da ich eine Lampe herstellen kann, indem ich auf hawaiianische Art einen Stofffetzen in eine Büchse mit Fett einlasse, bin ich in ihrer Achtung ein wenig gestiegen. Seitdem bleiben sie auf, bis die Sterne am Himmel erscheinen. Ein weiterer Vorstoß verdankt sich der Decke mit dem Muschelmuster, an der ich stricke. Es scheint, dass mein Werk Anerkennung findet. Vor ein paar Tagen wurde es mir von dem Mädchen mit den Worten »Ich will das haben« aus den Händen gerissen und herumgezeigt, was dazu führte, dass ich nun einen Strickkurs für Mrs. Chalmers, ihre verheiratete Tochter und eine Frau aus dem Camp gebe. Gegenüber den Männern habe ich an Boden gewonnen, da ich in der Lage bin, ein Pferd einzufangen und zu satteln. Ich muss hier oft an einige meiner Lieblingszeilen denken: »Hüte dich vor verzweifelten Schritten. Der schwärzeste Tag, lebst du bis morgen, ist dann Vergangenheit.«[15]

15 Aus dem Poem »The Needless Alarm. A Tale« des englischen Dichters William Cowper (1731–1800), erschienen 1795.

Mit welch einem harten, eingeschränkten Leben bin ich hier in Berührung gekommen! Eine ähnlich merkwürdige Familie ist mir zuletzt im hintersten Winkel des schottischen Hochlands begegnet. Die einzig höheren Einflüsse verdanken sich einer engstirnigen, reizlosen Religion und einem ebenso starken wie kleinherzigen Patriotismus. Chalmers kam vor neun Jahren aus Illinois, seine Diagnose lautete auf Schwindsucht im fortgeschrittenen Stadium. Zwei Jahre später war er geheilt. Er ist hochgewachsen, hager, zerlumpt und einäugig. Würde man ihm auf einer englischen Landstraße begegnen, man hielte ihn für einen ausgehungerten oder gefährlichen Bettler. Er ist einigermaßen intelligent, aber sehr rechthaberisch und würde gern als kenntnisreich gelten, was er nicht ist. Er gehört der strengsten Sekte der Reformierten Presbyterianer an, den »Psalmensängern«, und schafft es, deren Bigotterie und Intoleranz noch um einiges zu übertreffen. Sein ganzer Stolz besteht darin, dass seine Vorfahren zu den schottischen Covenantern[16] gehörten. Er betrachtet sich selbst als tiefsinnigen Theologen und hält mir abends am Feuer Vorträge über die Mysterien ewiger Ratschlüsse und göttlicher Fügungen. Eines seiner beständigen Themen ist die Entwicklung und Zukunft Colorados. England verabscheut er mit einem bitteren, tiefsitzenden Hass, und jede meiner Bemerkungen zu Königin Viktorias Neuerungen fasst er als persönliche Beleidigung auf. Er hofft darauf, den Niedergang der britischen Monarchie und die Auflösung des Empires noch zu erleben. Da er sich gern unterhält, fragt er mich nach meinen Reisen aus. Äußere ich mich aber positiv zum Klima oder zu den Ressourcen eines anderen Landes, betrachtet er das als eine Verunglimpfung von Colorado.

16 Schottische Presbyterianer, die sich am 28. Februar 1638 durch einen Treueeid verpflichteten, die reformierte Theologie und die presbyterianische Verfassung der Kirche zu unterstützen.

Die Chalmers haben sich hundertsechzig Morgen Land abgesteckt, einen »Squatter's claim«[17]. Mr. Chalmers ist Holzfäller, und dank der Wasserkraft auf seinem Grund betreibt er eine primitive Sägemühle. Den ganzen lieben langen Tag gibt es Probleme. Sollen Stämme transportiert werden, wird einer der Zugochsen vermisst. Ist die Fracht bereits unterwegs, bricht ein Rad oder das Geschirr, und alles liegt für Tage brach. Die Hütte ist nicht das, was man ein Obdach nennen kann, wird jedoch in diesem verfallenen Zustand belassen, da vorzeiten schon das Fundament für ein Holzhaus ausgehoben wurde. Eines der Pferde lahmt immer, weil ihm ein Hufnagel fehlt, einer der Sättel erweist sich immer als unbrauchbar, weil der Gurt gerissen ist, Planwagen und Geschirre werden durch Bänder, Seile und das seltsamste Flickwerk notdürftig zusammengehalten. Nichts ist jemals heil oder zur Stelle, wenn es gebraucht wird. Dabei ist Chalmers ein genügsamer, hart arbeitender Mann, der zusammen mit seinem ältesten Sohn und einem Lohnarbeiter »in aller Frühe aufsteht« und »seiner Arbeit bis zum Abend nachgeht«. Und wenn er sich auch nicht erst »spät abends zur Ruhe legt«, so isst er doch »sein sauer verdientes Brot«[18]. Dennoch verwundert es kaum, dass neun Jahre beharrlicher Unfähigkeit zu nichts anderem geführt haben als dem zum Leben unbedingt Nötigsten.

Über Mrs. Chalmers lässt sich weniger berichten. Sie sieht aus wie eine jener armen Engländerinnen, die wir aus Kindertagen kennen, hager, ordentlich, zahnlos, und spricht mit

---

17 In den Vereinigten Staaten steht ein Squatter für einen Siedler, der sich ohne Rechtstitel auf ungenutztem Regierungsland niederlässt und dort seinen Claim absteckt. Ab dem 17. Jahrhundert beförderte diese individuelle Landnahme vor allem die rasche Besiedelung des amerikanischen Westens.

18 Psalm 127

schriller, unzufriedener Stimme, in der immer ein Vorwurf mitschwingt. Ihren riesigen Strohhut nimmt sie nur zum Schlafen ab. Sie ist streng und schroff, nicht eine Minute lang untätig und verachtet alles, was nicht mit Arbeit zu tun hat. Ich glaube, sie leidet unter der Unfähigkeit ihres Mannes. Spricht sie von mir, dann nur als »die« oder »die Frau da«. Zur Familie gehören ein erwachsener Sohn, ein unbeholfener, bekümmerter Junge, der sich wahrscheinlich nach einem anderen Leben sehnt, das sechzehnjährige Mädchen, ein mürrisches, hässliches Wesen mit den Manieren eines Ferkels, und drei robuste Kinder, die nichts Kindliches an sich haben. Höflichkeit, freundliche Worte oder gutes Benehmen scheinen hier als »Werk des Fleisches«, wenn nicht des »Teufels« zu gelten. Man trampelt über alles hinweg und wirft alles um, ohne sich zu entschuldigen oder sich danach zu bücken, und wenn ich mich für irgendetwas bedanke, starren sie mich erstaunt und mit verdrossener Miene an. Sie halten es für Sünde, dass ich nicht so hart arbeite wie sie, das spüre ich. Wenn ich ihnen doch nur »einen besseren Weg« weisen könnte! Die erbarmungslose Gier, das ausschließliche Streben nach Gewinn und die Gleichgültigkeit gegenüber den Dingen, die keinen Nutzen zu bringen scheinen, zerstören das liebevolle Familiendasein im ganzen amerikanischen Westen. Ich schreibe das widerstrebend, aber es handelt sich hier um meine Erfahrungen während eines zweijährigen Aufenthalts in den Vereinigten Staaten.

Die Chalmers scheinen keine »Sonntagskleidung« zu besitzen und auch sonst wenig zum Anziehen. Wie so vieles funktioniert auch die Nähmaschine nicht. Es gibt nur einen einzigen Kamm für die ganze Familie. Alle tragen Stiefel, doch nie zwei gleiche, nie geputzt und immer ohne Strümpfe. Das ganze Leben besteht aus Arbeit, Arbeit und nochmals Arbeit. Zum Viehbestand zählen zwei elende Pferde, eine recht passable Bronco-Stute, ein Maultier, vier armselige Kühe, vier ausgemergelte Ochsen, einige erstaunlich lebhafte Schweine und jede Menge Federvieh. Man gilt als verweichlicht, wenn man – von den kältesten Monaten abgesehen – unter einem Dach schläft. Die verheiratete Tochter, die am anderen Ufer des Flusses lebt, arbeitet ebenso hart wie ihre Mutter, ist ebenso streng, lieblos und moralisch. Morgens um sieben Uhr, nachdem ich den Raum gefegt habe, kommt die Familie zur »Andacht«. Chalmers »heult« aufs Kläglichste einen Psalm, reihum liest jeder einen Abschnitt aus der Bibel, und er betet.

Der Sonntag war schrecklich, ein Tag, der nicht enden wollte. Die Familie nahm das Gebot wörtlich und ließ die Arbeit ruhen. Zweimal wurde »Andacht« gehalten, die um einiges länger dauerte als gewöhnlich. Da Chalmers außer religiösen Abhandlungen und zwei oder drei langweiligen Reiseberichten keine Bücher duldet, verschliefen Mutter und Kinder beinahe den ganzen Tag und schlugen nur zu den Mahlzeiten die Augen auf. Er selbst zog eine abgewetzte Ausgabe von Bostons »Fourfold State«[19] hervor, nickte jedoch nach Kurzem über der Lektüre ein. Am Freitag und Samstag war es vergleichsweise kühl, in den Nächten fast frostig, doch am Sonntag hatte sich das Wetter geändert. Seit ich Neuseeland verlassen habe, bin ich keiner solchen Hitze mehr begegnet, auch wenn die Temperatur objektiv nicht mehr als dreiunddreißig Grad betrug. Die Sonnenstrahlen stachen mit aller Kraft, es war unerträglich und machte mich ganz krank. Das Lehmdach der Hütte im Schatten der Bäume spendete ein

19 Der schottische Puritaner Thomas Boston (1676–1732) bezeichnet in »Human nature in its fourfold state« die vier Stadien der menschlichen Natur als urwüchsige Rechtschaffenheit, vollständige Verdorbenheit, beginnende Besserung und perfektes Glück oder Elend.

wenig Schutz, wurde aber von der Familie okkupiert, die sich darunter zusammengerollt hatte. Ich sehnte mich danach, allein zu sein, packte »The Imitation of Christ«[20] ein und wanderte, immer auf der Hut vor Schlangen, über die verdorrten, unter den Füßen knirschenden Blätter den Canyon hinauf. Dort machte ich es mir auf einem rohgezimmerten Tisch bequem, den wahrscheinlich ein durchreisender Auswanderer abgestellt hatte, schlief ein und erwachte erst zur Mittagszeit. Die Sonne sah bösartig aus, ein weißes Magnesiumlicht, das vom Himmel flammte. Von der Kiefer, unter der ich Schutz gesucht hatte, hing eine lange, vergleichsweise harmlose Baumschlange herab, als ob sie sich gleich auf mich stürzen wollte. Ich war von schwarzen Fliegen übersät, die Luft vom geschäftigen Summen der Insekten erfüllt. Schlangen, Heuschrecken, Wespen und Grillen machten sich in der sengenden Hitze lautstark bemerkbar. Wie zum Spott stand den ganzen Tag über das immergrüne Hawaii wie ein Trugbild vor meinem inneren Auge. Am späten Nachmittag zog es mich zur Hütte zurück, und abends hörte ich mir eine zweistündige Tirade auf mein Heimatland an, gefolgt von einer feurigen Verurteilung sämtlicher Religionsanhänger, ausgenommen die Bruderschaft der »Psalmsänger«, versteht sich, alles schrill und schmerzhaft. Vielleicht kannst Du Dir jetzt ein Bild von dem Leben in dieser Umgebung machen. Es ist moralisch, streng, lieblos und nicht ein bisschen liebenswert, eintönig und ungeschönt – trist, bettelarm und zermürbend. Die Menschen hier müssen mit zahllosen Unannehmlichkeiten, mit Zurückweisungen und jeder Art von Grobheit fertig werden, was ausschließlich denen britischer Abstammung zu gelingen scheint. Zu alldem kommt der

20 »Die Nachfolge Christi« (1418–1427), von Thomas à Kempis (ca. 1380–1471) ursprünglich in Latein geschrieben, ist ein weit verbreitetes christliches Andachtsbuch, ein Handbuch spirituellen Lebens.

mächtige, unpassierbare Canyon, umschlossen von hohen Bergwänden, die sich erst etliche Meilen von hier auf die Endlosigkeit der Prärie hin öffnen.[21]

Auf einem der nähergelegenen Hügel wohnt ein englischer Arzt, von dem es heißt, er habe »sehr extreme Ansichten«. Chalmers beschimpft ihn als »dickköpfigen Engländer«, als »Mimose«, als »gebildet«. Von jemandem zu sagen, er sei »gebildet«, kommt hier einer Verurteilung gleich. Er beschuldigt ihn auch subversiver Moralvorstellungen. Ich hoffte, bei dem Arzt eine Landkarte zu finden, und überredete Mrs. Chalmers, mich dorthin zu begleiten. Sie betrachtete das als einen formellen Besuch, trug jedoch wie immer ihren unvermeidlichen Strohhut und hatte ihr Kleid hochgebunden, wie sie es am Waschtag tat. Erst als wir vor dem Gartentor standen, fiel mir auf, dass ich noch immer mein hawaiianisches Reitkleid trug und ebenso die Sporen, mit denen ich morgens ein Pferd zugeritten hatte! Das Haus des Arztes liegt in einem grasbewachsenen Tal, das sich hinter dem gewaltigen Canyon öffnet. Die Foot Hills mit ihren flammend roten Gesteinsterrassen glühten in der sinkenden Sonne, und ein klarer, grüner Himmel neigte sich sanft über das abendliche Land. Mittlerweile an die schäbige Kargheit der Siedlerunterkünfte gewöhnt, freute ich mich, dass der übliche Holzverschlag in diesem Fall nur das tieferliegende Geschoss eines kleinen Hauses war, das einem Schweizer Chalet überraschend ähnlich sieht. Es steht in einem fruchtbaren Gemüsegarten, der durch einen Graben bewässert wird. Hinter dem Garten befindet sich eine Scheune und neben ihr der Kuhstall. Ein junges Schweizer Mädchen trieb die Kühe gemäch-

21 Ich habe die Beschreibung des harten Siedlerlebens in Colorado nicht abgekürzt, da es sich um die Art trostloser Existenz handelt, mit der ich während meines Aufenthalts in dieser Gegend fast durchgängig in Berührung kam. *I.L.B.*

lich von der Weide hinab. Am Zaun lehnte eine Engländerin in einem sauberen Baumwollkleid, einen Säugling im Arm, und ein gutaussehender Gentleman in gestreiftem Garibaldi-Hemd und dazu passender Hose, die in hohen Stiefeln steckte, war damit beschäftigt, Maiskolben abzuschälen. Mrs. Hughes hatte noch kaum ein Wort gesagt, da fühlte ich bereits, dass es sich hier um eine Lady handelte. Wie wohltuend war doch ihre kultivierte, höfliche, ansprechende Art, mit der sie uns in ihr Haus einlud! Der niedrige Eingang zu der Holzveranda verbarg sich hinter den Ranken einer wilden Gurke. Der Wohnraum war schlicht und einfach, aber sehr behaglich, nicht zu vergleichen mit dem Verschlag eines Siedlers. Aus einer Blechbüchse wuchsen anmutige Clematis, vermischt mit wildem Wein. Weiße Musselin-Vorhänge und vor allem zwei Regale mit treffsicher ausgewählten Büchern verliehen dem Raum einen Anflug von Eleganz. Anflug? Es war eine Oase. Ich hatte die »Gemeinschaft gebildeter Menschen« vor knapp drei Wochen verlassen, doch die ersten Worte und die Stimmen meiner Gastgeber gaben mir das Gefühl, als sei bereits ein Jahr vergangen. Als Mrs. Chalmers nach eineinhalb Stunden aufbrach, um nach den Kühen zu sehen, stürzten wir uns in ein heiß ersehntes Gespräch unter Geistesverwandten. Sie sagten, sie hätten seit zwei Jahren keinen gebildeten Menschen mehr zu Gesicht bekommen und drängten mich, sie häufiger zu besuchen. Bei Dunkelheit ritt ich auf Dr. Hughes Pferd zurück. In der Hütte brannten weder Feuer noch Licht. Ich entzündete einige Holzscheite und tauchte einen Stofffetzen in die Fettbüchse, damit es halbwegs hell wurde. Chalmers erschien, um über den Besuch zu sprechen. »Diese Engländer reden wie die Wilden«, hatte Mrs. Chalmers ihrer Familie erzählt, »von dem, was sie gesagt haben, war kein Wort zu verstehen.« Es drängte ihn, mir eine Frage zu stellen, etwas, das offensichtlich die Neugier der ganzen Familie erregt hatte. Ich hätte ihm gesagt, begann er, dass ich hier keinen Menschen kennen würde, und seine Frau berichtete nun, dass Dr. Hughes und ich ständig von einer Mrs. Grundy[22] gesprochen hätten, die wir anscheinend beide kannten und nicht leiden konnten. Sie soll ganz in der Nähe wohnen. Er als Pionier unter den Siedlern im Canyon wundere sich nur, dass er noch nie von ihr gehört habe. Ein Nachbar aus Longmont könne übrigens beschwören, dass es hier weit und breit keine Mrs. Grundy gebe, es sei denn, die Frau wäre unter einem anderen Namen bekannt. Mittlerweile hatte sich die gesamte Familie versammelt, und ich war sehr verlegen. Am liebsten hätte ich Chalmers ins Gesicht gesagt, dass er und seinesgleichen, hier und überall auf der Welt, engherzig, scharfzüngig, hart im Urteil gegen andere, dass solche wie sie die wahren Mrs. Grundys seien: Menschen mit verkümmerter Persönlichkeit, solche, die die Freiheit der Sprache beschneiden, die Menschen eines Wortes wegen abstempeln – doch ich schwieg. Wie ich mich aus der Affäre zog, darüber rede ich besser nicht. Den restlichen Abend verbrachten wir mit den Vorbereitungen zur Überquerung der Berge. Chalmers bemerkte, er kenne sich gut aus. Wir würden morgen Abend am Fuß des Longs Peak[23] übernachten. Mrs. Chalmers bereute, in das Unternehmen eingewilligt zu haben, und beschwor furchtbare Visionen der Schrecken herauf, die der Familie in Abwesenheit ihres Oberhaupts zustoßen könnten, und der Tragödien, die es im Stall geben würde.

22 Als »Mrs. Grundy« bezeichnet man in England eine extrem konventionelle oder selbstgefällige Person, die Personifizierung der Tyrannei konventionellen Anstands. »Mrs. Grundy« trat 1798 ins Leben: als unsichtbare Figur der im Londoner Royal Opera House uraufgeführten Komödie »Speed the Plough« von Thomas Morton (1764–1838).

23 Mit 4345 Metern einer der vierundfünfzig »Fourteeners« der Rocky Mountains, benannt nach Major Stephen Long, der um 1820 dort eine Expedition geleitet hatte.

Ich hätte ihr gleich sagen können, dass der Älteste zusammen mit dem »Lohnarbeiter« ausgeheckt hatte, die Sägemühle für ein paar Tage zu schließen und auf Jagd- und Angeltour zu gehen, dass die Kühe sich selbständig machen würden, und dass ein respektvoll »Mr. Skunk« genanntes Individuum nichts Besseres zu tun haben würde, als den Hühnerstall zu verwüsten.

Unbekannte Gegend,
Rocky Mountains, September 1873

Nun befinde ich mich wirklich in einer unerschlossenen Region und mit Ausnahme des vereisten Gipfels des Mauna Loa[24] weiter von zuhause entfernt als je zuvor. Die Gegend ist so unberührt, dass jemand, der gezwungen wäre, hier zu leben, nur Gesellschaft in den unzähligen Bären, Hirschen und Wapitis fände, die es hier gibt. Es ist überwältigend, wie sanft sie sind. Eben kam ein mächtiger Wapiti-Hirsch mit ausladendem Geweih so nah an mich heran, dass ich das Knirschen des raureifsteifen Grases unter seinen Hufen hören konnte. Er stand vor mir, betrachtete mich ruhig und trottete davon. Letzte Nacht fraßen Bären nicht weit von unserem Lager entfernt sämtliche Buschkirschen ab. Einen Steinwurf von hier picken zwei reizende blaue Hüttensänger mit aufgestelltem Kamm nach Insekten. Dies ist »Das Große Einsame Land«[25], vor Kurzem noch ausschließlich Jagd-

---

24 Der 4170 Meter hohe Mauna Loa, einer der höchsten aktiven Vulkane der Welt, liegt auf Big Island, der größten Insel von Hawaii.

25 Isabella Bird bezieht sich wohl auf den Reise- und Abenteuerbericht »The Great Lone Land. A Narrative of Travel and Adventure in the North-West of America« von William Francis Butler (1838–1910), 1872 in London erschienen.

grund der Indianer, nicht vermessen, kaum erforscht, weder besiedelt noch von Wegen zerfurcht.

Es ist sieben Uhr morgens. Die Sonne steht noch nicht hoch genug, um den Raureif zum Schmelzen zu bringen, die Luft ist klar und kalt. Es herrscht tiefe Stille. Außer dem fernen, geheimnisvollen Rauschen des Flusses in einem Canyon, nach dem wir gestern Abend stundenlang vergeblich gesucht haben, ist nichts zu vernehmen. Die Pferde sind verschwunden, und wenn ich mich einmal so ausdrücken darf, wie es meine Reisegefährten mir gegenüber ausnahmslos tun, dann haben sich »der Mann« und »die Frau da« aufgemacht, um sie zu suchen. Die Szenerie hier oben ist herrlich, erhaben und wunderschön. Die frische Luft hat jede Müdigkeit von mir genommen, verleiht mir neue Lebenskraft. Es will mir kaum gelingen, mit Worten etwas zu beschreiben, das sich so sehr von allem, was ich kenne, unterscheidet. Wir rasten in einem Hochtal mit blumenübersäten Wiesen, mit Lichtungen und grasgrünen, abschüssigen Hängen, mit Traubenkirschen, die sich an ausgetrockneten Bachbetten entlangziehen, mit malerisch platzierten Baumgruppen, dicht bewaldeten Bergrücken, Kiefern, die umso heller leuchten, je mehr sie sich zu einem »Park« formieren, und zerklüfteten Bergen, deren kahle, graue Zinnen in das Blau des Himmels schneiden. Eine leuchtend grüne Senke mit Grüppchen scharlachroter Gifteichen, die von oben betrachtet an Geranienbeete erinnern, strebt nach Westen, als wolle sie uns den Weg zu dem Fluss weisen, nach dem wir Ausschau halten. Aus unermesslich tiefen Canyons, die ebenfalls nach Westen drängen, steigt Purpurglanz. Von Kiefern bedeckte Bergzüge erheben sich vor dem nackten Gipfel des Storm Peak. Und doch scheint all diese Pracht und Herrlichkeit ausschließlich als Hintergrund zu dienen, von dem sich in perlengleichem, reinem Glanz ein Berg abhebt, fantastisch wie die Sonne, die ihr

Rot in beiden Hemisphären versprüht: der einsame, gespenstische, ehrfurchtgebietende, in zwei hohe Spitzen auslaufende Gipfel des Longs Peak – der Mont Blanc von Nordcolorado. Dieses vollkommene Panorama erfüllt und besänftigt meine Seele. Hier lassen die Rocky Mountains den Traum meiner Kindheit wahr werden – mehr noch, sie gehen sogar über ihn hinaus. Wie gern würde ich mich einige Zeit in dieser Gegend umsehen, doch mir ist klar, dass die Expedition durch Chalmers Dummheit und Starrköpfigkeit zum Scheitern verurteilt ist.

Auf einer Höhe von siebentausendfünfhundert Fuß liegt Estes Park, ein sehr romantischer Ort, an den man gelangt, wenn man in die Ebenen hinunterreitet und sich dann durch den St. Vrain Canyon erneut an den Aufstieg macht. Auf diese Weise beträgt die Entfernung allerdings fünfundfünfzig Meilen. Chalmers war zuversichtlich, mich auf viel kürzerem Weg über die Berge bringen zu können, und mit dieser Aussicht brachen wir gestern Nachmittag auf, wobei ich inständig hoffte, nicht mehr nach Canyon zurückkehren zu müssen. Mrs. Chalmers war den ganzen Tag über damit beschäftigt, »Fressalien« vorzubereiten, wie sie sich ausdrückte, ein Paket, das zusammen mit »Stapeln von Bettzeug« von einem Lastesel transportiert werden sollte. Als es schließlich losging, stellte ich zu meinem Ärger fest, dass Chalmers auf dem Rücken des Lasttiers saß und mein Sattel durch zwei dicke Steppdecken, die man darunter gequetscht hatte, hoch, breit und unbequem geworden war. Jeder normale Mensch wäre beim Anblick einer solch grotesken Expedition in Gelächter ausgebrochen. Ich saß auf einem uralten, grauen Gaul, dessen Unterlippe kraftlos herabhing und die ihm verbliebenen Zähne entblößte. Aus seinen halbblinden Augen rann eine eiterähnliche Flüssigkeit, doch ich tröstete mich damit, dass es ihm gut tun würde, einmal auf üppige Weiden zu kommen. Das Horn des alten Kavalleriesattels, mit dem man mich ausgestattet hatte, bestand aus zerbeultem Messing, das Zaumzeug war nichts weiter als ein verrotteter Lederriemen und ein Stück Seil. Die Steppdecken hüllten meine Rosinante von der Mähne bis zum Schweif ein. Mrs. Chalmers erschien in einem alten Baumwollrock, einem ebenso alten Kittel mit bunter Schürze und einem Sonnenhut, dessen Krempe ihr bis zur Hüfte reichte. Sie sah so verhärmt und untadelig aus wie immer. Von ihrem Sattel hingen Töpfe und Kleiderbündel, der Sattelgurt war dem Zerreißen nah. Mein Bündel, den abgenutzten Schirm obenauf, hatte ich hinter dem Sattel verstaut. Ich trug mein hawaiianisches Reitkostüm und schützte mich mit einem über die Nase gebundenen Halstuch und der Schirmhülle, die ich über meinen Hut gezogen hatte, vor der stechenden Sonne. Die merkwürdigste Figur gab jedoch unser sogenannter Führer ab. Mit seinem einen Auge, seiner hageren Gestalt, die zerschlissene Kleidung um sich gewickelt, machte er eher den Eindruck eines hausierenden Kesselflickers als den eines ehrlichen Siedlers. Es sah so aus, als stünde er auf dem ausgemergelten Maultier, dessen Schwanz bis auf die Quaste geschoren war, anstatt auf ihm zu reiten. Hinter seinem Sattel, der ebenfalls auf Bettzeug ruhte, hatte er zwei undichte Mehlsäcke verstaut. Meine Leinentasche, eine zerbeulte Feldflasche, eine Pfanne und zwei Lassos baumelten vom Sattelhorn. Einer seiner Füße steckte in einem alten, hohen Stiefel, in den er das Hosenbein gestopft hatte, der andere in einem zerfetzten Arbeitsschuh, aus dem die Zehen herausragten.

Vier Stunden lang ritten wir bergauf und folgten dem Verlauf der Schlucht. Oben angelangt, standen wir vor einer einmaligen Landschaft. Die Dimensionen dieser Bergzüge, die astronomischen Distanzen allein jenes Teils der Kordilleren, die sich von Feuerland bis nach Alaska erstrecken, sind kaum fassbar. Vom Gipfel des Longs Peak überschaut man zweiundzwanzig Kuppen, dicht auf dicht, jede etwa zwölftausend Fuß hoch. Der »Snowy Range«, die Wasserscheide des nordamerikanischen Kontinents, der Grat, von dem aus die Schmelzflüsse beiden Ozeanen zufließen, schlängelt sich schneeweiß durch die Wildnis. Vom ersten Kamm aus, den wir nach Verlassen des Canyons überquerten, erblickten wir die von tiefen Schluchten zerschnittenen und von unzähligen ovalen Tälern getupften Berge, auf deren Hängen, soweit das Auge reichte, üppige Grasmassen wogten, die keiner Sense zum Opfer fallen, sondern allein den wilden Tieren als Nahrung dienen. Über die Höhen ziehen sich dichte Pechkiefernwälder und dort, wo sie in die grünen Täler auslaufen, scheint es, als hätte ein Landschaftsgärtner die Bäume kunstvoll arrangiert. Durch einen Spalt im Canyon sahen wir in weiter Ferne die ozeangleiche Prärie, durch eine Kluft auf der gegenüberliegenden Seite glitzerte die Silhouette des »Snowy Range«. Vor uns liegt North Park, eine ausgedehnte Hochebene, von der es heißt, dort wäre reichlich Gold zu finden. Von denen, die sich zum Schürfen aufmachten, sind allerdings nur wenige zurückgekehrt. Das Gebiet ist Heimat zahlreicher Indianerstämme, die in dauerhafter Feindschaft mit den Weißen liegen und sich ebenso ausdauernd untereinander bekriegen.

Wir stießen auf eine roh gezimmerte, malerisch gelegene Blockhütte, die im Winter wahrscheinlich von einem Hirschjäger bewohnt wird, doch zurzeit verlassen war. Ohne zu zögern brach Chalmers das Vorhängeschloss auf. Wir entzündeten ein Feuer, kochten Tee und brieten Speck. Gestärkt ging es nach diesem guten Essen weiter. Geschlagene vier Stunden lang suchten wir die Gegend ab und ritten von einer Senke zur anderen, um den Abstieg zum Big Thompson

River zu finden, den man in Richtung Estes Park überqueren muss. Die Suche wurde immer anstrengender, doch Longs Peak erhob sich wie ein Markstein in purpurner Herrlichkeit. Zu seinen Füßen, in der mit tiefblauem Dunst gefüllten Senke, die wir zu guter Letzt erblickten, lag Estes Park, das wusste ich, doch den traumhaften Ort und uns trennten nicht enden wollende Meilen unwegsamen Landes. Die Sonne ging langsam unter, die Schatten wurden länger, und Chalmers, der selbstsicher, lärmend und vorlaut aufgebrochen war, wurde zusehends kopfloser, die schrille Stimme seiner Frau immer vorwurfsvoller, mein stolpernder Gaul mit jedem Schritt unsicherer und ich entschlossener denn je, die blaue Senke, auf welche Art auch immer, zu erreichen. Ich würde selbst Longs Peak besteigen, wenn es darauf ankäme. Die Lage spitzte sich zu. Chalmers Unfähigkeit brachte uns ernsthaft in Gefahr. Von einem Erkundungsritt kehrte er sichtlich erleichtert und großmäuliger denn je zurück, sagte, er hätte einen Weg entdeckt und alles im Griff, wir könnten den Fluss problemlos bei Dunkelheit überqueren und unser Nachtlager am anderen Ufer aufschlagen. Er führte uns eine steile, tiefe Klamm hinab – in eine absolute Wildnis. Wir mussten absitzen, überall verhinderten umgestürzte Bäume ein Durchkommen, auf den großen, übereinandergeschichteten Felsplatten fand man kaum Halt. Es gab nichts als einen halbwegs ausgetretenen, von abgebrochenen Ästen und Zweigen übersäten Pfad. Mein Pferd stürzte als erstes und überschlug sich dabei gleich zweimal. Beim ersten Überschlag riss ein Teil des Sattels ab, beim zweiten wurde ich auf eine drei Fuß tiefer gelegene Felsplatte geschleudert. Dann verlor der Lastesel das Gleichgewicht und riss Mrs. Chalmers Pferd mit. Beim Versuch, auf die Beine zu kommen, verbissen sich die beiden Tiere verzweifelt ineinander. Die Klamm geriet zur Schlucht. Es handelte sich um das ausgetrocknete Bett eines ehemals reißenden Bergstroms, überragt von gewaltigen Felswänden, unpassierbar durch umgestürzte Stämme, gespickt mit Zedernnadeln und Kakteen, die uns die Füße zerstachen. Schließlich fanden wir uns am Rand eines fünfhundert Fuß tiefen Abgrunds wieder. Der vermeintliche Weg war nichts als ein Pfad, den ein paar Bären auf der Suche nach Mispeln und Trauben hinterlassen hatten!

Es dämmerte, als wir begannen, uns aus der Schlucht, in die wir so sinnlos geraten waren, heraus zu kämpfen. Immer wieder verloren die Pferde den Halt. Mein Gaul kam kaum mehr hoch, obwohl ich ihn nach besten Kräften ermunterte. Ich war von blauen Flecken übersät, zerschnitten und zerkratzt, hatte mir einen Kaktusstachel eingetreten und eine böse Wunde im Nacken zugezogen. Die arme Mrs. Chalmers war ein einziger Bluterguss. Sie tat mir aufrichtig leid, denn im Gegensatz zu mir machte ihr die ganze Unternehmung nicht den geringsten Spaß. Als wir es nach einer furchtbaren Kletterei endlich geschafft hatten, war Chalmers derart außer sich, dass er die falsche Richtung einschlug. Wir irrten eine Stunde lang ziellos umher. Nur durch hartnäckiges Zureden gelang es mir, seinen schwachen Verstand auf die richtige Fährte zu lenken. Ich stand kurz davor, auf diesen unfähigen Angeber, der geprahlt hatte, er finde den Weg nach Estes Park »mit verbundenen Augen«, richtig wütend zu werden. Schließlich überwog das Mitleid mit seiner Ohnmacht. Daher hielt ich den Mund, auch wenn ich all die Irrwege zu Fuß zurücklegen musste, um mein erschöpftes Pferd zu schonen. Wieder auf der Hochebene, setzte Schneegestöber ein, begleitet von heftigen Windstößen. Es war dunkel und kalt und uns blieb nichts anderes übrig, als ein Lager aufzuschlagen. Wir entzündeten ein großes Feuer. Unsere Essensvorräte gingen langsam zur Neige. Ich verwandelte den Sattel in ein Kopfkissen, streckte mich auf trockenem Gras aus und schlief tief, bis ich vom beißenden

Frost und den schmerzenden Wunden geweckt wurde. Chalmers hatte versprochen, um sechs Uhr früh einen neuen Versuch zu starten. Ich weckte ihn um fünf. Jetzt ist es halb neun, und ich sitze allein da. Wie oft hatte ich gepredigt, die Pferde anzupflocken. »Ach was, nicht nötig«, erhielt ich jedes Mal zur Antwort. Nun trotten sie wohl fröhlich heimwärts. Vor einer Stunde konnte ich sie etwa zwei Meilen von hier ausmachen, er hinter ihnen her. »Das ist der unfähigste, dümmste Mensch, der mir je begegnet ist«, klagte seine Frau, die sich verzweifelt und erschöpft an der Jagd beteiligte, »dieser Mann ist zu gar nichts zu gebrauchen«, worauf ich nichts anderes zu erwidern wusste als »er meint es ja nur gut«. Es gibt hier oben einen brunnenähnlichen Schacht, doch das Wasser hat nur für unseren »Nachmittagstee« und das Tränken der Pferde gereicht. Seit gestern haben wir kein Wasser mehr. Die leider nicht verkorkte Feldflasche war beim Sturz des Packesels ausgelaufen. Ich habe ein riesiges Feuer entfacht, doch Durst und Ungeduld sind schwer zu ertragen und vermeidbares Missgeschick mehr als ärgerlich. In der Nähe habe ich einen Bärenmagen voller Kirschkerne entdeckt und eine Stunde damit verbracht, sie herauszuklauben. Aber siehe da! Jetzt, um halb zehn, kommt der Übeltäter mit Frau und Pferden in Sicht!

Lower Canyon, 21. September 1873

Wir haben es nicht bis nach Estes Park geschafft. Um zehn Uhr machten wir uns wieder auf den Weg und verbrachten Stunden damit, den Pfad zu suchen. Er existiert nicht. Chalmers führte uns in jede Schlucht, schickte uns nach Osten statt nach Westen, scheiterte vor Abgründen oder an allen nur möglichen anderen Hindernissen. Sein Selbstbewusstsein nahm mit jedem Misserfolg ein weiteres Stück ab.

Schließlich ritt er allein los, kehrte überraschend fröhlich zurück und rief, er habe den Pfad gefunden. Kurz darauf fanden wir uns auf einer Trasse wieder, die ganz offensichtlich den Jägern in dieser Gegend dazu diente, ihre Beute über den Berg zu schleifen. Vergebens wies ich ihn darauf hin, dass sie nach Nordosten führte, wo wir doch nach Südwesten mussten, und bergauf, wo unser Ziel doch im Tal lag. »Alles in Ordnung, wir sind gleich am Wasser«, lautete die gleichbleibende Antwort. Zwei Stunden lang kämpften wir uns durch ein Espendickicht den Berg hinauf, die Kälte nahm beständig zu. Die Trasse, die sich mittlerweile in einen schmalen Feldweg verwandelt hatte, endete unvermittelt, und durch einen Felsspalt erblickten wir nicht allzu weit über uns den Gipfel des Storm Peak. Estes Park lag genau in unserem Rücken. Ich konnte nicht mehr an mich halten und begann laut zu lachen. Chalmers bekannte, dass er die Orientierung verloren hatte und nicht einmal mehr wusste, wie wir zurückkommen sollten. Seine Frau setzte sich auf die Erde und weinte bitterlich. Wir verzehrten ein paar Brotkanten, ich erzählte von meinen Reiseerfahrungen und bot an, die Führung zu übernehmen. Das wurde widerspruchslos akzeptiert. Dann machten wir uns an den langwierigen Abstieg. Nach kurzer Zeit wurde Mrs. Chalmers von ihrem Pferd abgeworfen und schluchzte erneut vor lauter Demütigung und Kälte. Wenig später riss der Sattelgurt des Lasttiers. Da es keinen Schweifriemen hatte, flog ihm der Sattel mit allem, was daran befestigt war, über den Hals, wobei die Mehlsäcke platzten. Unter einem Wutausbruch gegen England versuchte Chambers, so viel wie möglich von dem Mehl zu retten, während ich den Sattel sicherte. Es gelang mir schließlich, uns aus der Schlucht herauszumanövrieren. In der Ebene angekommen, machten wir ein Feuer, aßen das restliche Brot mit Speck und brachten Stunden mit der Suche nach Wasser zu. Endlich entdeckten wir ein Schlammloch, zertrampelt von zahllosen Wapitis, Bären und Wildkatzen. Sein Wasser war zwar so dick und trüb wie Erbsensuppe, tränkte jedoch unsere Tiere und verhalf uns selbst zu einem starken Tee.

In einem prachtvollen Sonnenuntergang brachen wir zu unserer letzten vierstündigen Etappe auf. Der Frost war schneidend, unsere zerschundenen Glieder schmerzten. Ich bedauerte Mrs. Chambers, die immer wieder gestürzt war, ihre Schmerzen nun aber klaglos ertrug. Einige Male hörte ich sie sogar zu ihrem Mann sagen: »Die Frau da tut mir wirklich leid.« Das klang beinahe liebevoll. Ich war das ewige Stolpern meines Gauls leid und inzwischen derart durchgefroren, dass ich das letzte Stück des Wegs zu Fuß ging. In der Absicht, sein Versagen zu überspielen, schwadronierte Chalmers laut und über alles Mögliche, beschimpfte sämtliche Gläubigen und ihre Religionen und wetterte auf übelste amerikanische Art gegen England. Trotz allem sind die beiden keine schlechten Seelen, und obwohl er auf solch absurde Art gescheitert ist, hat er bei aller Unfähigkeit doch sein Bestes gegeben.

Das Feuer in der heruntergekommenen Hütte hatte aufmunternde Wirkung. Ich schürte es die ganze Nacht lang, betrachtete die Sterne, die durch das zerlöcherte Dach schienen, dachte an Longs Peak in seiner wundervollen Einsamkeit und beschloss, alles daran zu setzen, um nach Estes Park zu kommen.

6. Brief

Eine völlig andere Welt, Longmont, endlich in Estes Park

Eine Bronco-Stute – Ein Unfall – Wunderland – Eine traurige Geschichte – Die Kinder der Territories – Erbarmungslose Gier – Glückliche Stunden – Geschäftstüchtigkeit – Altmodische Vorurteile – Die Chicago-Colorado Colony – Glück gehabt – Drei Punkte der Bewunderung – Ein gutes Pferd – St. Vrain – Endlich in den Rocky Mountains – Mountain Jim – Todeskuss – Estes Park

Lower Canyon, 25. September 1873

Eine völlig andere Welt. Mein Eintritt fand folgendermaßen statt: Chalmers hatte mir zu einem erschwinglichen Preis eine Bronco-Stute angeboten, ein durchtriebenes, etwas lädiertes junges Ding. Ich beschloss, sie auf dem Weg in mein neues Domizil bei Dr. Hughes und seiner Frau einzureiten. Kaum war ich aufgesessen, begann sie zu scheuen und bockte. Ich gab ihr leicht die Sporen, sie setzte über einen Holzstoß, der Sattelgurt löste sich, und die Umstehenden berichteten, ich sei in hohem Bogen über ihre Kruppe geflogen, auf dem harten Kies gelandet und hätte zu guter Letzt noch einen Tritt vor die Kniescheibe erhalten. Sie konnten kaum glauben, dass meine Knochen heil geblieben waren. Mein linker Arm erinnert an zerquetschtes Aspik, doch kalte Umschläge sollten ihn bald wieder herstellen. Neben dem Schreck und den vielen blauen Flecken zog ich mir eine klaffende, stark blutende Wunde am Rücken zu, was mich zunächst schwächte. Die Umstände erlauben es jedoch nicht, »Theater zu machen«. Wahrscheinlich sind die Löcher, die mein Reitkleid davongetragen hat, das Schwerwiegendste an diesem Unfall.

Meine neue Umgebung ist herrlich. Das Holzhaus der Hughes, aufgestockt durch einen großen Raum und mit einem schön verzierten Schweizer Dach versehen, liegt im Tal, in unmittelbarer Nähe zu einem klar dahinrauschenden Bach, der aus einer höher gelegenen, ebenso unzugänglichen wie großartigen Gesteinsmasse entspringt. Auf der einen Seite des Tals leuchten zinnoberrote Felsklippen und Terrassen aus Porphyr, die bei Sonnenuntergang in tiefdunklem Orange baden. Klüfte geben Blicke auf bewaldete Gipfel frei, die sich in der Dämmerung mit jeder nur erdenklichen Nuance von Purpur überziehen. Abend für Abend werden Himmel und Erde zu einem Wunderland – die reichen, samtenen Scharlachtöne, das tiefdunkle Violett, der safrangelbe, petrolgrüne, rubinrote Himmel. Dazu die smaragdenen Wolken, die nahezu außerirdische Reinheit der Atmosphäre und schließlich das herrliche Nachleuchten eines Abendrots, vereint zu einer einzigen Sinfonie. In ihrer Farbenpracht übertreffen die Rocky Mountains alles, was ich bislang gesehen habe.

Die Geschichte meiner Gastgeber besteht aus einer Serie von Unglücksfällen.[26] An ihr erweist sich, wer besser nicht

26 Diese Geschichte hat nun ein Ende. Wenige Monate nach meinem Aufenthalt starb Mrs. Hughes im Kindbett. Sie wurde an einem trostlosen Hang begraben. Ihr Mann blieb mit den fünf kleinen Kindern zurück. Heute ist Dr. Hughes wohlhabend und lebt mit dem treuen Schweizer Mädchen, seiner zweiten Frau, auf einer der sonnigsten Inseln im Pazifik. *I.L.B.*

nach Colorado kommen sollte. Dr. Hughes und seine Frau sind höchstens fünfunddreißig Jahre alt. Als Sohn eines Londoner Arztes hat Hughes eine sehr liberale Erziehung genossen, der auffallend gebildete Mann besaß gemeinsam mit einem anderen Arzt eine gutgehende Praxis, als sich bei ihm die Symptome einer Lungenkrankheit zeigten. In einer schicksalhaften Stunde hörte er von Colorado mit seinem unvergleichlichen Klima, seinen unermesslichen Bodenschätzen. Fasziniert nicht allein von den materiellen Möglichkeiten, sondern vor allem von der Vorstellung, nach seinen fortschrittlichen sozialen Theorien eine neue Gesellschaft aufbauen oder die bestehende reformieren zu können, fasste er den Entschluss, auszuwandern. Mrs. Hughes ist eine der charmantesten, kultiviertesten und liebenswertesten Damen, die ich kenne. Beide führen eine ideale Ehe, beide sind wie geschaffen, im Mittelpunkt jeder Gesellschaft zu stehen. Von Haus- und Landwirtschaft hatten sie allerdings keine Ahnung. Dr. Hughes war nicht in der Lage, ein Pferd zu zäumen oder zu satteln. Mrs. Hughes wusste nicht, wie man ein Ei kocht. Sie kamen nach Longmont, kauften, hingerissen von der Schönheit des Ortes, ein Stück Land, ohne an Nutzungsmöglichkeiten und Ertrag zu denken, wurden bei allem, was sie erwarben, geprellt und von schändlichen Siedlern als Freiwild betrachtet. Alles missglückte ihnen, und obwohl auch sie »in aller Frühe aufstehen« und »ihr sauer verdientes Brot« essen, gelingt es ihnen kaum, sich über Wasser zu halten. Ein junges Schweizer Mädchen, beiden treu ergeben, arbeitet ebenso hart wie sie selbst. Sie besitzen ein Pferd, aber keinen Wagen, etwas Federvieh und ein paar Kühe. Einen »Lohnarbeiter« können sie sich nicht leisten. Nie habe ich gebildete Menschen einen schwereren und aussichtsloseren Kampf führen sehen. Jede ihrer Erfahrungen bezahlen sie mit Verlusten und Härten. Erstaunlich, wie viele Kenntnisse sie dennoch im Laufe der Zeit erworben haben. Mit eigener

Hand und ohne fremde Hilfe errichteten sie das obere Stockwerk ihres Hauses und setzten das Dach. Mit eigener Hand bearbeitet Dr. Hughes das Land und hat sogar die schwierige Kunst des Melkens erlernt. Mit eigener Hand schneidert Mrs. Hughes sämtliche Kleidungsstücke für die vielköpfige Familie. Nach einem harten Tagwerk und zum Umfallen müde, verbringt sie die Abende mit Flick- und Stopfarbeiten. Jeder Tag ist eine einzige, ununterbrochene Schinderei, ohne Abwechslung oder das Vergnügen, jemals ein anregendes Gespräch mit gebildeten Menschen zu führen. Bei den wenigen Besuchern, die »vorbeischauen«, handelt es sich ausnahmslos um die geizigen, von hausfraulichem Stolz erfüllten Frauen wohlhabender Siedler, deren einziges Anliegen darin besteht, Mrs. Hughes ihre Überlegenheit spüren zu lassen. Ich wünschte, sie würde ein grundsätzlicheres Interesse für die Aufzucht des letzten Kalbs, die Aussichten der Kürbisernte und den Butterpreis aufbringen. Sie hat gelernt, ausgezeichnete Butter zu machen und köstliches Brot zu backen, doch im Innersten hat das alles nichts mit ihr zu tun. Die Kinder der Hughes sind eine Freude. Die kleinen Jungen erweisen sich als wohlerzogene, höfliche Gentlemen, aus deren Worten und Taten die zärtliche Liebe zu ihren Eltern spricht. Obwohl in diesem Haus nie ein harsches Wort fällt, haben die Kämpfe und Schwierigkeiten auch bei den Kleinsten schon ihre Spuren hinterlassen. An erster Stelle steht ihre Sorge um die Mutter. Sie schleppen Holz und Wasser, was viel zu schwer für sie ist, verzichten auf Butter, wenn sie fürchten, der Vorrat könnte nicht reichen, machen sich Gedanken über den Winter und die Ernte und sind bei alldem doch kindlich und unschuldig geblieben.

Eines der schmerzlichsten Dinge im Westen der Vereinigten Staaten ist die Auslöschung der Kindheit. In den normalen Familien habe ich nie Kinder zu Gesicht bekommen, nur kümmerliche Imitationen der Eltern, der Männer und Frauen, verdorben durch Selbstsucht und Gier. Die Atmosphäre, in der sie heranwachsen, ist geprägt von Gottlosigkeit und Obszönität. Als Zehnjährige sind sie von ihren Eltern bereits unabhängig. Die reizenden Geschöpfe der Hughes erscheinen mir im Gegensatz dazu wie Blumen in der Wüste.

Abgesehen von der Liebe, die das Leben hier wie überall auf der Welt zum Guten wendet, führen die Hughes eine armselige Existenz. Die kargen Ernten wurden wieder und wieder von Heuschrecken vernichtet. Bei sämtlichen seiner Kaufabschlüsse fiel Dr. Hughes dem, was man hier als »Geschäftstüchtigkeit« bezeichnet, zum Opfer. Ihm blieb nur das Nötigste, um seine Kinder zu ernähren. Jeder Schritt wurde teuer erkauft, und sein Beispiel sollte all jenen als Warnung dienen, die glauben, ohne landwirtschaftliche Kenntnisse ein erfolgreiches Leben als Farmer in Colorado aufbauen zu können.

Trotz meiner Sorge um diese Familie habe ich in ihrer Gesellschaft eine schöne Zeit verlebt. Ich wäre gern länger geblieben, hätten sie mir nicht ihr Strohbett überlassen. Mrs. Hughes schläft mit dem Säugling, einem runzligen, weinerlichen Geschöpf, auf dem Fußboden meines Zimmers. Dr. Hughes hat sein Lager eine Etage tiefer aufgeschlagen. Nachts gibt es bereits Frost, es wird sehr kalt. Der Tag vergeht mit Arbeit, und abends, wenn die Kinder im Bett sind, flicken wir drei Frauen deren Kleider und nähen Hemdchen. Dr. Hughes liest aus Tennysons[27] Gedichten, wir sprechen liebevoll von der Welt der Kultur und der großmütigen Taten – von hier aus betrachtet ein fernes Land –, oder Mrs. Hughes lässt die Nadel für kurze Zeit ruhen und liest einige

27 Alfred Tennyson, 1. Baron Tennyson (1809–1892), einer der meistgelesenen Dichter der Viktorianischen Zeit.

ihrer Lieblingsgedichte oder Prosastellen. Selten habe ich jemanden so lesen hören, mit solcher Stimme, solchem Ausdruck, fähig, jede Nuance des Autors zu interpretieren. In ihren sanften, sprechenden Augen spiegeln sich Anteilnahme und Gefühl. Dies sind unsere glücklichen Momente, die uns die Not des kommenden Tages, die Menschen, denen nichts anderes etwas gilt als kaufen, verkaufen und betrügen, den Rausch des Goldes, die Rocky Mountains, ja selbst die späte Stunde vergessen lassen. Doch unweigerlich bricht der nächste Morgen an, heiß und anstrengend, die erdrückende Arbeit will nicht enden. Zwei- oder dreimal am Tag kommt Dr. Hughes erschöpft und benommen vom Feld, die beiden sprechen sich Trost zu und ich spüre deutlich, dass Siedler hier aus härterem Holz geschnitzt sein müssen.

Heute hatte ich einen sehr schönen Tag, obwohl ich mich seit morgens um neun nur ein einziges Mal hingesetzt habe. Ich war auf die Idee verfallen, das Schweizer Mädchen mit zwei von den Kindern im Wagen der Nachbarn zu einer nahegelegenen Siedlung zu schicken, und um den beiden Hughes einen ruhigen Nachmittag zu ermöglichen, die anstehende Arbeit allein zu erledigen und das Haus zu putzen. Den Anfang machte eine »große Wäsche« meiner eigenen Kleidungsstücke, woran mein schlimmer Arm mich in der letzten Woche gehindert hatte. Eine Wringvorrichtung, die an den Bottich geschraubt wird, hilft dabei sehr. Da ich die Wäschestücke gefaltet durchdrehte, ersparte ich mir gleich das Mangeln. Nachdem das Brot gebacken, die Milchkannen geputzt und die Butterfässer geschrubbt waren, machte ich mich an die Töpfe und Pfannen. Sie hatten es wahrhaft nötig, eine harte, schmutzige Arbeit, die von einem Besucher unterbrochen wurde. Er wollte wissen, an welcher Stelle er mit seinem Ochsengespann am besten über den Fluss käme. Ich zog die Arme aus der fettigen Brühe, ging mit ihm hinaus und erklärte es ihm. »Bist du das neue Mädchen?«, fragte er und schaute mich mitleidig an. »Lieber Himmel, du bist ja ganz schön klein geraten!«

Gestern haben wir hundertfünfzig Kilo Tomaten für den Winter eingekocht und fünfunddreißig Zentner Kürbis für das Vieh zerstampft. Ich erntete ein Viertel Morgen Mais ab, doch die Ausbeute war spärlich, die Kolben oft trocken und halb leer. Dennoch ziehe ich die Feldarbeit der Wäsche und dem Pfannenscheuern vor, und alles zusammen übrigens dem Nähen oder Flicken.

Dies Land ist kein Arkadien. »Geschäftstüchtigkeit«, die darin besteht, den anderen auf jede erdenkliche legale Art zu übervorteilen, gilt als höchste Tugend und der Mammon als Gottheit. Was kann man von einer Generation erwarten, die damit aufgewachsen ist, das eine zu bewundern und das andere zu verehren. In Regionen wie dieser hier, die mit den Kirchenregeln kaum in Kontakt kommen, gibt es drei Arten, den Sonntag zu verbringen: man macht Besuche, jagt oder fischt, legt die Hände in den Schoss oder schläft – oder aber man geht den alltäglichen Beschäftigungen nach, erntet, schlägt Holz und flößt Stämme. Letzten Sonntag erschien ein Mann, der eine Tür einbaute und dabei bemerkte, er glaube weder an die Bibel noch an Gott und hätte nicht die Absicht, seiner Kinder Brot irgendeinem altmodischen Aberglauben zu opfern. Hier herrscht eine offensichtliche Gleichgültigkeit gegenüber »göttlichem Gericht, Barmherzigkeit und Glauben«. Dennoch sind die Siedler zuverlässig, es kommt kaum zu Verstößen gegen die Moral, Fleiß ist die Regel, Leben und Besitz sind weitaus sicherer als in England oder Schottland, und Frauen wird mit Respekt begegnet.

Die Tage sind jetzt klar, die Nächte eiskalt. Alles bereitet sich auf den kommenden Winter vor. Die Touristen aus dem Osten fallen in Denver ein, und die Landvermesser kommen aus den Bergen herab. Auf den höher gelegenen Gipfeln hat es bereits geschneit, und meine Hoffnung, jemals nach Estes Park zu kommen, ist gleich null.

Longmont, 25. September 1873

Der gestrige Tag war perfekt, die Sonne hell, die Luft frisch und belebend. Ich fühlte mich besser. Nach dem harten Tagwerk und einem herrlichen Abendspaziergang mit meinen Freunden ging ich gutgelaunt und in der Hoffnung zu Bett, das Klima würde meine Gesundheit doch noch befördern. Heute Morgen hingegen erwachte ich mit einem Gefühl unendlicher Mattigkeit. Als ich das Haus verließ, traf mich eine schier unerträgliche Hitze, eine gleißende Sonne und ein glühender Wind, der an den Schirokko denken lässt. Nervenschmerz, entzündete Augen und Verzagtheit folgten. Selbst meinen Gastgebern, die an dieses Phänomen gewöhnt sind, ging es ähnlich. Für unsere Fahrt nach Longmont hatten wir einen Wagen geliehen, doch Dr. Hughes starkes, aber träges Pferd und ein kraftloser Mietgaul bildeten ein schlechtes Gespann. Longmont liegt nur zweiundzwanzig Meilen entfernt, die Strecke führt über ebene Prärie. Mit den müden Tieren kamen wir jedoch nur mühsam voran und fuhren dazu noch dreimal in die Irre. Achteinhalb Stunden waren wir in der kochenden Hitze unterwegs. In der Prärie verliere ich jeden Orientierungssinn. Dr. Hughes geht es nicht anders. Wir schlugen falsche Pfade ein, gerieten zwischen Zäune, steckten im zähen Schlamm von Bewässerungsgräben fest und wollten schon verzagen. Es war eine schreckliche Fahrt. Auf halbem Weg rasteten wir an einem Fluss, der sich unter der sengenden Sonne in eine Reihe von Schlammlöchern verwandelt hatte. Den ganzen Tag über erblickten wir weder Mensch noch Tier.

Endlich kamen gelbgraue Holzhäuser in Sicht, die in unregelmäßigen Abständen in die Prärie gesetzt worden waren. Neben jedem ein staubbedecktes Weizen- oder Gerstenfeld, dessen Ernte sich nicht dem himmlischen Regen, sondern dem trüben Schlamm des »Kanals Nr. 2« verdankt. Es handelt sich um die »Chicago-Colorado Colony«[28], von der es heißt, sie würde nach anfänglichen Landschwindeln nun wirtschaftlich recht gut gedeihen. Die vielen, aus allen Himmelsrichtungen kommenden Wagenspuren liefen zu einer festen, breiten Straße zusammen, an der sich helle Holzhäuser und ein paar Läden gegenüberstanden. Ein besonders leuchtend gestrichenes zweistöckiges Gebäude, das im Gegensatz zu allen anderen keine Veranda besitzt, ist das St. Vrain Hotel, benannt nach dem St. Vrain Creek, der den Kanal speist, dem sich die Existenz der Stadt Longmont verdankt. Das Hotel kochte in der Hitze der schräg in die ungeschützten Holzräume einfallenden Sonnenstrahlen, es war weit schlimmer als draußen, und überall hockten schwarze Fliegen, auch auf dem Gesicht. Da mein Zimmer am kühlsten zu sein schien, versammelten wir uns alle dort und kämpften gegen die Fliegenplage, bis uns ein prachtvoller Sonnenuntergang über den zehn Meilen entfernten Rocky Mountains ins Freie lockte. Es folgte ein Abendessen im Stil des Westens. Das Tischtuch fehlte, dafür erschienen sämtli-

28 1870 beschloss eine Gruppe prominenter Männer aus Chicago, eine neue Stadt in Colorado zu gründen, die »Chicago-Colorado Colony«. Sie verkauften Mitgliedschaften an der »Colony« und nutzten das Geld zum Erwerb von sechzigtausend Morgen Land. Im Sommer 1871 war bereits eine kleine Stadt entstanden. Sie erhielt den Namen Longmont, zu Ehren des Longs Peak, der von dort aus deutlich zu sehen ist.

che Junggesellen von Longmont, um ihre Mahlzeit rasch und wortlos einzunehmen. Es gab Tee, eine wahre Wonne. Den letzten hatte ich vor zwei Wochen getrunken. Der Wirt erwies sich als jovialer, freundlicher Mann. Ich erzählte ihm von meinen vergeblichen Versuchen, nach Estes Park zu kommen, und wie ungern ich am nächsten Tag nach Denver führe, worauf er meinte, es wäre durchaus möglich, dass noch jemand eintrudele, der in den Park hinauf wolle. Kurz darauf klopfte er an meine Zimmertür, um mir einige Fragen zu stellen: ob ich die Kälte fürchte, ob ich ohne Komfort auskäme, ob ich reiten und galoppieren könne. »Estes Park«, sagte er, »ist das Schönste, was es in Colorado zu sehen gibt. Es wäre eine Schande, so etwas zu verpassen.« Kaum hatte ich mich wieder hingesetzt, da klopfte es erneut. »Welch ein Glück!«, rief der Wirt. »Soeben sind zwei Männer angekommen, die morgen früh hinauf wollen!«

Ich freue mich sehr, habe auch für drei Tage ein Pferd gemietet, aber letztlich wenig Hoffnung, sie begleiten zu können. Ich bin krank vor Hitze, leide immer noch unter den Folgen meines Sturzes und habe seitdem nicht mehr auf dem Pferd gesessen. Dreißig Meilen sind ein langer Ritt. Außerdem fürchte ich, dass die Unterkunft ähnlich miserabel sein wird wie bei Chalmers und ich auch dort keine Möglichkeit haben werde, ungestört und für mich zu sein. Seit Anbruch der Dunkelheit wandern wir die Straße auf und ab, um ein wenig frische Luft zu schnappen.

Estes Park!!! 28. September 1873

Ich wünschte, ich könnte Dir anstelle eines Briefes diese drei Ausrufezeichen senden. Was sie bedeuten? Glück und Seligkeit, Frohsinn, Genuss und Freiheit. Ich bin an den Ort gelangt, nach dem ich mich so sehr gesehnt habe – und in allem übersteigt er meine kühnsten Träume. In jedem Atemzug steckt Gesundheit. Mir geht es schon viel besser. Ich stehe jeden Morgen um sieben Uhr zum Frühstück auf. Alles ist behaglich, alles so, wie es mir gefällt! Die Holzhütte, die ich bis auf ein Stinktier, das darunter seinen Bau gegraben hat, allein bewohne, steht auf sechs Pfählen in der Nähe eines kleinen Sees. Nachts herrscht Frost, doch drinnen lodert ein Feuer. Der Rancher – halb Jäger, halb Viehzüchter – und seine Frau sind herzliche Waliser aus Llanberis. Sie lachen laut und fröhlich, die ganze Familie singt, bis hin zum kleinsten Kind, alle sind offenherzig, gastfreundlich und sparen nicht mit Brennholz, das sie im roh gemauerten Kamin hoch aufschichten. Seit ich da bin, gibt es täglich frisches Fleisch, bäckt man das köstlichste Brot, kommen ausgezeichnete Kartoffeln auf den Tisch, wird Tee und Kaffee serviert und dazu reichlich von der duftenden Milch, die nach Rahm schmeckt. Ich schlafe in einem sauberen Bett mit sechs Decken, es gibt weder Wanzen noch Flöhe. Und rings um mich die traumhafteste Landschaft, die ich je erblickt habe. Die meisten hatten mir geraten, nach Colorado Springs zu reisen, nur ein einziger Mensch erwähnte diesen Ort. Ich bin noch niemandem begegnet, der schon einmal hier war, konnte aber auf der Karte ablesen, dass er herrlich gelegen sein muss. Es hieß, Estes Park sei nur schwer zu erreichen und die Saison im Übrigen vorbei. Beim Reisen gibt es nichts Wichtigeres, als die Ratschläge der Leute zu überprüfen. Meist sind sie nämlich davon gefärbt, wie sie die Vorlieben und Fähigkeiten derer einschätzen, denen sie erteilt werden. Die Perfektion des Reisenden besteht darin, alle erreichbaren Erkundigungen einzuziehen, um dann entschieden und in aller Stille die eigenen Pläne zu verfolgen.

Es fällt mir nicht leicht, mich nach einem zehnstündigen strengen Ritt ans Schreiben zu machen, und womöglich wird man diesen Zeilen eine gewisse Müdigkeit anmerken, wo sie doch nichts als enthusiastisch klingen sollten. Nach einer schlaflosen Nacht in Longmont war ich nervös und niedergeschlagen, drauf und dran, meinen Reiseplan über den Haufen zu werfen. Da ging die Sonne über der Prärie auf, und die wundervollen roten Rocky Mountains, die den Osten erhellten, gaben mir neuen Mut. Der Wirt hatte mir ein Pferd besorgt, konnte jedoch nicht dafür garantieren, dass es sich um ein ruhiges Tier handelte. Der Schreck durch meinen Sturz in Canyon saß mir noch immer in den Knochen. Ich wünschte ernsthaft, die »Greeley Tribune« hätte meine Reitkünste nicht so hoch gelobt. Der Ruf war mir bis hierher vorausgeeilt. Die jungen Männer, die mich begleiten sollten, machten, wie der Wirt versicherte, einen »harmlosen Eindruck« – was immer das auch heißen mag. Als ich um acht Uhr dreißig von meinem Fenster aus das Pferd erblickte, war meine Bestürzung groß. Es handelte sich um eine hochgezüchtete, schöne Kreatur mit gewölbtem Hals, bebenden Nüstern, aufmerksamen Augen und Ohren. Mein Bündel war bereits hinter dem mexikanischen Sattel festgeschnallt, die Leinentasche hing am Horn. Das Tier schien nicht darauf zu brennen, eine schwere Last zu tragen. Zwei Männer waren nötig, um es festzuhalten und ihm gut zuzureden. Schon hatten sich etliche Schaulustige versammelt. Ich zögerte, in meinem alten hawaiianischen Reitkleid unter die Leute zu gehen, doch die Hughes versicherten, es würde gewiss niemanden stören. Nach wiederholten Ausrufen des Wirts: »Wie heroisch Sie doch sind!«, brachen wir um neun Uhr auf.

Der Himmel war wolkenlos und von tiefdunklem Blau, die Sonne warm, die Luft frisch und erquickend. Ich fühlte mich rasch besser. Das Pferd erwies sich in Gang und Temperament als erstklassig, ganz Frohsinn und Geist, federnd in der Bewegung, gewandt und mit leichtem Schritt. Sobald man die Zügel sanft anzog, fiel es in einen anmutig schwingenden Trab, ein unbekümmertes, heiteres Tier, dem die Aussicht auf einen Tag in den Bergen nun Freude zu bereiten schien. Saß ich ab, um ein Stück zu Fuß zu gehen, folgte es mir gutmütig, ohne dass ich es am Zügel führen musste, und es gestattete mir auch, von beiden Seiten aufzusitzen. Der Charme seiner Bewegungen paarte sich mit der katzenhaften Trittsicherheit der mir bekannten hawaiianischen Pferde. Mühelos durchquerte es Stromschnellen und unwegsame Flussbetten, galoppierte auch zwischen Geröll und Baumstümpfen und nahm steile Abhänge. Ich hätte es hundert Meilen reiten können. Wir waren nur zwei Tage zusammen, wurden aber gute Freunde und verstanden einander. Auf einer langen Bergtour bräuchte ich keinen anderen Gefährten. Pferde wie dieses werden allein durch die menschliche Stimme erzogen, ohne Kandare, Peitsche oder Sporen. Es handelt sich um Tiere, die ausschließlich Freundlichkeit erfahren haben, wie es zum Glück bei den meisten Pferden in den Weststaaten der Fall ist. Daher setzen sie ihre Intelligenz zum Vorteil des Menschen ein: als Freund, nicht als Maschine.

Durch die angenehme Bewegung fühlte ich mich bald beschwingt. Die Sonne stand in unserem Rücken, kühle Windstöße fielen von den prächtigen Bergen vor uns in die Ebene hinab. Wir trabten sechs Meilen über die Prärie bis zum herrlichen Canyon von St. Vrain, der in ein enges, fruchtbares, bewaldetes Tal mündet, durch das in unzähligen Windungen ein Fluss eilt, den wir mehrmals durchquerten. Wie hell seine gekräuselten Wellen in der Sonne glitzerten, wie melodisch sie raunten und murmelten! Immer wieder kamen wir vom Weg ab, obwohl die »harmlosen« jungen Männer ihn schon einmal geritten waren. Es ist nicht einfach, sämtliche Unwägbarkeiten jener verschlungenen Strecke im Auge zu behalten. Glücklicherweise kamen im rechten Moment stets Heu erntende Siedler in Sicht, die uns in die richtige Richtung schickten. Nach der braunen, verbrannten Prärie erlebte ich diese Gegend als vielfältig und außerordentlich schön: die hellgrünen Pappeln, das sanfte Rauschen der goldblättrigen Espen, das zitronengelb wuchernde Blattwerk des wilden Weins und die Jungfernrebe, deren purpurne Sträuße allem Grün und Gold noch größeren Glanz gaben. Wenn wir zuweilen das farbenfrohe, laubenartige Dickicht verließen und zum kühlen Fluss hinunterritten, gerieten wir auf den schmalen Streif zwischen dem Ufer und den hohen, von enormen Felsvorsprüngen überwölbten Klippen – fantastische Gesteinsmassen, karmin- und zinnoberrot gesprenkelt, in allen nur denkbaren Grüntönen funkelnd, von blauen, gelben, orangenen, violetten und purpurnen Mineralien durchsetzt: eine Farbpracht, an deren Widergabe sich kein Künstler wagt, und die ich in nüchterner Prosa nicht zu beschreiben vermag. Der weithin sichtbare, weiß schimmernde Longs Peak, der das Grün bis hierher überragt hatte, verschwand nun für die nächsten zwanzig Meilen. Wir gelangten in ein Tal, wo sich das hinreißende Farbspiel der Felsen im tiefblauen Glanz der Pechkiefern noch steigerte, schlugen einen Weg ein, der nach Nordwesten führte, ließen die profane Welt hinter uns und tauchten in die Einsamkeit der Rocky Mountains ein.

Ich führte mein Pferd die schönsten Hänge hinauf, von wo aus sich fantastische Blicke auftaten, eine Überraschung nach der anderen. Mit jeder Meile wurde die Luft dünner und reiner, das Gefühl der Abgeschiedenheit ergreifender. Ein gewaltiger Aufstieg zwischen Gesteinsmassen und Kiefern endete auf einer Höhe von neuntausend Fuß vor einem schmalen Spalt in einer Felswand. Auf der anderen Seite ging es unvermittelt steil bergab. Der Pfad, den wir vorsichtig herabritten, wand sich auf dem gegenüberliegenden Hang in noch größere Höhe empor. Welch ein überraschender Eindruck, als ich mich umwandte! Als wären wir buchstäblich durch die Wand gegangen, hatten wir eine massive, gigantische Felsformation durchquert: gewaltige, quaderartige Massen hellroten Gesteins, einige vom Ausmaß der Royal Institution[29], wie von Titanen aufeinandergetürmt. Hier gab es keine Spur von Erdreich, doch aus den Klüften wuchsen Pechkiefern. Gleich hinter dem enormen Felsmassiv erhob sich ein weiteres, dann noch eins, und so ging es endlos fort, zerklüftete Kolosse, die hoch in den blauen Himmel ragten. Die nächsten fünfzehn Meilen führten über langgestreckte Bergkämme und durch tiefdunkle, schattige Klüfte, so schmal, dass wir gezwungen waren, durch die seichten Flüsse zu reiten, die sich dort hindurchgegraben hatten. Wir umrundeten die Fundamente gigantischer, kieferngekrönter Felspyramiden, gelangten in zauberhafte, von Gifteichen purpurn gescheckte Hochlandparks, die von der Natur so herrlich gestaltet sind, dass ich mehrmals erwartete, im nächsten Augenblick auf ein stattliches Herrenhaus zu stoßen. An diesem Nachmittag gehörten sie allein den Streifenhörnchen und Blauhähern. Frühmorgens äsen hier Rehe, Dickhornschafe und Wapitis, die Nacht ist erfüllt vom Fauchen des Berglöwen, vom Knurren des Grizzlys und vom Heulen des hinterhältigen Wolfs. Vor uns taten sich die tiefsten Abgründe auf, indigoblau im Düstern der Kiefern. Dahinter erhoben

29 Die Royal Institution (heute: Royal Scottish Academy) im Zentrum von Edinburgh wurde zwischen 1822 und 1826 von dem bedeutenden schottischen Architekten William Henry Playfair (1790–1857) erbaut. Mit der angrenzenden Schottischen Nationalgalerie verhalf der neoklassizistische Bau Edinburgh zu der Bezeichnung »Athen des Nordens«.

sich Berge, deren raue Gipfel von Schneekristallen funkelten – eine Schönheit, die in Erstaunen setzt, die Geist und Seele ehrfürchtig ergreift. Und wieder Berge, aus deren Kiefernwäldern einzelne Espen wie Strahlen reinsten Golds hervorleuchteten, Täler, in denen sich das Gelb der Pappeln mit dem Karmesin der Bluteichen vermischte. Weiter ging es in der heraufziehenden Dämmerung, bis der Pfad, der stellenweise kaum erkennbar war, schließlich in einen deutlichen Weg mündete, der uns zu einer langgestreckten, von Wiesen bedeckten und von hohen Bäumen umgebenen Schlucht führte.

Dort graste eine hübsche, angepflockte Stute. Ein Collie sprang bellend auf uns zu, und zwischen Büschen, nicht allzu weit vom Weg entfernt, erblickten wir eine schwarze, aus rohem Holz gezimmerte Hütte, aus deren Kamin Rauch quoll. Es schien, als würde sie jedem Durchreisenden Obdach gewähren. Wie hätte uns einfallen sollen, dass es sich um die Behausung, besser die Höhle eines berüchtigten Desperados handelte. Beim Näherkommen wirkte das Ganze wie der Unterschlupf eines wilden Tiers. Dennoch ritt ich darauf zu. Ich sehnte mich danach, mit jemandem zu sprechen, der die Berge liebte. Einer meiner Begleiter hatte sich schon vor Stunden selbständig gemacht, beim anderen handelte es sich um einen Jungen aus der Stadt. Der große Hund vor der Tür nahm eine bedrohliche Haltung an und knurrte. Auf dem Lehmdach trockneten Tierhäute, Luchs- und Biberfelle, von den Streben hingen Biberpfoten, an der einen Wand der Hütte lehnte die Hälfte eines Rehkadavers, neben der Tür lag auf einem Berg von Fellen ein gehäuteter Biber; Hirschgeweih, Hufeisen und Innereien waren ringsum verstreut. Durch das Knurren des Hundes aufmerksam geworden, zeigte sich der Besitzer: ein robuster, stämmiger Mann mittlerer Größe in grauer Jagdkleidung, so abgerissen, dass sie auseinanderzufallen drohte. Auf seinem Kopf saß ein gewaltiger alter Hut, um die Hüfte hatte er ein Goldgräbertuch geschlungen, in seinem Gurt steckte ein Messer, und sein »Busenfreund«, der unvermeidliche Revolver, schaute aus der Brusttasche. An seinen auffallend kleinen Füßen trug er schäbige Mokassins aus Pferdeleder. Er mochte etwa fünfundvierzig Jahre alt sein und muss einmal sehr gut ausgesehen haben. Er hatte nur ein Auge, groß und graublau, und ausgeprägte Brauen. Unter der gebogenen Nase zeigte sich ein schön geformter Mund. Bis auf einen dichten »Kaiserschnurrbart« war sein Gesicht glatt rasiert. Rötlichblondes Haar fiel in dünnen, zerzausten Locken unter seinem Hut hervor und über seine Schultern. Die Gesichtshälfte ohne Auge sah recht abstoßend aus. Die andere dagegen schien wie aus Marmor gemeißelt. »Desperado« war ihm in großen Lettern eingeschrieben. Ich bereute schon fast, seine Bekanntschaft gesucht zu haben. Er setzte zu einem Fluch gegen den Hund an, sah mich und begnügte sich damit, ihm einen Tritt zu geben. Als er auf mich zukam, nahm er den Hut ab, zeigte einen wohlgeformten Kopf und eine schöne Stirn und fragte höflich, was er für mich tun könne. Ich bat um Wasser. Er brachte es mir in einer zerbeulten Blechbüchse und entschuldigte sich dafür, nichts Besseres zu besitzen. Wir kamen ins Gespräch, und so wie er das Wort ergriff, vergaß ich seine Erscheinung. Er hatte die Manieren eines feinsinnigen Gentlemans, war kenntnisreich, sprach unbefangen und elegant. Ich erkundigte mich nach den Biberpfoten, die zum Trocknen hingen, und einen Moment später hatte er sie auch schon an meinem Sattel befestigt. Er erzählte mir, dass er den Verlust seines Auges der Begegnung mit einem Grizzly verdankte, der ihn in einem Todeskuss halb zerfetzt, ihm den Arm gebrochen und ein Auge ausgekratzt hatte, bevor er ihn wie tot liegen ließ. Die Sonne sank. Als wir wieder aufbrachen, bemerkte er: »Sie sind keine Amerikanerin. An ihrem Ton erkenne ich meine Landsmännin. Ich hoffe, sie werden mir das Vergnügen gestatten, Sie einmal zu besuchen.«[30]

Bei jenem Mann, der weit über diese Gegend hinaus als »Rocky Mountain Jim« oder schlicht »Mountain Jim« bekannt ist, handelte es sich um einen der berühmten Präriescouts, die als Romanvorlage für so manche verwegene Gestalt dienten, die im Grenzkampf mit den Indianern stand. Für einen Mann wie ihn, das habe ich mir sagen lassen, gibt es heutzutage keinen Platz mehr. In diesem Teil von Colorado gehört die Zeit blutiger Auseinandersetzungen der Vergangenheit an. Der Ruhm vieler seiner Heldentaten wird von Verbrechen geschmälert, die man hierzulande nicht leicht verzeiht. Er hat sich einen »Squatter's claim« abgesteckt, bestreitet seinen Lebensunterhalt – durch und durch ein Kind der Berge – aber als Trapper. An seinem Genie wie an seiner Zuvorkommenheit Frauen gegenüber besteht kein Zweifel. In ihm steckt jedoch etwas Gebrochenes, und wenn er Opfer seiner »üblen Anfälle« wird, machen alle um ihn einen großen Bogen. Man sieht es nicht gern, dass er sich ausgerechnet am einzigen Zugang zum Park niedergelassen hat. Seine Pistolen gelten als gefährlich. Ohne ihn würden sich hier einige sicherer fühlen. Die Bemerkung meines Gastgebers drückt alles aus: »Nüchtern ist Jim der perfekte Gentle-

30 Von diesem unglücklichen Mann, der neun Monate später nur zwei Meilen von seiner Hütte entfernt erschossen wurde, schreibe ich in den nachfolgenden Briefen und zwar einzig und allein, wie er auf mich wirkte. Sein Leben war zweifellos tief befleckt von Lastern und Verbrechen, er hatte seinen schlechten Ruf verdient. Im Umgang mit ihm erfuhr ich jedoch weit mehr von seinen edleren Gefühlen als von den dunklen Seiten seines Charakters, die sich zu seinem und dem Unglück anderer am tragischen Ende seines Lebens in den schlimmsten Farben zeigten. Erst nachdem ich Colorado verlassen hatte, erst nach seinem Tod erfuhr ich von den ärgsten Eigenschaften seines Charakters. *I.L.B.*

man. Wenn er getrunken hat, wird er zum größten Rowdy von Colorado.«

Vom Grat aus, auf dem der Canyon endet, sahen wir tausendfünfhundert Fuß unter uns endlich Estes Park, in der ganzen Pracht der untergehenden Sonne: eine unregelmäßig geformte Senke, funkelnd in den glühenden Strahlen, die sich in den Stromschnellen des Big Thompson River brachen, beschützt von riesenhaften, fantastisch geformten Bergen, die es wie Schildwachen umringen, über ihm Longs Peak in unnahbarer Pracht. Die tief zerfurchten Ausläufer des Snowy Range, durchschnitten von überwältigenden Canyons, aus denen dunkler Purpurdunst drang, fallen bis zum Park hin ab. Das letzte Licht tauchte den Fluss in ein blutiges Rot, Longs Peak stand in Flammen, die Glorie des verglühenden Himmels traf auf das Mysterium der verschatteten Erde. Niemals, nirgendwo, habe ich etwas Vergleichbares gesehen. Die Berge des »fernen Landes« sind nah, und die Nähe ist herrlicher als die Ferne, die Wirklichkeit fantastischer als der Traum. Das Bergfieber überkam mich.

Ein ermunterndes Wort an mein nimmermüdes Pferd, und schnell wie der Wind galoppierte es über das weiche Gras. Ich war hungrig, es wurde kalt, und ich fragte mich, welche Aussichten auf Verpflegung und Unterkunft es wohl in dieser verzauberten Gegend gab, als wir an einen kleinen See gelangten, an dessen Ufer ein hübsches Blockhaus mit flachem Lehmdach stand. Vier Hütten lagen malerisch ringsherum verstreut. Es gab zwei Viehgehege, einen langgestreckten Stall, vor dem soeben ein Kalb geschlachtet wurde, eine Molkerei, die über ein Wasserrad verfügte, Heuhaufen und die verschiedensten Anzeichen von Komfort. Zwei Viehhirten auf passablen Pferden trieben einige gut genährte Kühe zum Melken in den Stall. Ein kleiner, freundlicher Mann lief auf mich zu und schüttelte mir zu meiner Überraschung die Hand. Später gestand er mir, er habe mich im Dämmerschein für »Mountain Jim in Frauenkleidern« gehalten. Ich erkannte in ihm sofort den Landsmann. Er stellte sich als Griffith Evans vor, ein Waliser aus der Schiefergegend bei Llanberis. Als er die Tür zur Hütte aufstieß, schaute ich in einen großen Raum aus rohem Holz, mit Glasfenstern, einem steinernen Kamin, in dem gewaltige Scheite brannten, etwa halb so groß wie ich, und einem Bretterboden, darauf ein runder Tisch, zwei Schaukelstühle und eine mit Teppichen bedeckte alte Couch. Tierfelle, Indianerpfeile und -bogen, Wampum-Gürtel und Geweihe hingen an den Wänden, in den Ecken lehnten Gewehre. Sieben rauchende Männer hatten es sich auf dem Fußboden bequem gemacht, auf der Couch ruhte ein Kranker, und am Tisch saß eine Dame mittleren Alters und schrieb. Ich fragte Evans, ob er mich irgendwo unterbringen könne, und erwartete nichts anderes als ein Strohlager. Zu meiner Überraschung erklärte er, er könne mir eine eigene Hütte geben, nur zwei Minuten vom Blockhaus entfernt.

So habe ich in dieser herrlichen Bergwelt, im Rücken die Kiefern, vor mir den klaren See, hier in der »blauen Senke am Fuß des Longs Peak«, siebentausendfünfhundert Fuß hoch, wo das Gras in jeder Nacht des Jahres unter harschem Frost knirscht, weit mehr gefunden, als ich je zu träumen wagte.

7. Brief

Die Besteigung des Longs Peak

Die »Persönlichkeit« des Longs Peak – Mountain Jim –
Liliensee – Ein stiller Wald – Lagerplatz –
Ein Gemach für eine Lady – Morgengrauen und Sonnenaufgang –
Ein herrlicher Anblick – Reihen von Diamanten –
Der Aufstieg zum Peak – Dog's Lift – Durst –
Abstieg – Das Nachtlager

Estes Park, Colorado, Oktober 1873

Da ich diesen Bericht über die Besteigung des Longs Peak nicht unmittelbar verfassen konnte, widerstrebt es mir beinahe, ihn jetzt zu schreiben, zumal die mir zur Verfügung stehenden Mittel nicht im Geringsten ausreichen, die majestätische Wildnis, die Hoheit, den unsagbaren Schauder und die Faszination der Orte zu beschreiben, an denen ich drei Tage verbracht habe.

Longs Peak, der alle Berge ringsum in den Schatten stellt, riegelt Estes Park zu einer Seite hin ab. Aus dem Schmelzwasser, das von seinen Hängen in die Täler sprudelt, speisen sich der helle St. Vrain Creek, der Big und der Little Thompson River. Ob im Sonnenlicht oder bei Mondschein, trotz Wapiti und Dickhornschaf, Skunk oder Grizzly, die aller Aufmerksamkeit wert sind – der zerklüftete graue Kamm des Longs Peak zieht das Auge magisch an. Von diesem Berg nehmen sämtliche Schneestürme und Unwetter ihren Ausgang. Wie ein Heiligenschein umgeben verästelte Blitze seinen Gipfel. Er, der edelste aller Berge, wächst in der Fantasie weit über alles hinaus: Er wird zu einer Persönlichkeit. Man stellt sich vor, wie er in seinen Höhlen und Schlünden die starken Winde erzeugt, fesselt und sie dann in seiner Wut ins Freie schleudert. Seine Stimme ist der Donner, und die Blitze huldigen ihm. Andere Gipfel erröten unter dem Kuss der Morgensonne, um kurz darauf wieder zu erbleichen. Er jedoch ergreift das erste Licht der Sonne und lässt es eine ganze Stunde lang sein Haupt umspielen, bis es sich von einem rosigen Rot in tiefes Blau verwandelt hat. Und das Abendlicht ruht bis zum allerletzten Moment auf ihm, wie verzaubert. Der sanfte Wind, der unten im Park kaum die Kiefernnadeln bewegt, tost oben mit aller Macht um seine reglosen Höhen. Longs Peak ist vom Feuer gezeichnet, und auch wenn er schon vor Zeiten zu düsterer Ruhe gekommen ist, spricht er von Flammen und von Aufruhr, nicht so beredt doch ebenso wahrhaftig wie die tätigen Vulkane auf Hawaii. Hier, in seinem Schatten, lernt man wie selbstverständlich, die Natur zu ehren, und sich mit ihren Kräften zu versöhnen.

Longs Peak, das »Amerikanische Matterhorn«, wie es von einigen genannt wird, wurde zum ersten Mal vor fünf Jahren bestiegen.[31] Ich hätte gern einen Versuch gewagt, doch Evans versetzte jedem meiner Vorstöße einen Dämpfer: Es sei bereits zu spät im Jahr, die Stürme wären schon unberechenbar. Bevor er am Montag nach Denver aufbrach, bemerkte er jedoch zu meiner Überraschung, das Wetter habe sich beruhigt und selbst wenn ich nur bis zur Baumgrenze käme, es

31 Die Erstbesteigung des Longs Peak erfolgte 1868 durch den amerikanischen Forscher John Wesley Powell (1834–1902), der eine Expedition zum Colorado River und zum Grand Canyon leitete.

würde sich lohnen. Er war kaum fortgeritten, als Mountain Jim erschien und sich als Führer anbot. Die beiden jungen Männer, die mich aus Longmont begleitet hatten, wollten mit uns kommen. Ich willigte ein. Mrs. Evan backte Brot für die nächsten drei Tage. Steaks wurden von den Rinderhälften geschnitten, die gerade im günstigsten Moment zum Trocknen neben der Tür hingen. Hinzu kam ein kleiner Vorrat an Butter, Zucker und Tee. Unsere Verpflegung sollte nicht allzu üppig sein. Uns lag daran, die Ausgaben für ein Lasttier zu sparen. Also begrenzten wir unser Gepäck auf das Nötigste. Hinter meinem Sattel stapelten sich schulterhoch drei Campingplanen und eine Steppdecke. Vom Horn hingen Jagdstiefel, die Evans mir geborgt hatte. Meine eigenen Stiefel sind mittlerweile so abgetragen, dass mir die Füße selbst bei kleineren Gängen durch den Park wehtun. Die Pferde meiner jungen Begleiter waren ähnlich beladen wie meines. Wir sollten gegen etliche Frostgrade gewappnet sein. Mountain Jim machte einen schockierenden Eindruck. Er trug alte Schaftstiefel, in die er eine ausgebeulte Wildlederhose gestopft hatte, die in der Taille von einem verschlissenen Schal gehalten wurde, ein ledernes Hemd, darüber drei oder vier schäbige, offene Westen und auf dem Kopf einen zerdrückten Schlapphut, unter dem die ungepflegten Locken hervorquollen. Mit seinem einen Auge, dem langen, am Stiefel befestigten Sporn, dem Messer im improvisierten Gürtel, dem Revolver in der Westentasche, dem zerfressenen Biberfell über dem Sattel, dahinter turmhoch gestapelte Campingdecken, dem Gewehr, das quer vor ihm auf dem Pferderücken lag, der Axt, dem Kochgeschirr und den merkwürdigsten Utensilien, die am Sattelhorn hingen, sah er aus wie der übelste Desperado, der einem je begegnet war. Er ritt eine kleine, außerordentlich hübsche Araberstute, ungebärdig, ausgelassen, fröhlich, aber viel zu leicht für ihn, ständig reizte er sie, um ihr Temperament zur Schau zu stellen.

Schwer beladen, wie unsere Pferde waren, hielt er sie auf dem Grasboden über eine halbe Meile zum kurzen Galopp an, warf seine Stute dann auf der Hinterhand herum, zog mit mir gleich und verwickelte mich mit großer Freundlichkeit, die mich seinen Aufzug schlagartig vergessen ließ, in ein mehr als dreistündiges Gespräch. Wir ließen uns weder durch die zahlreichen Flüsse stören, die es zu durchqueren galt, noch durch unwegsames, nur hintereinander zu passierendes Gebiet, weder durch steile Auf- oder Abstiege, noch durch einen der anderen vielen kleinen Vorfälle, zu denen es auf einer Bergtour unentwegt kommt. Alle Überraschungen und Wunder – Wälder und Lichtungen, Seen und Ströme, Berge über Berge – fanden ihre Krönung in den zerklüfteten Zinnen des Longs Peak, der vor einem der angrenzenden, elftausend Fuß hohen Berge, die wir auf dem Weg zu ihm erklommen, noch gewaltiger erschien, noch bleicher. Die schrägen Sonnenstrahlen fügten dem Bild ständig neue Schönheiten hinzu. Dunkle Kiefern erhoben sich vor einem fast zitronengelben Himmel, graue Gipfel röteten und verklärten sich, azurblaue Pässe, Fluten goldenen Lichts in unermesslich tiefen Canyons – eine Atmosphäre vollkommener Unberührtheit. Gelegentlich tauchten im Vordergrund Pappeln und Espen in rotgoldenem Prunk auf, die das dunkle Blau der Kiefern noch vertieften. Das Säuseln und Murmeln von Strömen, an deren Ufern sich schon Eiszapfen gebildet hatten, das bizarre Rauschen, mit dem der Wind durch die Kiefernwipfel fuhr – all diese Eindrücke hatten nichts mehr mit dem Tiefland zu tun, sondern waren ausschließlich Teil der einsamen, von wilden Tieren bewohnten, frostig kalten Bergwelt.

Aus der gelbbraunen Graslandschaft von Estes Park führte uns ein Pfad zunächst durch eine bewaldete Schlucht. Über einen steilen, kiefernbestandenen Hang gelangten wir in ein von hohen Bergen umschlossenes Tal, an dessen Grund ein von Wasserlilien übersäter See glänzte, der Lily Lake. Welch magische Schönheit seiner träumerischen Stille entströmte! Wie sich die dunklen Kiefern *dort* in seinem reglos bleichen Gold spiegelten, wie die tiefgrün gefassten weißen Lilienblüten *hier* auf seinem amethystfarbenen Wasser ruhten. Bis auf elftausend Fuß drangen wir in das purpurne Dunkel der großen Kiefernwälder vor. Von ihren kühlen, einsamen Senken aus erhaschten wir Ausblicke auf goldenen Schimmer und rosig erhellte Gipfel, kein »fernes Land« mehr, sondern nah, in all seiner Erhabenheit und Größe. Wir ritten durch die Finsternis einer steilen, durch den Wald gebrannten Schneise. Ich musste mich darauf konzentrieren, nicht durch herabhängende Äste vom Pferd gerissen zu werden und darauf achten, dass die Decken – wie es meinen Gefährten geschah – nicht an spitz vorragenden Zweigen, zwischen denen kaum Raum zum Durchkommen blieb, zerfetzten. Obwohl die anderen Reiter zu Fuß gingen, mussten die atemlosen Pferde alle paar Meter ausruhen. Die stille Finsternis des uralten Waldes war atemberaubend. An jenem Abend vernahm man kein anderes Geräusch als das leise Knarren der Zweige im Wind, das Knacken von morschem Holz und das Murmeln der hohen Wipfel, als handele es sich um einen weit entfernten Wasserfall, geheimnisvoll und von seltsamer Traurigkeit. Hier ist niemals eine Axt erklungen. Die Bäume sterben, wenn ihre Zeit vorbei ist. Nackt und kahl stehen sie da, bis sie von den eisigen Bergwinden niedergestreckt werden. Je höher wir kamen, desto gedrungener wuchsen die Kiefern, desto vereinzelter standen sie. Die letzten unverzagten Bäumchen machten einen kämpferischen Eindruck. Die Baumgrenze lag bereits hinter uns, darüber aber gab es einen grasbewachsenen Hang, der nach Südwesten auf einen hellen, unter einer Eisschicht rieselnden Strom zulief, an dessen Ufer hübsche Silberfichten zu sehen waren. Dort wollten wir unser Lager aufschlagen. Die Bäumchen standen so anmutig beieinander, dass ich mich fragte, welche Künstlerhand sie wohl arrangiert haben mochte, hier einzeln und verstreut, dort zu kleinen Gruppen vereint, die schlanken Spitzen alle kerzengerade zum Himmel gerichtet. Östlich davon zogen sich Schluchten bis zu den weit entfernten Ebenen und verloren sich in violettem Grau. Bis zur Baumgrenze erhoben bewaldete Bergketten oder eindrucksvolle Solitäre ihre grauen Häupter, während dicht dahinter, doch immer noch sehr hoch über uns der kahle, weiße Longs Peak thronte, dessen zerfurchte Steilhänge rot im Licht einer Sonne glänzten, die für unsere Augen schon lange nicht mehr sichtbar war. In einer gewaltigen Höhlung des Peak, dort, wohin die Sonnenstrahlen niemals treffen, lag ewiger Schnee. Bevor das Abendrot endgültig verloschen war, zeigte sich am Himmel bereits ein großer Halbmond, der seinen Schein durch die silbrig blauen Kiefernnadeln auf den eisig weißen Schneegrund sandte und die Szene in ein Märchenland verwandelte.

Wir sattelten die Pferde ab, pflockten sie an, und wärmten uns auf, indem wir Kiefernzweige für unser Lager zusammentrugen und Äste herbeischleppten. Jim entzündete ein großes Feuer. Nicht lange darauf saßen wir zum Abendbrot um das Feuer herum. Unseren Tee tranken wir aus den verbeulten Cornedbeefbüchsen, in denen wir ihn zubereitet hatten, die Fleischstücke, die nach Kiefernrauch schmeckten, aßen wir aus der Hand. Es machte niemandem etwas aus. »Behandelt Jim wie einen Gentleman, und er wird sich als ein solcher erweisen«, hatte man mir mit auf den Weg gegeben. Sein Benehmen war zweifellos kühner und freier als das eines typischen Gentleman, doch ansonsten konnte man an ihm nichts aussetzen. Ob Mann der Zivilisation oder Kind der Natur, immer war er von gleicher Liebenswürdigkeit.

Der Desperado in ihm hatte sich zurückzogen. Er behandelte mich aufmerksam, beinahe liebevoll, was sich als Glück erwies, da die beiden jungen Männer sich selbst mit den einfachsten Höflichkeiten schwertaten. In dieser Nacht schloss ich Freundschaft mit Ring, seinem Hund. Er gilt als der beste Jagdhund von Colorado. Rumpf und Beine sind die eines Collies, der Kopf ähnelt eher dem eines Mastiffs. Er hat schwermütige, beinahe menschliche Züge und die vertrauensvollsten Augen, die ich je bei einem Tier gesehen habe. Wenn sein Herr überhaupt ein Wesen liebt, dann seinen Hund, doch in Anfällen von Verzweiflung misshandelt er ihn. Rings Hingabe ist dennoch unerschütterlich, seine Augen blicken treu auf seinen Herrn. Von anderen Menschen nimmt er nur Notiz, wenn er dazu aufgefordert wird. Jim wies auf mich und sagte zu Ring, als spräche er zu einem menschlichen Wesen: »Bleib bei der Lady und pass heute Nacht auf sie auf.« Sofort kam der Hund zu mir, schaute mir ins Gesicht, lehnte sich an meine Schulter und streckte sich dann neben mir aus, den Kopf in meinem Schoss, die Augen auf Jim gerichtet.

Die Kiefern warfen lange Schatten auf das froststarre Gras, ein Nordlicht huschte über den Himmel, und das helle Mondlicht verblasste neben den rot tanzenden Flammen unserer Scheite, deren Schein die Gesichter erleuchtete. Einer der Jungen sang ein lateinamerikanisches Studentenlied und zwei Spirituals, der andere »Sweet Spirit, hear my prayer«. In einem einzigartigen Falsett stimmte Jim eine von Moores[32] Melodien an, und im Chor sangen wir »The Star-spangled Banner« und »The Red, White, and Blue«. Jim rezitierte ein selbst verfasstes, sehr kluges Gedicht und erzählte ein paar

32 Der irische Dichter, Schriftsteller und Balladen-Sänger Thomas Moore (1779–1852) gilt als Nationaldichter, was sich vor allem seinen »Irish Melodies« verdankt.

schreckliche Indianergeschichten. Mein Schlafplatz befand sich ein wenig vom Feuer entfernt zwischen einigen kleinen Silberfichten. Der Künstler, der hier oben gewirkt hatte, war so kundig, deren untere Zweige derart miteinander zu verweben und zu verflechten, dass sie eine Laube bildeten, die vor Wind schützte und für Ungestörtheit sorgte. Die dichten jungen Kiefernzweige, über die ich eine Decke gelegt hatte, und der umgedrehte Sattel als Kopfkissen ergaben ein prächtiges Bett. Um neun Uhr abends zeigte das Thermometer zwölf Grad unter null. Nach einem letzten Gang zu den Pferden legte Jim riesige Scheite auf und streckte sich neben dem Feuer aus. Ring lag an meiner Seite und wärmte mich. Ich konnte nicht schlafen. Meine Sorge galt dem weiteren Aufstieg. Windstöße durchtosten die Kiefern in regelmäßigen Abständen. Wilde Tiere heulten, und Ring wurde vom Jagdfieber gepackt. Es war ein seltsamer Anblick, den unverbesserlichen Desperado, an dessen Händen Blut klebte, ruhig wie die Unschuld schlafen zu sehen. Und wie aufregend war es, dort zu liegen, im Schutz einer Kiefernlaube, auf einem elftausend Fuß hohen Berg, mitten im Herzen der Rocky Mountains, bei starkem Frost, im Ohr das Geheul der Wölfe, über mir die Sterne, die durch den duftenden Baldachin funkelten, zwischen Bettpfosten aus pfeilgeraden Fichtenstämmen und im Schein eines Nachtlichts aus den roten Flammen eines Lagerfeuers.

Der Tag dämmerte lange, bevor die Sonne aufging, klar und im hellsten Gelb. Die anderen kümmerten sich um die Pferde, als einer der Jungen auf mich zueilte und rief, ich solle rasch ein Stück den Hang hinunterlaufen, um mir einen Sonnenaufgang anzuschauen, wie Jim ihn noch nie zuvor gesehen hätte. Von der frostigen Höhe aus blickten wir über Bergzüge, über purpurne Schluchten in die Tiefe, wo sich die Prärie in kaltem, blauem Grau erstreckte, ein morgendliches

Meer vor einem weiten Horizont. Plötzlich, zunächst nur ein greller Streif, der aber rasch zu einer blendenden Kugel wuchs, erhob sich die Sonne über dem grauen Saum – ein Licht und eine Herrlichkeit wie am Schöpfungstag. Unwillkürlich und voll Ehrfurcht nahm Jim seinen Hut ab und rief »Ich glaube, dass es einen Gott gibt!« Gleich einer Parsin[33] wollte ich niederknien und beten. Das Grau der Ebenen verwandelte sich in Purpur, der Himmel wurde zu einem einzigen rosenfarbenen Fluss, auf dem zinnoberrote Wolkenstreifen ruhten, die bleichen Gipfel glänzten plötzlich wie Rubine. Erde und Himmel waren neu erschaffen. »Der Allerhöchste wohnt nicht in Tempeln, die von Händen gemacht sind.«[34] Eine ganze Stunde lang bildeten die Ebenen den Ozean nach, in dessen Grenzenlosigkeit sich Purpur, Klippen, Felsen und Vorgebirge verloren.

Um sieben Uhr hatten wir gefrühstückt und machten uns in die unheimliche Einsamkeit der Gipfelregionen auf. Ich ritt bis zu den sogenannten Lavafeldern, eine ausgedehnte Fläche größerer und kleinerer Geröllbrocken, in deren Schründen sich der Schnee hält. Es wurde sehr kalt. Das Eis einiger Bäche, die wir überquerten, war fest genug, um die Pferde zu tragen. Jim hatte mir von einem unbequemen Mantel abgeraten. Aber mein dünnes hawaiianisches Reitkleid, das in den Tropen von Nutzen sein mag, konnte die Eiseskälte nicht abhalten. Die dünne Luft erschwerte bald das Atmen. Ich stellte fest, dass Evans Stiefel mir viel zu groß waren, sodass ich in ihnen keinen Halt fand. Bevor der schwierigste Teil des Aufstiegs begann, entdeckten wir glücklicherweise unter einem Felsen zwei kleine Überschuhe. Wahrscheinlich

33 Die Parsen, eine ursprünglich aus Persien stammende ethnisch-religiöse Gruppe, hängen der Lehre von Zarathustra an, Voltaire zufolge ein Vermittler in Glaubensfragen.

34 Apostelgeschichte 7,48

waren sie von einem Mitglied der Hayden-Expedition[35] zurückgelassen worden. An diesem Tag leisteten sie mir gute Dienste. Während wir von Fels zu Fels kletterten, bemerkte Jim: »Es ging mir heute Nacht durch den Kopf, dass Sie allein unterwegs sind, und ich habe mich gefragt, wo Sie Ihre Deringer[36] versteckt haben.« Als ich erwiderte, ich würde unbewaffnet reisen, konnte er es kaum fassen, und beschwor mich, mir sofort einen Revolver zu besorgen.

Am Notchtop Mountain angelangt, der seinen Namen der tiefen Kerbe in seinem Gipfel verdankt, fanden wir uns auf dem messerscharfen Grat des Longs Peak wieder. Er ist nur wenige Fuß breit und von kolossalen Brocken und Felsstücken übersät. Auf der einen Seite fällt er mit jähem Schwung etwa dreitausend Fuß tief in eine malerische Senke ab, in der ein grüner See glänzt. Zwischen dichten Kiefernwäldern versteckt, funkelten in der Ferne weitere Seen. Dicht über uns erhob sich der Longs Peak, ein glatter, karger, sehr unzugänglich wirkender gigantischer Granitblock. Nachdem wir den »Notch« passiert hatten, lag die unzugängliche Seite des Peak vor uns. Wir schauten auf Felsbrocken und Geröll in allen erdenklichen Formen und Größen, durchzogen von breiten Rippen rötlichen Granits, die aussahen, als trügen sie die Last der über ihnen thronenden Massen. Die Vogelperspektive ist eigentlich nicht nach meinem Geschmack, aber von unserem Standort aus stellte sich alles anders dar. Geriefte Höhenrücken, nicht sehr viel tiefer als der, auf dem wir uns befanden, zogen sich, soweit die transparente Luft die Sicht

35 Unter Leitung des Geologen Ferdinand Vendeveer Hayden (1829–1887) führte eine als »Hayden-Expedition« bekannt gewordene Forschungsreise 1871 in die Rocky Mountains, vor allem in das Gebiet des heutigen Yellowstone Nationalparks.

36 Eine US-amerikanische, im frühen 19. Jahrhundert entwickelte Taschenpistole.

erlaubte, einer nach dem anderen dahin, immer wieder durchschnitten von furchterregenden, mit Schnee und Eis gefüllten Klüften. Silbergraue Kiefernwälder stachen in das Azur des Himmels, auf den unendlich weit entfernten Höhen schimmerte reiner, weißer Schnee. Herrliche Seen reflektierten die dunklen Wälder, deren Schatten blauschwarz in den Canyons schimmerten. Schneegefleckte Kiefernwipfel und winterliche Höhen schauten auf liebliche Parks herab, die noch in den Armen des Sommers lagen. North Park verschwand in blauer Ferne, in Middle Park blühte es noch, die Hänge von Estes Park fluteten im Sonnenlicht, und zwischen den unzähligen Bergen mäanderte der schneebedeckte Grat der Wasserscheide. Dort, in weiter Ferne, verriet ein diamantenes Funkeln das Quellgebiet des Grand River. Von dort aus macht er sich auf die Suche nach dem spektakulären Colorado, um sich schließlich in den Fluten des Pazifiks zu verlieren. Weniger weit entfernt bricht der Big Thompson River aus dem Eis und beginnt seine Reise zum Golf von Mexiko. Die grandiose Natur rief, erfüllt von erhabener Schönheit, unendlicher Pracht und Ewigkeit: »Herr, was ist der Mensch, dass du seiner gedenkst, und des Menschen Kind, dass du dich seiner annimmst?«[37] Herrlichkeiten, die ich niemals vergessen werde, die sich meiner Erinnerung in den folgenden sechs Stunden des Schreckens für immer eingebrannt haben.

Weder mein Kopf noch meine Füße taugen zum Klettern. Hätte ich geahnt, dass sich der Aufstieg in einen wahren bergsteigerischen Kraftakt verwandeln würde, ich wäre nie auf den Gedanken gekommen, mich auf diese Tour einzulassen. Wie die Dinge stehen, verdankt sich mein Erfolg ausschließlich Jim, der mich durch schiere Muskelkraft wie ei-

37 Psalm 8,4

nen Mehlsack nach oben schleppte. Der eigentliche Aufstieg begann am »Notch«. Über uns erhoben sich zweitausend Fuß soliden Gesteins. Unter uns erstreckte sich viertausend Fuß weit nichts als Fels und Geröll. Schmale Granitrippen, die dem Tritt kaum Halt boten, ragten hier und da hervor. Das größte Hindernis bestand jedoch in dem mehrmals getauten und wieder gefrorenen, von einer dünnen Eisschicht überzogenen Schnee. Viele der Gesteinsbrocken waren lose und stürzten, kaum dass man sie berührte, in die Tiefe. Ich hatte schreckliche Angst. Zwar war ich an Jim angeseilt, doch es half nichts, meine Füße waren wie gelähmt und glitten unentwegt auf dem nackten Fels aus. Jim hielt jeden weiteren Versuch, auf diesem Weg voranzukommen, für sinnlos. Ich wollte allein zum »Notch« zurückkehren, da mir bewusst war, dass ich die Gruppe durch meine Unfähigkeit nur aufhielt. Einer der jungen Männer erklärte frei heraus, eine Frau stelle nichts als eine bedrohliche Belastung dar, doch der Trapper erwiderte kurz angebunden, dass er den Weg nur auf sich nehme, um mich dort hinaufzubringen. Er erkundete das Gelände und stellte fest, dass die eigentliche Strecke durch Eis blockiert war. Wir mussten wieder ein Stück zurück. Die nächsten zwei Stunden hangelten wir uns mühselig über einen steilen, gefahrvollen, mit Eis und Geröll bedeckten Abhang von Fels zu Fels in die Tiefe. Meine Erschöpfung und Benommenheit, die Schmerzen in den blutunterlaufenden Fußgelenken und halb ausgerenkten Armen waren so groß, dass ich nie auch nur die Hälfte des Wegs zurückgelegt hätte, wenn Jim nicht gewesen wäre, der mich wohl oder übel mit unendlicher Geduld, maßlosem Geschick und grenzenloser Entschlossenheit mit sich schleppte. Nachdem wir etwa zweitausend Fuß hinter uns gebracht hatten, gerieten wir in eine tiefe Schlucht, auf beiden Seiten unüberwindliche Felswände, am Boden Eis und Schnee, dazu lose Gesteinsbrocken, die das Vorwärtskommen sehr gefährlich machten. Schmerzvoll und widerwillig unterwarf ich mich dem Unvermeidlichen, ein Zittern und Rutschen, eine kaum zu bewältigende Anstrengung. Immer wieder flehte ich darum, zurückgelassen zu werden. Immer wieder erklärte Jim, dass keine Gefahr bestünde, dass wir das schlechte Gelände bald hinter uns hätten, und dass ich den Gipfel erreichen werde, und wenn er mich hinauftragen müsse.

Rutschend, taumelnd und nach Luft ringend, keuchend und mit klopfendem Herzen gelangten wir zum oberen Rand der Schlucht und zwängten uns durch den »Dog's Lift«, ein Kamin zwischen zwei gigantischen Felsmassiven, wobei ich auf die Schultern von einem der Männer kletterte und von den anderen hochgezogen wurde. Nach einer scharfen Biegung um die Südwestkante des Gipfels standen wir vor einem schmalen, langen, schroffen und unebenen Felsvorsprung. Er wird von Steinklippen stellenweise derart überragt, dass man nur auf allen Vieren dort entlangkriechen kann. Über uns thronte der Peak, eine vierhundert Fuß hohe Vertikale, unter uns gähnte steil der grauenhafteste Abgrund, den ich je gesehen hatte. Dies Stück gilt als das gefährlichste des ganzen Aufstiegs. Ein Fehltritt, und ein atmendes, denkendes menschliches Wesen verwandelt sich in eine formlose, blutige Masse. Zum Glück fanden meine Füße und Hände Halt, wir kamen voran. Ring weigerte sich, den Vorsprung zu überqueren, und blieb jämmerlich winselnd am »Dog's Lift« zurück.

Der Blick ist von hier aus noch atemberaubender als der vom »Notch«. Am Grund der unter uns liegenden Schlucht erstreckte sich ein von Bäumen umgebener See, in dessen Nähe der St. Vrains Creek und einige kleinere Ströme entspringen. Ich dachte darüber nach, wie sich ihr klares, kaltes Wasser unter der tropischen Sonne erhitzt und schließlich Teil jenes Ozeans wird, der an die Ufer unserer weit entfernten Inseln reicht. Bis zum Horizont entfaltete die winterliche Umarmung unzähliger verschneiter Höhenzüge die Schönheiten von Middle Park. Der mehr als hundert Meilen entfernte Pikes Peak markiert mit seinem langgestreckten Haupt die Grenze von Südcolorado. Ich sah Schneefelder, Schneeflecke, schneebedeckte Klüfte, triste, graue Schneeflächen, blendend weiße Schneedecken, Schneekristalle auf dem violetten Kiefernkleid der Berge. Im Osten dagegen erstreckte sich in grenzenloser Weite das Graugrün der Prärie. Überall zeigten sich die zersplitterten Kämme riesiger Berge. Auf einen Blick erfasst das Auge hier dreihundert Meilen. Die Berge im Westen, Norden und Süden sind zwischen zehn- und dreizehntausend Fuß hoch, dominiert von Longs Peak, Grays Peak und Pikes Peak, alle von einem ähnlichen Ausmaß wie der Mont Blanc. In der Prärie ließ sich der Lauf der Flüsse bis hin zum fernen Platte River mit Hilfe der Pappeln verfolgen, die sie säumten. Zwischen ihnen und uns erstreckten sich die prachtvollsten Gebirgsmassive, Canyons und Seen dämmerten in hinreißend blauvioletten Tiefen.

Als wir von dem Sims aus um eine Felsnase gekrochen waren, befanden wir uns vor dem eigentlichen Gipfel von Longs Peak, bei dessen Anblick mir schwindelig wurde. Eine rissige, beinahe lotrechte Wand aus rosafarbenem Granit, unmöglich, dort hinaufzukommen.[38]

Erkriechen, nicht erklimmen, ist das richtige Wort für diese letzte Strecke. Für fünfhundert Fuß benötigten wir eine Stunde und mussten alle zwei Minuten eine Atempause einlegen. Unsere Füße fanden nur Halt in schmalen Furchen oder auf winzigen Granitvorsprüngen. Wir konnten nichts

38 Kein richtiger Bergsteiger sollte sich durch meine Beschreibungen von der Besteigung des Longs Peak abhalten lassen. So furchtbar es für mich auch war – für das Mitglied eines Gebirgsvereins handelt es sich nicht im Geringsten um eine Heldentat. *I.L.B.*

anderes tun, als mit dem Fuß nach einer dieser Furchen zu angeln, hier und da einen kaum erkennbaren Vorsprung zu erwischen, während wir auf allen Vieren emporkrochen, von Durst gequält und nach Atem ringend. Aber schließlich hatten wir den Peak bezwungen: Eine beinahe einen Morgen große, klar umrissene Gipfelfläche voller Felsstücke. Der Hang, über den wir aufgestiegen waren, erwies sich von oben wirklich als der einzige Weg.

Wir konnten nicht lange hier oben bleiben. Einer der beiden Jungen spuckte Blut und war darüber sehr besorgt. Die Trockenheit und die extrem dünne Luft strengten die Atmung außerordentlich an. Auf dem Peak gibt es immer Wasser. Es war jedoch zu Stein gefroren, und der Schnee, den wir auf der Zunge zergehen ließen, machte den furchtbaren Durst, unter dem wir alle litten, nur schlimmer. Das angestrengte Luftholen trocknete unsere Münder und Kehlen derart aus, dass wir nur mühsam artikulieren und kaum sprechen konnten. Vom Gipfel aus überblickten wir in einem friedlichen Miteinander all das, was unser Auge während des Aufstiegs erfreut hatte. Es war überwältigend, auf der sturmzerklüfteten Krone jenes einsamen Wächters der Rocky Mountains zu stehen, auf einer der mächtigsten Erhebungen der Wirbelsäule des nordamerikanischen Kontinents, und die Flüsse auf beide Ozeane zufließen zu sehen. Erhoben über Liebe, Hass und die Stürme der Leidenschaft, seelenruhig inmitten der ewigen Stille, gefächelt von Zephyr, dem Gott des Windes, gebadet in lebendigem Blau, lag an jenem klaren Tag Frieden über dem Peak, als handele es sich um eine Gegend

»Where falls not rain, or hail, or any snow,
Or ever wind blows loudly.«[39]

---

39 Alfred Tennyson (1809–1892), »Morte D'Arthur«, London 1845.

Wir ritzten unsere Namen und das Datum unseres Aufstiegs in eine Blechbüchse, die wir in einer Erdspalte zurückließen, und rutschten auf dem glatten Granit den Fels hinunter, immer wieder fanden unsere Füße in Spalten oder kleinen Felsvorsprüngen Halt. Jim war vor mir, meine Füße stemmte ich gegen seine kraftvollen Schultern. Mir war nicht länger schwindelig, ich konnte ohne Entsetzen in den Abgrund blicken. Nachdem wir den Sims und »Dog's Lift« hinter uns gelassen hatten, kämpften wir uns über eine Strecke von tausendfünfhundert Fuß durch Eis und Schnee, glitten aus, stürzten, doch immer blieb uns größeres Missgeschick erspart.

Wir trennten uns. Die Jungen nahmen die steile, doch direkte Route zum »Notch«. Jim und ich schlugen einen Weg ein, den er für mich als sicherer empfand: ein Abstieg durch ein enormes Geröllfeld, dem ein neuerlicher Anstieg zum »Notch« folgte. Ich stürzte unentwegt. Einmal hing mein Kleid an einem Felsen fest, und Jim musste es mit seinem Jagdmesser losschneiden, worauf ich in einen zum Glück mit weichem Schnee gepolsterten Felsspalt fiel. Unpassierbare Eisschichten zwangen uns, tiefer in das Gebirge hinabzusteigen, als Jim es vorgesehen hatte, und der Aufstieg, der folgte, setzte mir furchtbar zu. Die Felsbrocken nahmen riesige Ausmaße an, es wurde extrem steil. Manchmal robbte ich auf Händen und Knien vorwärts, manchmal kroch ich, dann wieder zog mich Jim an beiden Armen oder mit dem Lasso, das er um meine Taille geschlungen hatte, aufwärts, manchmal stand ich auf seinen Schultern, manchmal verwandelte er seine Füße und Hände in Leitersprossen, auf denen ich hochsteigen konnte. Um sechs Uhr standen wir jedoch im herrlichen Glanz der untergehenden Sonne am »Notch«. Alle Farben verdunkelten sich, alle Gipfel erglühten, alle Schatten versanken in purpurnes Violett, und alle Gefahren lagen hinter uns.

Jim hatte seine brüske Art abgelegt, kaum dass die jungen Männer außer Sicht waren. Er wurde freundlich und umsichtig, obwohl ich dachte, dass ihn mein Mangel an Mut und Kraft schwer enttäuscht haben musste. Als erstes galt es, Trinkwasser zu finden. Meine Zunge klebte am Gaumen, das Sprechen fiel mir schwer. Es ist nicht verkehrt, einmal am eigenen Leib zu erfahren, was wirklicher Durst bedeutet. Rings um uns gab es Wasser über Wasser, doch keinen einzigen Tropfen zu trinken. Dreimal überlistete der vermeintliche Schimmer einer frischen Quelle das geübte Auge des Bergsteigers, immer handelte es sich nur um grell blitzendes Eis. Schließlich gelang es Jim, in eine Eisdecke über einer Mulde ein kleines Loch zu schlagen, durch das wir den Arm stecken und mit der Hand ein wenig Wasser herausschöpfen konnten. Es reichte jedoch bei Weitem nicht aus. Unter großen Mühen und mit beträchtlicher Unterstützung überquerte ich die »Lavafelder«, man trug mich zu meinem Pferd und setzte mich auf seinen Rücken. Beim Lager angelangt, holte Jim mich wieder herunter und legte mich, in Decken gewickelt, auf den Boden – ein demütigendes Ende für ein so großes Abenteuer. Die Pferde waren gesattelt, die Jungen schienen zum Aufbruch bereit, doch Jim sagte gelassen: »Nun, meine Herren, würde ich gern schlafen gehen. Wir werden uns heute Abend keinen Schritt mehr bewegen.« Ich glaube, sie waren im Grunde recht froh darüber. Einer der beiden machte einen völlig erschöpften Eindruck. Ich zog mich in meine Laube zurück, hüllte etliche Decken um mich, und schlief sofort ein.

Als ich mitten in der Nacht erwachte, schien der helle Mond durch die silbrigen Äste, tauchte den kahlen Peak in weißes Licht und lag glitzernd auf den gewaltigen, schneebedeckten Abgründen. Kiefernscheite knisterten wie ein Freudenfeuer in der kalten, stillen Luft. Meine Füße waren so eisig, dass ich keinen Schlaf mehr finden konnte. In Decken gewickelt, setzte ich mich ans Feuer. Es war wild und unbeschreiblich schön. Die Jungen schliefen nicht weit entfernt, auch sie in Decken gerollt, die Füße am Feuer. Ring lag neben mir, sein lieber Kopf ruhte auf meinem Arm. Sein Meister saß aufrecht da und rauchte, der Feuerschein beleuchtete die makellose Hälfte seines Gesichts. Außer unseren leisen Stimmen und einem gelegentlichen Knistern und Zischen, unter dem ein Kiefernzapfen verbrannte, war kein Laut zu vernehmen. Die geliebten Sterne meines fernen Heimatlandes standen auch hier über mir, der Große Wagen und der Polarstern mit ihrem gleichbleibenden Schein, die schimmernden Plejaden, die ich noch nie so groß gesehen hatte, und Orions leuchtender Sternengürtel. Nur einmal trieb sich ein wildes Tier in der Nähe unseres Lagers herum. Mit einem Satz sprang Ring auf, jagte davon, und die Pferde, die neben dem Bach angepflockt waren, brachen in Panik aus, rissen sich los und galoppierten auf das Feuer zu. Es dauerte eine halbe Stunde, bis wir sie eingefangen hatten und die Ruhe wieder hergestellt war. Jim – oder Mr. Nugent, wie ich ihn anrede – erzählte von seiner frühen Jugend und von großem Leid, das ihn zu einem gesetzlosen und verzweifelten Leben getrieben hatte. Seine Stimme zitterte, Tränen rollten über seine Wangen. Handelte es sich hier um unbewusste Schauspielerei, oder hatten die Stille, die Schönheit und die Erinnerungen an die Jugend seine dunkle Seele so tief berührt?

Am nächsten Mittag waren wir wieder in Estes Park. Eine erfolgreichere Besteigung des Peak hat es wohl nie gegeben. Trotz aller Anstrengungen und Schmerzen würde ich die Erinnerung an die vollkommene Schönheit des Longs Peak, an seine außerordentliche Herrlichkeit für keine andere Bergsteigererfahrung in keinem anderen Teil der Welt eintauschen. Gestern fiel auf dem Gipfel Schnee. Für die kommenden acht Monate wird er unerreichbar sein.

8. Brief

Leben in Estes Park

Estes Park – Hochwild – Parks in Colorado –
Prachtvolle Szenerie – Blumen und Kiefern –
Eine schreckliche Straße – Unsere Blockhütte –
Griffith Evans – Welt im Kleinen – Unsere Themen –
Nächtlicher Alarm – Ein Stinktier – Morgendliche Pracht –
Tagesablauf – Panik – »Warte auf den Wagen« –
Ein musikalischer Abend

Estes Park, Colorado, 2. Oktober 1873

Ich kann gar nicht sagen, wie die Zeit verstrich. Diese Gegend ist herrlich. Luft und Leben berauschen. Ich bin meist draußen, sitze auf dem Pferd, trage mein abgenutztes hawaiianisches Reitkleid, schlafe manchmal auf einem Bett aus Kiefernzweigen unter dem Sternenhimmel, reite auf einem mexikanischen Sattel und höre wieder das leise Klirren meiner mexikanischen Sporen. »Dort geht ein Fremder! Werft einen Stein nach ihm!«, sagen viele Reisende, um die Einstellung der neuen Siedler hier zu charakterisieren. In meiner heiteren Behausung in den Bergen habe ich diese Erfahrung nicht gemacht. Während ich schreibe, bebt das Haus vor Musik und Frohsinn, lodern und knacken im Kamin die Kiefernscheite. Feiner Pulverschnee dringt durch die Ritze und sammelt sich in kleinen Verwehungen auf dem Holzboden. Der

Wind tobt und heult, spielt mit den knarrenden Ästen oder bricht sie kurzerhand ab, Blitze zucken um den lichten Gipfel des Longs Peak, und die hartgesottenen Jäger freuen sich bei dem Gedanken, dass ich im Gegensatz zu ihnen das Haus verlassen und dem Sturm trotzen muss, wenn ich Schlafen gehen will.

»Was ist Estes Park?«, wirst Du Dich fragen. Dieser Name mit dem Anklang an die Midlands[40] lässt an efeubewachsene Parkmauern denken, an ein Pförtnerhaus, Damwild und einen Herrensitz im Queen-Anne-Stil. Estes Park ist mein Land. Es ist unerschlossen, ein »Niemandsland«, aber ich habe es mir erobert: seine wilden Morgenröten, seine unvergleichlichen Sonnenuntergänge, seine herrliche Dämmerung, seine gleißenden Mittagsstunden, seine wütenden Hurrikans. Es gehört mir, die ich ehrfürchtig vor der Pracht seiner Berge und Wälder, seiner Canyons, Seen und Flüsse stehe und durch Bilder und Worte die Eindrücke in meiner Erinnerung speichere. Mir gehören – auf andere Weise als dem Jäger – die majestätischen Wapitis, die wie unsere Rehe frühmorgens unter den Kiefern miteinander spielen und kämpfen; die anmutigen, leichtfüßigen Schwarzwedelhirsche; die starken Dickhornschafe, ihr vornehmer Leithammel, den man gelegentlich auf der Spitze eines riesigen Felsblocks erblicken kann, sein klassisch geformter Kopf hebt sich vor einem leuchtend blauen Himmel ab. Mir gehört der samtpfotige Berglöwe, dessen gefährliches Knurren durch die Nacht dringt, der imponierende Grizzly, der Skunk, der gescheite Biber, der pausenlos Stauseen und Wasserläufe anlegt und Dämme aus jungen Pappeln baut, ein Beispiel an Umsicht und Fleiß. Mir gehört der Wolf, gierig und feige, der Kojote, der Luchs und die kleine, flinke Brut: Eichhörnchen,

40 Die Midlands, eine kulturelle und geographische Zone der Mitte Englands, der zentrale Teil Großbritanniens im weiten Umkreis von Birmingham.

Nerz, Marder, Katze, Hase, Fuchs, und alles, was fliegt, vom Blauhäher bis zum Adler. Mögen sie weiterhin so zahlreich bleiben, trotz der Jäger, die sie zum Verzehr und des Gewinns wegen töten, und trotz der Sportsmänner, die aus reinem Zeitvertreib morden und marodieren!

Die eigentliche Frage habe ich jedoch noch nicht beantwortet: Was ist Estes Park?[41] Zu den Besonderheiten dieser Berge gehören hunderte von größeren oder kleineren Tälern, die zwischen sechs- und elftausend Fuß hoch liegen. Zu den wichtigsten zählen North Park, das sich in der Hand feindlich gesinnter Indianer befindet, Middle Park, berühmt für seine heißen Quellen und die Lachsforellen, South Park, reich an Mineralien, und der tierreiche San Luis Park. South Park ist eine siebzig Meilen lange, hüglige Prärie, durchzogen von prächtigen Wiesen und Wasserläufen, doch im Winter durch den Schnee fast unzugänglich. In den Tiefen der flammenden Foot Hills verbergen sich unzählige kleinere Parks, die meisten sind namenlos, andere wurden von Jägern oder Trappern, die sich dort für kurze Zeit aufhalten, mit den seltsamsten Bezeichnungen versehen. Wie von Künstlerhand drapiert stehen die Baumgrüppchen auf blumenübersäten Bergwiesen, die auf helle, flinke Ströme zulaufen, in denen sich Regenbogenforellen tummeln, oder als sanfte Lichtungen hoch zu den dunklen Wäldern steigen, über denen sich die Schneegipfel in ihrer unendlichen Majestät erheben. Einige dieser Wiesen ziehen sich über eine ganze Meile hin – schmale, grasbewachsene Streifen mit einem Bach, einem Biberdamm und einem kleinen Stausee, den die fleißigen Nager angelegt haben. Hunderte dieser Wiesen und

41 Und sollte es wohl auch nicht tun, hätten nicht Henry Kingsley, Lord Dunraven und »The Field« bereits über die Reize und verborgenen Winkel jener »glücklichen Jagdgründe« geschrieben – mit dem Ergebnis, dass es nun einen Strom von Touristen in das einsame, den wilden Tieren vorbehaltene Paradies zieht. *I.L.B.*

märchenhaften Auen sind nur erreichbar, indem man durch Flussbetten reitet oder einen engen Canyon emporsteigt.

Unzählige wilde Tiere finden ihre Nahrung in den Parks. Wenn die Hirsche im Herbst ihren »Kopfschmuck« abwerfen, sind die Wiesen oft bis zu einer Quadratmeile weit mit den prachtvollsten verzweigten Geweihen von Rotwild bedeckt.

Estes Park vereint sämtliche Schönheiten in sich. Vergiss die Midland Counties. Als Parkbegrenzung gibt es verschieden hohe waldgesäumte Berge, als Pförtner zwei Granitspitzen, die den einzigen Eingang bewachen, und als Herrenhaus ein unbehauenes Blockhaus mit einem sonnig blauen Gewölbe darüber. Das Gelände ist von höchst unregelmäßiger Gestalt, achtzehn Meilen lang, doch nie breiter als zwei, eine Einheit aus Wald, Wiesen, Hängen und Lichtungen. Der Big Thompson River mit seinen Forellenschwärmen und den sprudelnden Stromschnellen, der auf dem Longs Peak entspringt, vollführt die allerseltsamsten Windungen, verschwindet ebenso unerwartet, wie er wieder zum Vorschein kommt, blinzelt flüchtig zwischen den Wiesen hervor, strömt durch romantische Schluchten und lässt sein Rauschen in den langen, stillen Nächten im ganzen Park ertönen. Einige der Lichtungen sind so lieblich, die Bäume dort so ausdrucksvoll gruppiert, der See im Vordergrund so beseelt, der Wasserfall stürzt so expressiv von den Felsen herab, dass ich der Natur fast zürne, die hier der Kunst so nahe kommt. Doch dann gibt es wieder meilenweit nichts als Natur – herrlich, unnahbar und einzigartig ist sie wieder ganz sie selbst und gemahnt mich ehrfurchtsvoll an unseren gemeinsamen Schöpfer. Würde und Erhabenheit zeichnen Estes Park aus. Die Lichtungen, die einen so sanften Anfang nehmen, verlieren sich rasch in dunklen, urzeitlichen Wäldern. Über ihnen ragen Gipfel aus rosigem Granit, mit Abstürzen, als hätte die Natur in einem Anfall größter Wut massive Blöcke umhergeschleudert. Die Flüsse verschwinden in unzugänglichen Canyons, bestürzend in ihrer schwarzen Tiefe. Jedes Tal endet in einem Mysterium. Sieben Bergzüge trennen uns durch ihre zerklüfteten Barrieren von den Plains. Und am Südende des Parks thront Longs Peak, mit seinem kahlen, vom ewigen Schnee bedeckten Gipfel.

Der niedrigste Punkt des Parks liegt auf siebentausendfünfhundert Fuß. Obwohl die Sonne tagsüber heiß vom Himmel brennt, sinkt die Temperatur selbst in den Sommernächten bis zum Gefrierpunkt. Im Winter fallen Unmengen von Schnee, doch die starken Stürme wirbeln ihn oft in die tieferliegenden Täler, die warme Wintersonne bringt ihn bei Tag oft zum Schmelzen. Estes Park ist daher selten eingeschneit. Kühe und Pferde bleiben meist auch während des Winters im Freien und ernähren sich von den sonnengetrockneten, zuckersüßen Weidegräsern. Sehr nahrhaft ist das büschelige Grammagras. Der Boden besteht aus grobem, grauem Granitstaub, vermutlich von den umliegenden Bergen. Er hält kein Wasser, bleibt, unabhängig vom Wetter, immer trocken. Es gibt auch keine Schneeschmelze. Der Schnee verdunstet und verschwindet wie durch Zauberhand. Hafer wächst, kommt aber nicht zur Reife. Stehen die Halme halbwegs hoch, werden sie geschnitten, gehäckselt und als Winterfutter eingelagert. Kartoffeln gibt es im Überfluss, zwar recht klein, doch von bester Qualität und mehlig. Evans hat bisher noch nicht versucht, etwas anderes anzubauen, denn saftiges Gemüse würde wahrscheinlich nicht ohne künstliche Bewässerung gedeihen. Die wilden Blumen sind fantastisch und entfalten ihre volle Schönheit im Juli und August. Viele waren, als ich eintraf, schon verblüht, und die jüngsten Schneegestöber haben auch den letzten arg zugesetzt. Der Zeitraum zwischen zwei Wintern ist kurz, Wachstum und Blüte beschränken sich auf wenige Wochen im Jahr. Hier begegnet man vor allem Löwenzahn und Butterblumen, Rittersporn, Glockenblumen und Veilchen, Wildrosen, Enzian, Akelei und Indianerpinsel, um nur einige der zahlreichen, meist gelb und blau blühenden Arten zu nennen. Obwohl ihre geschlossenen Kelche morgens starr vor Raureif im Gras liegen, richten sie sich lange vor der Mittagszeit wieder auf und neigen sich im Sonnenschein weit über den Bach. Trotz ausgiebiger Suche fand ich nur zwei Farnarten: den zerbrechlichen Blasenfarn und den Rippenfarn. Ich hörte jedoch, dass auch der Adlerfarn hier heimisch sein soll. Schlangen und Moskitos scheint man hier nicht zu kennen. Wenn man wie ich direkt aus den Tropen kommt, enttäuscht die Einförmigkeit des Blattwerks zunächst. Von Blattwerk im eigentlichen Sinn kann keine Rede sein, denn bei den meisten der Bäume handelt es sich um Nadelhölzer. Hier und dort wachsen schüttere, zitronengelb gefärbte Espen. Bärentrauben, Wein und Wildrosen zieren unten in den Schluchten die Flussufer mit ihren unterschiedlich rot schattierten Blättern. Die Kiefern sind nicht sehr stattlich, weder an Umfang noch an Höhe. Stehen sie allein oder in kleinen Gruppen, leuchtet ihr dunkles Grün. Verdichten sie sich zum Wald, wie hier an diesen Hängen, machen sie einen fast düsteren Eindruck. Die Baumgrenze, erstaunlich klar definiert, liegt bei elftausend Fuß. Am hübschesten finde ich die Silberfichte und vor allem die riesige Engelmann-Fichte, aus derselben Familie wie die aromatisch duftende Balsamtanne. Form und Farbe dieser Bäume sind wunderbar, mein Herz wird warm, wenn ich sie erblicke. In ihrem Schatten halte ich mich am liebsten auf. Es scheint, als läge über ihren dunkelgrünen Nadeln ein sanfter, silbrig blauer Dunst, als wären sie von bläulichem Raureif überzogen. Man kann kaum glauben, dass diese Schönheit Jahrhunderte überdauert, dass sie der Sommerhitze ebenso trotzt wie der Kälte des Winters. Am häufigsten findet man hier die Goldkiefer. Sie wird in dieser Gegend allerdings nicht sehr groß. Nichts kommt an Höhe und Umfang den Redwoods der Sierra Nevada gleich, nichts den Mammutbäumen Kaliforniens.

Estes Park liegt dreißig Meilen von Longmont, der nächsten Siedlung, entfernt und lässt sich nur zu Pferd und auf dem steil gewundenen Pfad erreichen, über den auch ich gekommen bin. Man muss das »Teufelstor« passieren, um einen der benachbarten, neuntausend Fuß hohen Bergrücken zu überqueren. Evans schafft es mit seinem Holzkarren, den vier Pferde ziehen, auf die andere Seite des Bergs. Ein Ingenieur aus Colorado müsste zweifellos in der Lage sein, auf dieser Strecke eine richtige Wagenstraße anzulegen. Vom Pfad oben kann man tief unten Wagentrümmer sehen, Überreste einiger Versuche, es Evans gleichzutun. Griffith Evans und ein weiter oben wohnender Mann, Edwards, sind die einzigen Siedler im Park. Mountain Jims Hütte liegt vier Meilen von hier. Der nächsten Hütte begegnet man erst nach weiteren achtzehn Meilen. Estes Park ist zum großen Teil unerschlossen, das ausgedehnte Bergland dahinter weitgehend unerforscht. Gelegentlich zieht es Hirschjäger in den Park hinauf, doch Evans und Edwards, beide wilde Siedler, sind aus verschiedenen Gründen nicht gewillt, solche Gäste zum Bleiben zu ermuntern. Evans, ein sehr erfolgreicher Jäger, legte die Strecke von Longmont bis zum Park zu Fuß zurück. Noch eine ganze Zeit, nachdem er sich hier niedergelassen hatte, schleppte er alle für seine Familie nötigen Lebensmittel huckepack über die Berge.

Da ich vorhabe, mich bis zum Einbruch des Winters hier aufzuhalten, will ich meine Umgebung und die hiesige Lebensart näher beschreiben. Evans Blockhaus besteht aus dicken, behauenen Stämmen, deren Ritze noch darauf warten, mit Lehm und Kalk abgedichtet zu werden. Das flache Dach ist eine Konstruktion aus jungen, nicht entrindeten Fichten. Auf ihnen liegt eine dicke Lage aus Stroh, darüber eine Lehmschicht, die eine feste Kruste gebildet hat. Der Fußboden des großen, quadratischen Wohnraums besteht aus rohen Bohlen. In dem aus grobem Stein gemauerten Kamin brennen unentwegt Kiefernscheite. Am einen Ende des Raums führt eine Tür zu einem kleinen Schlafzimmer, am anderen Ende in ein ebenso kleines Esszimmer, an dessen Tisch wir reihum unsere Mahlzeiten einnehmen. Die Küche ist winzig und wird von einem großen amerikanischen Herd ausgefüllt. Daneben befinden sich zwei schmale Schlafstätten. Alles ist einfach, doch angenehm, abgesehen von den Luftstößen, die zusammen mit einem feinen Schneegestöber durch die unverputzten Ritze dringen. Den Schnee, der sich auf dem Fußboden verteilt, in Abständen ins Freie zu fegen, macht jedoch Spaß und dient auch der Ertüchtigung. Vor der Tür keine Spur von Müll oder sonstigem Unrat. Auf einem Abhang, im Schutz der Kiefern, liegt ein hübsches, aus zwei Räumen bestehendes Holzhäuschen, und jenseits davon, direkt am See, meine recht primitiv zusammengezimmerte Hütte. Wenn ich die Tür öffne, stehe ich in einem kleinen Kaminraum und gleich darauf in meinem Schlafzimmer, ausgestattet mit einem Strohbett, einem Stuhl, darauf die Waschschüssel, einem Regal und ein paar Kleiderhaken. Von meinem schmalen Fenster aus blicke ich direkt auf den See und genieße die unbeschreiblichen Sonnenaufgänge. Keine meiner Türen besitzt ein Schloss – was wohl auch nicht funktionieren würde, da das Holz Feuchtigkeit gezogen hat. Unterhalb der Hütte, an einem aus dem See gespeisten Bach, hat Evans eine kleine Molkerei errichtet, die über ein Wasserrad verfügt. Gleich daneben ein Viehgehege, ein Wagenschuppen, der dem Lohnarbeiter auch als Unterkunft dient, Pferdeställe und eine Box für kranke Kälber. Dies alles ist für das Leben hier oben unentbehrlich.

Beide Rancher, Evans und Edwards, stammen aus Wales, beide haben Frau und Kinder. Sie sind jedoch so unterschiedlich wie Tag und Nacht. »Griff«, wie Evans genannt wird, ist klein und rund, gastfreundlich, unbekümmert, verwegen, fröhlich, gesellig, lebhaft und guter Dinge. Er kennt keinen anderen Feind als sich selbst. Mit Scharfsinn und Gespür hat er Estes Park ausfindig gemacht. Dort haben ihn dann andere ausfindig gemacht und dazu gebracht, sie zu versorgen und zu beherbergen, weshalb er eine Hütte nach der anderen errichtete. Er ist ein treffsicherer Schütze, ein erfahrener Jäger, ein kühner Bergsteiger, ein guter Reiter und hervorragender Koch, also ein durch und durch »famoser Kerl«. Vom frühen Morgen an klingt sein ansteckendes Lachen durch das Haus, und was wäre der Chor ohne seine tönende Stimme, wenn abends aus voller Kehle »D'ye ken John Peel?«, »Auld Lang Syne« und »John Brown« angestimmt wird. Was wäre Estes Park ohne ihn? Als er vor Kurzem nach Denver fuhr, vermissten wir ihn so schmerzlich, wie wir den Sonnenschein vermisst hätten, vielleicht sogar noch mehr. Frühmorgens, wenn Longs Peak rot leuchtet und das raureifbedeckte Gras unter den Schritten knirscht, weckt er mich mit einem fröhlichen Klopfen gegen meine Tür. »Wir treiben die Kühe in den Pferch, kommen Sie mit?« oder: »Ich brauche Hilfe, suchen Sie sich ein Pferd aus!« Freiherzig, großzügig, allseits geschätzt, liebt Griff den Alkohol jedoch mehr, als es ihm und seinem Geldbeutel gut tut, und unentwegt hat er mit Schulden zu kämpfen. Er verdient eine Menge Geld, doch seine Taschen haben Löcher. Er besitzt fünfzig Pferde, und tausend Kühe, die meisten gehören ihm selbst, stehen bei ihm auf der Winterweide. An jedem Gast, den er in seinem Haus beherbergt, verdient er acht Dollar pro Woche. Doch auf merkwürdige Art versickert alles. Seine Frau arbeitet wie eine Sklavin, und obwohl er ein liebenswürdiger Ehemann ist, führt sie, verglichen mit seinem, das Leben einer

Squaw. Sein Partner Edwards ist das genaue Gegenteil. Hochgewachsen und hager, mit einem alles missbilligenden Blick, fleißig, sparsam und ernst, ein entschiedener Abstinenzler, dem Evans Torheiten größten Kummer bereiten, missgünstig und nicht ohne Neid. Er ist so unbeliebt, wie Evans beliebt ist – ein »anständiger Mann«, der das Geld gemeinsam mit seiner fleißigen Frau so schnell scheffelt, wie Evans es zum Fenster hinauswirft.

Für meine acht Dollar pro Woche steht mir ein Pferd zur Verfügung – sofern eines auftaucht und eingefangen werden kann. Um sieben Uhr gibt es Frühstück: Rindfleisch, Kartoffeln, frisch gebackenes Brot, Butter, Tee und Kaffee. Zwei Rahm- und zwei Milchkrüge sind ebenso rasch nachgefüllt, wie sie geleert werden. Das Mittagessen um zwölf Uhr ist eine Wiederholung des Frühstücks, anstatt des Kaffees kommt jedoch ein riesiger Pudding auf den Tisch. Zum Tee um sechs Uhr dasselbe Programm. »Greifen Sie zu, wann immer Sie hungrig sind, in der Küche gibt's immer Brot und Milch«, sagt Evans, »essen Sie so viel, wie Sie nur können, es wird Ihnen gut tun!« Wir alle essen wie die Jäger. Es gibt keine Abwechslung im Speiseplan. Das Rind, das bei meiner Ankunft geschlachtet worden war, wird nun von Kopf bis Schwanz verzehrt, das Fleisch willkürlich abgesäbelt, ohne Rücksicht auf zusammengehörige Stücke. In dieser trockenen, dünnen Luft bekommt es eine dunkle Kruste, wird hart und hält sich, selbst, wenn es sehr warm ist, zwei, drei Monate lang frisch. Das Brot ist mehr als ausgezeichnet, und die armen Frauen scheinen den ganzen Tag lang ausschließlich mit Teig kneten und Backen beschäftigt.

Zurzeit besteht der Haushalt aus einem intelligenten, hochgebildeten amerikanischen Ehepaar, Mr. und Mrs. Dewy, Menschen, deren Charakter, Kultur und Gesellschaft ich überall zu schätzen wüsste. Hinzu kommt ein junger Engländer, der Bruder eines berühmten Afrikareisenden. Man nennt ihn den »Earl«, da er auf einem englischen Sattel reitet und unerschütterlich an einigen der Eigenheiten unserer Insel festhält. Dann sind da noch ein intelligenter, praktisch veranlagter jungen Amerikaner, der zur Schwindsucht neigt, seinen Beruf aufgegeben hat und hier das Leben eines Jägers führt, ein Abenteurer, der es auf Silber abgesehen hat, Evans' erwachsene Nichte und der bekümmerte Lohnarbeiter. Täglich kommt Mountain Jim vorbei, nachdem er an den Biberdämmen im Black Canyon seine Fallen kontrolliert hat, und leistet uns eine Weile Gesellschaft, was Evans, wie ich feststellen konnte, nicht Recht ist. Die blaue Senke, die in aller Einsamkeit am Fuß des Longs Peak liegt, ist eine höchst interessante Welt im Kleinen, wo – nicht anders als in der großen – Liebe, Eifersucht, Hass und Neid, Stolz und Selbstlosigkeit, Gier, Egoismus und Hingabe an der Tagesordnung sind. Und durchweg besteht das ebenso unerfreuliche wie erregende Risiko, dass es zu einem offenen Streit mit dem Desperado kommt, dessen »Ich schieß dich nieder!« schon mehr als einmal in der Luft lag.

Unsere kleine Gemeinschaft, die hier das Leben und den Tisch teilt, erhält recht oft Verstärkung durch »Camper«: entweder Hirschjäger, Silberschürfer oder Leute, die sich nach Siedlungsmöglichkeiten umschauen. Sie essen mit uns und verbringen den Abend in der Hütte. Von Evans erhalten sie jedoch keine Unterstützung. Nach einiger Zeit ziehen sie meist enttäuscht und ohne Erfolg von dannen. Vor Kurzem machten bei uns zwei Goldsucher – kultivierte, höfliche Engländer – Station. Allen Ratschlägen zum Trotz zogen sie über die Berge nach North Park, wo es Gold im Überfluss geben soll. Man nimmt an, dass sie in die Hände der dort ansässigen, äußerst blutrünstigen Indianer gefallen sind. Briefe oder

Zeitungen gibt es hier oben nur, wenn jemand sie aus Longmont mitbringt. Zwei oder drei Romane und ein Exemplar von »Our New West«[42] sind unsere einzige Lektüre. Die aktuellste Zeitung, die ich gefunden habe, ist siebzehn Tage alt. All unser Interesse beschränkt sich auf Estes Park, zumindest, was die Gespräche bei Tisch betrifft. Die jüngste atemberaubende Morgenröte, die Aussichten auf einen Schneesturm, Hirsch- und Grizzly-Spuren, Gerüchte über eine Herde von Dickhornschafen, die sich in der Nähe des Sees aufhalten soll, die Canyons, in denen die Langhornrinder zuletzt gesehen wurden, die Vorzüge verschiedenster Gewehre, die Entwicklung zweier offenkundiger Liebesgeschichten, die Wahrscheinlichkeit, dass jemand aus den Plains mit Post eintrifft, Mountain Jims jüngste Launen oder Eskapaden, oder die Vergleiche zwischen seinem Hund Ring und Evans Hund Plunk – das sind nur einige der Themen, die sich nie erschöpfen.

Sonntags ruht die Arbeit, die meisten Männer gehen zur Jagd oder zum Fischen und kehren erst abends zurück. Dann werden zum Harmonium geistliche Lieder gesungen. Ich genieße es, den Nachmittag bis zum Verlöschen des Abendrots mit der Bibel und einem Gebetbuch allein im Park zu verbringen. Für ein »Te Deum« oder ein »Gloria in Excelsis« ließe sich kein würdigerer Tempel finden als dieser, der »nicht von Menschenhand erbaut« ist. Hier wird die Andacht nicht durch auffällige Hauben, raffiniert geflochtene schwarze Haare oder andere, einer wechselhaften Mode geschuldete Kuriositäten gestört.

---

42 »Our New West«, Erinnerungen an Reisen zwischen Mississippi und Pazifik, ein von Samuel Bowles (1826–1878) verfasstes, umfangreiches Reisebuch mit Abbildungen.

Meine erste Nacht hier werde ich nicht so schnell vergessen.

Leicht benommen von der dünnen Luft und verzaubert von der herrlichen Schönheit, leicht verwirrt durch die zusammengewürfelte Gesellschaft, deren Gesichter im Rauch aus elf Tabakspfeifen nur nebelhaft zu erkennen waren, begleitete mich Evans um neun Uhr zu meiner Hütte. Es war sehr dunkel. Der Weg erschien mir lang. Etwas heulte – Evans meinte, es sei ein Wolf. Eulen schrien unentwegt. Der frostige Polarstern stand genau über der Hütte, hell wie eine Lampe. Evans öffnete die Tür, entzündete eine Kerze und ging. Kurz darauf lag ich in meinem Strohbett. Ich fürchtete mich, das heißt, ich hatte Angst davor, Angst zu bekommen, es war so unheimlich. Dennoch schlief ich bald ein und erwachte wenig später durch ein heftiges Schnaufen, ein Schieben und Zerren, ein Geräusch, als säge oder hobele etwas unter meinem Fußboden. Meine Kerze war niedergebrannt. Ich wagte nicht, mich zu rühren. Der Lärm wollte nicht enden. Gerade, als ich dachte, der Boden sei jetzt dünn genug, um welchem Geschöpf auch immer den Durchbruch zu ermöglichen, war das Ganze schlagartig vorbei.

Als ich beim Frühstück meine Geschichte erzählte, brach Evans in heiteres Lachen aus, während Edwards eine bekümmerte Miene aufsetzte. Beide erklärten mir, dass sich unter meiner Hütte ein Stinktier seinen Bau gegraben hatte. Sie waren bislang nicht mutig genug gewesen, es zu vertreiben, aus Furcht, die Hütte wäre dann vielleicht nicht mehr bewohnbar. In den nächsten Tagen stellten sie ihm Fallen, ohne Erfolg. Jede Nacht wiederholt sich die geräuschvolle Prozedur. Ich glaube, der Skunk schärft seine Krallen an der Unterseite meines Bretterbodens, wie das die Grizzlys gern an Bäumen tun. Der Gestank, mit dem diese Kreatur, die nicht umsonst Mephitis heißt, seine Angreifer überwältigt, ist horrend. Nur weil ein Skunk durch das benachbarte Viehgehege gelaufen war, sahen wir uns gezwungen, die Blockhütte für mehrere Stunden zu verlassen. In seiner Gegenwart wird selbst der stärkste Mann zum Feigling. Der Gestank ist eine Meile weit zu riechen. Hunde reiben sich die Nase am Boden blutig, wenn sie mit dem Sekret in Berührung gekommen sind. Ausgelöst von dem Gestank übergeben sie sich, bis sie vor Erschöpfung sterben. Kleidungsstücke, die etwas davon abbekommen haben, muss man sofort verbrennen. Der Skunk ist ein schönes Tier, etwa so groß wie ein Fuchs, mit langen, glänzenden Klauen und einem dichten schwarzen oder schwarz-braunen Fell, auf dem sich vom Kopf bis zu dem buschigen Schweif zwei leuchtend weiße Streifen ziehen. Für einen Skunk-Pelz erhält man momentan viel Geld. Seit ich hier bin, wurden schon einige der Tiere erlegt. Ein wohlgezielter Schuss in den Rücken tötet sie, ohne dass der Jäger ein Risiko eingeht. Ein erfahrener Jagdhund beißt ihnen im Sprung die Kehle durch. Gestern hat man einen Skunk erschossen, als er aus dem Stall lief. Evans Hund stupste ihn kurz an und musste daraufhin verbannt werden. Der Kadaver wurde von einem der heldenhaften Männer auf einer Mistgabel zum Fluss hinuntergetragen, doch der Gestank, der von dem Ort ausging, an dem das Tier starb, drehte uns fast den Magen um. Ich hoffe, dass mein Skunk sein ruhiges Gemüt behält, solange wir Nachbarn sind.

3. OKTOBER 1873

Estes Park ist einer der zauberhaftesten Orte dieser Welt. Wenn ich nur zeichnen oder malen könnte! Von meinem Bett aus blicke ich auf den Mirror Lake, der im frühesten Morgengrauen, wo die Dinge noch kaum erkennbar sind, in bleigrauem Violett vollkommen ruhig daliegt. Auf seiner Oberfläche treten plötzlich die hohen Gipfel in Erscheinung, in einem leuchtenden Orange, das in ein flammendes Rot übergeht und alles ringsumher noch einmal kurz in Dunkelheit taucht. Dieses Schauspiel ereignet sich in jeder Frühe und ist immer wieder neu. Die Gipfel erbleichen, und wenn der Morgen sich nicht länger »über die Berge breitet«, spiegeln sich auf dem See die Kiefern so deutlich, als könne man sie greifen. Die ganze Herrlichkeit sinkt nun herab, ein warmroter Schimmer überzieht den Park, der Raureif glitzert, und die Blauhäher hüpfen anmutig über das eiskristallverzierte Gras. Jeden Tag ziehen mich die Erhabenheit und Schönheit dieses Ortes stärker in ihren Bann. Als ich gegen Abend aus meiner Hütte trat und sah, wie die langen Schatten der Berge auf der Wiese ruhten und ihre Form und Farbe sich mit immer neuer Bedeutung füllte, beging ich beinahe Verrat an Hawaii. Ich konnte danach nicht weiterschreiben, der Sonnenuntergang war zu ergreifend. Ich ging wieder hinaus und setzte mich auf einen Felsen, von wo aus ich das dunkler werdende Blau betrachtete, das aus den Canyons emporstieg, die Gipfel, die der Reihe nach rosig erglühten, um unvermittelt eine gespenstische Blässe anzunehmen.

Mein Tag verläuft folgendermaßen: Nach dem Frühstück gehe ich zunächst zurück zu meiner Hütte und räume auf, hole Wasser vom See, lese ein paar Seiten und trödele ein wenig herum. Anschließend fege ich die Blockhütte, im Wechsel mit Mrs. Dewy, die anschließend bis zum Mittagessen laut vorliest. Dann reite ich aus, gelegentlich mit Mr. Dewy oder auch mit seiner Frau, die lernt, im Herrensitz zu reiten, um ihren invaliden Mann begleiten zu können. Vor dem Abendessen helfe ich, die Kühe einzutreiben. Danach sitzen wir alle im Wohnraum beieinander, ich schreibe oder bessere meine Kleidung aus, die langsam auseinanderfällt. Einige sitzen um den Tisch herum und spielen Karten, die merkwürdigen Jäger und Goldsucher liegen rauchend auf dem Fußboden, Gewehre werden geputzt, Kugeln gegossen,

Köderfliegen gebastelt, Angelgeräte repariert, Stiefel wasserdicht gemacht und Kanons gesungen. Gegen halb neun gehe ich über das knisternde Gras zu meiner Behausung hinüber, immer darauf gefasst, dort irgendeinen ungebetenen Gast vorzufinden. Wir alle waschen unsere Kleidung selbst, und da mein Bestand so gering ist, stehe ich jeden Tag am Trog. In unserer bunt zusammengewürfelten Gemeinschaft herrschen Anstand und Höflichkeit. Obwohl hier Menschen aus verschiedenen Gesellschaftsschichten vertreten sind, überwiegt eine ehrliche demokratische Gleichheit, es gibt weder Dreistigkeit von der einen noch Herablassung von der anderen Seite.

Vor zehn Tagen brach Evans nach Denver auf, um Frau und Kinder in die Plains zu bringen, wo sie den Winter verbringen werden, und hat die ganze Fröhlichkeit mitgenommen. Edwards ist finster und taut nur auf, wenn er sich abends auf dem Fußboden ausstreckt und von seinem Marsch mit Sherman[43] quer durch Georgia erzählt. Ich hatte Evans gebeten, einen Hundertdollarschein für mich zu wechseln und mir für meine geplante Tour ein Pferd zu kaufen. Seit drei Tagen erwarten wir seine Rückkehr und hoffen auf die Post, die er mitbringen wird. Fünf Wochen ist es her, dass ich zum letzten Mal von Dir gehört habe. Ich kann meine Ungeduld kaum noch zügeln. Täglich reite ich zwei oder drei Mal zum Weg hinauf, der nach Longmont führt, und halte nach Evans Ausschau. Auch die anderen können seine Rückkehr aus den verschiedensten Gründen kaum erwarten. Nach Einbruch der Dunkelheit springen wir bei jedem Laut auf, bellt ein Hund, laufen die, die dazu in der Lage sind, sofort hinaus.

43 Der Soldat, Geschäftsmann und Autor William Tecumseh Sherman (1820–1891), einer der bekanntesten Generäle des Sezessionskriegs, kämpfte auf Seiten der Nordstaaten gegen die Konföderierten.

»Wait for the Wagon«[44] ist ein Scherz, den mittlerweile niemand mehr hören kann.

9. OKTOBER 1873

Das Brief- und Zeitungsfieber hat nun alle ergriffen, und wir haben einen Boten nach Longmont entsandt. In der Abenddämmerung ritt ich mit Mountain Jim zum Weg hinauf, als wir in der Ferne einen von einem Vierergespann gezogenen Wagen erblickten, dahinter ein Reitpferd. Der Kutscher schwenkte ein Tuch, was ich zum Zeichen nahm, dass ich jetzt Besitzerin eines Pferdes geworden war. Wir machten kehrt und galoppierten so schnell, wie es unsere Tiere vermochten, den Hügel hinab, um die frohe Botschaft zu überbringen. Eine Stunde später traf der Wagen ein – allerdings nicht mit Evans, sondern zwei verdächtig aussehenden »Campern«, die ihr Lager ganz in meiner Nähe aufgeschlagen haben. Du kannst Dir nicht vorstellen, wie es ist, hier zwischen den Bergen eingeschlossen zu sein und nicht zu wissen, wo Deine Briefe geblieben sind. Ein wenig später kehrte Mr. Buchan, einer unserer Mitbewohner, mit Zeitungen und Post aus Denver zurück. Für mich war nichts dabei. Er brachte jedoch alarmierende Neuigkeiten mit. Die Finanzkrise[45] hat nun auch den Westen der Vereinigten

44 Der amerikanische Folksong »Wait for the Wagon« wurde um 1850 vor allem im Osten der USA sehr populär und gelangte dann mit Musikantengruppen in den Süden und Westen der Vereinigten Staaten.

45 Es handelt sich um die Ausläufer des sogenannten »Gründerkrachs«, des Börsenkrachs von 1873, der seinen unmittelbaren Ausgang in Österreich-Ungarn nahm, zum Einbruch der Finanzmärkte in den industrialisierten Ländern führte und am 19. September 1873 New York erreichte. Die Krise dauerte in den USA etwa vier, in den betroffenen europäischen Ländern sechs Jahre an.

Staaten erreicht und steigert sich zusehends. In Denver haben die Banken geschlossen. Sie weigern sich, ihre eigenen Schecks einzulösen, zahlen ihren Kunden kein einziges Geldstück mehr aus und wollten mein englisches Gold nicht in Dollars wechseln. Weder Mr. Buchan noch Evans erhielten auch nur einen Cent. Die Geschäfte sind eingestellt, ein jeder, wie reich er auch sein mag, ist momentan arm dran. Die Indianer sind auf dem »Kriegspfad«, brennen Farmen nieder und töten das Vieh. Unter den Siedlern ist daher eine regelrechte Panik ausgebrochen, in Colorado Springs treffen zahlreiche Wagen mit Flüchtenden ein. »Der weiße Mann hat die Büffel getötet und lässt sie in der Prärie verkommen. Wir werden uns rächen«, sagen die Indianer. Evans ist bereits in Longmont und soll heute Nacht zurückkehren.

10. OKTOBER 1873

Wir warten noch immer auf den Wagen. Letzte Nacht herrschte ein furchtbarer Sturm, es hagelte, vor elf Uhr konnte ich nicht zu meiner Hütte gelangen, und dies auch nur mit Unterstützung zweier Männer. Der Mond war nicht zu sehen, der Himmel hing voll pechschwarzer Wolken, als Longs Peak, die ganze Zeit über verborgen, plötzlich mit glitzerndem Neuschnee bedeckt hoch über den dunklen Bergen erschien. Am Abend zuvor hatte ich nach Sonnenuntergang ein weiteres Novum erblickt. Mein See verwandelte sich im Dämmerschein in ein Mysterium aus leuchtendem Orange, auf seiner glatten Oberfläche spiegelten sich die tief dunkelblauen Berge. Diese Welt ist voller Wunder. Heute Morgen brach der Sturm erneut los, begleitet von Schneegestöber, und als sich die Wolken gegen Mittag verzogen, waren sämtliche Berge weiß. Mit aller Macht muss ich gegen meine Ängste angehen, die durch das Gerücht, Evans sei zur Büffeljagd an den Platte River aufgebrochen, gesteigert wurden. Ganz unerwartet traf er jedoch am Abend ein, eine schwere Postkiste im Gepäck. Ich durchwühlte sie, für mich war wieder nichts dabei, und Evans fürchtete schon, dass er meine Briefe, die von den anderen getrennt gelegen hatten, in Denver vergessen hatte. Einige Stunden später entdeckte man sie in einer Kiste mit Lebensmitteln!

Mit Evans ist die Heiterkeit zurückgekehrt. Er hat auch eine verwandte Seele mitgebracht, einen jungen Mann, der herrlich singen und musizieren kann, über ein unerschöpfliches Repertoire von Melodien verfügt und Sonaten, Trauermärsche, Choräle, Reels und schottische Tanzweisen auswendig zu spielen weiß. Gewiss kam die alte Hausorgel noch nie zu einem solchen Einsatz. Ein verdächtiges Fässchen wurde heimlich vom Wagen ins Haus geschafft und wird, wie ich befürchte, entscheidend zur Heiterkeit beitragen. Niemand kann Evans' unbeschreiblichem Frohsinn wiederstehen oder sich seinem herzhaften Lachen entziehen. Er klopft den Leuten auf die Schulter, brüllt sie an, ist bereit, alles für sie zu tun und sorgt stets für frischen Wind. »Mein Königreich für ein Pferd!«[46] Er hat mir keins mitgebracht, und ein Schatten huschte über sein Gesicht, als ich ihn darauf ansprach. Unter vier Augen gestand er mir verlegen, dass er in Denver in einer »sehr schwierigen Lage« gewesen und nicht umhin gekommen sei, meine hundert Dollar auszugeben. Er versprach, mir bis zum fünfundzwanzigsten November für meine geplante sechshundert-Meilen-Tour als »Zins« ein gutes Pferd mit Sattel und Zaumzeug zur Verfügung zu stellen. Ich war einigermaßen bestürzt, aber was sollte ich tun, das

46 William Shakespeare (1564–1616), »Richard III.«, 5. Akt, Szene 4.

Geld war fort.[47] Ich absolvierte einen Proberitt, brachte meine Kleider in Ordnung, reduzierte mein Gepäck auf ein Gewicht von zwölf Pfund und traf alle Vorbereitungen, um am nächsten Morgen in aller Frühe aufzubrechen. Es war noch stockdunkel, als ich von Evans fröhlicher Stimme geweckt wurde: »Miss Bird, wir müssen heute die wilden Rinder eintreiben. Ich wünschte so sehr, Sie könnten Hand anlegen! Ich habe nicht genügend Leute! Sie können auch ein gutes Pferd haben. Auf diesen einen Tag kommt es bestimmt nicht an!« Also waren wir den ganzen Tag hinter den Rindern her, sind etwa zwanzig Meilen geritten und mussten dabei unzählige Male durch den Big Thompson River. Evans schmeichelt mir, indem er sagt, ich sei »brauchbar wie ein Mann« – hoffentlich brauchbarer als ein bestimmtes Mitglied unseres Haushalts, das um die »hässlichen Kühe« immer einen großen Bogen macht.

12. Oktober 1873

Ich bin noch immer hier, helfe in der Küche, treibe Vieh und sitze täglich vier bis fünf Mal im Sattel. Evans hält mich jeden Morgen mit den Worten hin: »Es gibt noch jede Menge Pferde, mit denen Sie es versuchen sollten«, doch nachdem ich an einem Tag fünf oder sechs verschiedene Tiere geritten bin, kann ich mich abends für keins von ihnen entscheiden. Der rassige, hochbeinige Hengst, auf dem ich heute um den See trabte, schüttelte mit einem Schwung das Zaumzeug ab, ein anderes Tier bockte, zwei hatten zu empfindliche Hufe und gerieten ins Stolpern. Ich hoffe jedoch, in ein oder zwei

47 Um Evans Gerechtigkeit widerfahren zu lassen, will ich hier anmerken, dass er mir das Geld bis auf den letzten Cent zurückgezahlt hat, dass das Pferd vorzüglich und alles letztlich zu meinem Vorteil war. *I.L.B.*

Tagen zu meiner Tour aufbrechen zu können, damit ich Estes Park wenigstens mit einigen der bekannteren Gegenden Colorados vergleichen kann.

Du würdest sicher lachen, wenn Du einen Blick in unser Blockhaus werfen könntest. Im Wohnraum drängen sich soeben neun Männer und drei Frauen. Da es an Sitzgelegenheiten mangelt, haben die meisten Männer es sich rauchend auf dem Fußboden bequem gemacht, während der vergnügte Frankokanadier, der so wunderbar musiziert und zu jeder Mahlzeit nicht weniger als fünfzig schön gesprenkelte Forellen beisteuert, die er selbst gefangen hat, die Pfeife im Mundwinkel, auf dem Harmonium spielt. Drei Männer, die eine Woche lang im Black Canyon kampierten, haben sich wie Hunde auf dem Boden zusammengerollt. Alle drei sind riesig und von großem Ernst, haben weder für die allgemeine Heiterkeit noch für die absurden melodischen Sprünge des Harmoniums das geringste Lächeln übrig. Bekleidet sind sie, genau genommen, nur mit Stiefeln, ihre Montur besteht praktisch nur aus Fetzen. Geistesabwesend starren sie vor sich hin. Sie haben vermutlich noch nie eine Frau gesehen, oder sechs Monate in Folge unter einem Dach geschlafen. Es werden Spirituals gesungen, davor spielte man »Rule Britannia«, gefolgt von »Yankee Doodle«, was alle außer den drei Fremden zum Lachen brachte, da es so närrisch klang. Das kältere Wetter treibt die Tiere von den Bergen herunter. Als ich letzte Nacht zu meiner Hütte ging, hörte ich das Geheul von Wölfen und Berglöwen.

9. Brief

Viehtreiben, Schneestürme, auf Birdie durch Colorado

»Please Ma'am« – Ein Desperado – Viehtreiben – Begutachtung – Eine verrückte Kuh – Ein Schneesturm – Eingeschneit – Birdie – Die Plains – Ein Prärie-Schoner – Denver – Fundstück – Plum Creek – »Verträglich sein« – Schneewehen – Die graue Stute

Estes Park, Colorado, Oktober 1873

Als ich an diesem Nachmittag in meiner Hütte saß und las, wurde die Tür vom kleinen Sam Edwards mit den Worten »Mountain Jim will Sie sprechen« aufgestoßen. Das erinnerte mich an den endlosen Ärger mit linkischen Hausangestellten und ihr »please ma'am« und an die mit unserem durchorganisierten, konventionellen englischen Leben verbundene Gewohnheit, aus jedem Floh einen Elefanten zu machen. Worauf »die Dinge« ihren Lauf nahmen. Ich brauche *wirklich* nichts weiter als das, was diese Blockhütte hier zu bieten hat. Anderswo muss man ein großes Haus haben, Bedienstete, mit all den Bürden und Sorgen, die das mit sich bringt – nicht, weil man auf Gastlichkeit Wert legte oder es sich behaglich machen will, nein, nur um zu zeigen, was man besitzt. In fünf Minuten habe ich meine Hütte in einen Zustand gebracht, dass man vom Fußboden essen kann, und da es nichts zu stehlen gibt, brauche ich auch kein Schloss.

Während mir all dies durch den Kopf schoss, wartete Mountain Jim, um mich zu einem Ausritt einzuladen. Zusammen mit Mr. und Mrs. Dewy unternahmen wir einen herrlichen Ritt über das bunt gefärbte Laub. Als die beiden müde wurden, tauschte ich mein Pferd gegen Jims prachtvolle Stute. In der eiskalten, berauschenden Abendluft galoppierten wir um die Wette. Hättest Du uns nur sehen können, wie wir den Pass hinuntersprengten: der zum Fürchten aussehende Desperado auf meinem schweren Zugpferd, ich auf seiner Stute, von deren blankem Holzsattel zottige Biber-, Nerz- und Marderschwänze herabhingen, mit Füßen, die nicht bis zu den Steigbügeln hinunterreichten. Die Stute sah so vornehm aus und ich so abgerissen! Mr. Nugent ist das, was man eine »perfekte Begleitung« nennt. Mit forscher Unbekümmertheit beurteilt er Männer und Ereignisse auf erstaunlich scharfsinnige Weise. Frauen übrigens auch. Er verfügt über Pathos und Poesie, hat Humor, ist von einer tiefen Liebe zur Natur erfüllt, in gewisser Weise auch sehr selbstgefällig und getrieben von dem offensichtlichen Drang nach Darstellung, um seinem Ruf als Desperado Genüge zu tun. Seine Literaturkenntnisse sind beachtlich, er besitzt ein wunderbares verbales Gedächtnis und hat zu jeder Person, jeder Sache etwas zu sagen. Frauen begegnet er mit feinfühligem Respekt. Umso vergnüglicher ist es, wenn er sich zu einer charmanten Spöttelei hinreißen lässt. Er übt eine große Faszination auf die Menschen aus und liebt Kinder über alles. Die Kleinen hier laufen gleich auf ihn zu, klettern, sobald er sich niederlässt, auf seine breiten Schultern und spielen mit seinen Locken. »Wer einmal mit Jim ins Gespräch gekommen ist, hält keinen anderen mehr für unterhaltsam«, heißt es bei uns. Ich meine allerdings, dass sich dies mit der Zeit ändern würde.

In gewisser Weise steht Mountain Jim stets im Licht der Öffentlichkeit, da man in Colorado keine Zeitung aufschlagen kann, ohne über ihn zu lesen, sei es ein von ihm geschriebener Beitrag oder ein biografisches Detail. So furchtbar er auch aussieht: Das erste Wort aus seinem Mund – zumindest einer Dame gegenüber –, und es gibt keinen Unterschied mehr zwischen ihm und jedem anderen gebildeten Gentleman. Er führt brillante Gespräche, die von seinem genialen, wendigen Geist zeugen. Alles in allem macht er dennoch einen äußerst schmerzlichen Eindruck. Sein herrlicher Kopf zeigt so deutlich, welche Möglichkeiten er gehabt hätte. Trotz eines gewissen Glanzes, der ihm anhaftet, ist sein Leben zerstört, verschwendet, und man fragt sich, was die Zukunft an Gutem für einen Menschen bereithalten kann, der sich so lange schon dem Bösen verschrieben hat.[48]

Werde ich je zu meiner Tour aufbrechen? Gestern Morgen wollten wir schon um halb sieben zum Viehtreiben hinaus, doch die Pferde waren verschwunden. Von den fünfzig Tieren machen sich häufig gerade die selbständig, die zu etwas taugen. Ein ganzer Tag geht damit verloren, sie in sämtlichen Canyons wieder einzusammeln. Heute vor Tagesanbruch rief Evans jedenfalls durch meine Tür: »Miss Bird! Wir müssen das Vieh heute fünfzehn Meilen weit treiben. Ich wünschte so, Sie könnten da helfen. Wir haben nicht genug Leute. Sie bekommen auch ein gutes Pferd!«

Das Viehtreiben fand auf einer Höhe von siebentausendfünfhundert Fuß statt, auf einer von zwei reißenden Flüssen durchzogenen Hochebene, an deren Seiten gewaltige Berge aufragen, bedeckt von struppigen Pecheichenwäldern. In baumbestandenen und mit Geröll übersäten Canyons, die

48 Am 1. September des folgenden Jahres fand diese Frage Beantwortung. Er wurde unehrenhaft ins Grab gelegt, mit einer Gewehrkugel im Kopf. *I.L.B.*

sich wie Narben in die Landschaft einschneiden und zur Bergwiese hin öffnen, leben Herden von etwa zweitausend halbwilden texanischen Langhornrindern in Gesellschaft von Grizzlys und Braunbären, Berglöwen, Wapitis, Bergschafen, Damhirschen, Wölfen, Luchsen und Wildkatzen, Bibern, Nerzen und Stinktieren, Streifenhörnchen, Adlern, Klapperschlangen und all den anderen Zwei- und Vierbeinern, den Wirbeltieren und den Wirbellosen, die diese einsame, romantische Gegend bevölkern. In ihren Gewohnheiten gleichen die Langhornrinder eher wilden als domestizierten Tieren. Angeführt von den Bullen, ziehen sie in Reihen zur Tränke. Fühlen sie sich bedroht, suchen sie strategischen Vorteil in hügeligem Gelände und schleichen sich argwöhnisch durch Furchen und Senken davon, bewacht von den Bullen, die für den Fall eines Hundeangriffs die Nachhut bilden. Fast so wild wie Büffelkühe, müssen die Langhornkühe immer wieder ans Melken gewöhnt werden. Da sie sehr trockene Gräser fressen und ihre Kälber säugen, gewinnt man aus der Milch von zweihundert Langhornkühen längst nicht so viel Butter wie aus der Milch von fünfzig Devonshire Kühen. Die Arbeit des Viehzüchters bringt einiges an »notwendiger« Grausamkeit mit sich, wie gutherzig er auch immer mit den Tieren verfahren mag. Es handelt sich um ein rohes System. Ab dem Moment, wo das Kalb in den Pferch gehetzt wird und sich das heiße Eisen in sein Fleisch brennt, bis zu dem Tag, an dem der fette Ochse von den endlosen Weiden zum Schlachten nach Chicago kommt, liegen »Furcht und Schrecken vor dem Menschen«[49] über ihnen.

Den Herden gelingt es, bis in die wilden Canyons vorzudringen, die vom Snowy Range abgehen und sich durch das Gebirge schneiden, wobei sie im Winter Gefahr laufen, dort einzuschneien und zu verhungern. Deshalb muss man sie

---

49 Genesis 9,2

hin und wieder aus den Schluchten heraus und nach Estes Park treiben. Dort werden sie alle begutachtet, und die Kälber erhalten ein Brandzeichen.

Die Gruppe, mit der ich mich nach dem Frühstück auf den Weg machte, bestand aus Evans, einem Jäger vom Snowy Range und zwei Viehzüchtern aus den Plains. Einer der beiden ritt einen ungemein bockigen Hengst, aber sein Kamerad versicherte, er sei – neben ihm – der »beste Reiter von Nordamerika«. Wir ritten alle, wie es hier üblich ist, auf mexikanischen Sätteln mit leichtem Zaumzeug, die Waden geschützt durch Ledergamaschen, die Füße in breiten, hölzernen Steigbügeln. Jeder trug seinen Proviant in einem um das Sattelhorn geschlungenen Beutel bei sich. Vier große, schlecht abgerichtete Hunde begleiteten uns. Der stundenlange Ritt, der sich über mehr als dreißig Meilen hinzog, zählte zu den schönsten, die ich bisher unternommen hatte. Wir stiegen nur ab, um die Sattelgurte zu straffen, verzehrten unser Mittagessen zu Pferd, die Zügel lose um das Sattelhorn geknotet, galoppierten über die Ebene, setzten über Baumstämme, jagten die schroffen, mit großen Steinen übersäten Abhänge hinab, durchquerten reißende Stromschnellen, erblickten herrliche Seen und himmlische Landschaften und scheuchten eine Herde von Wapitis auf, Tiere mit riesigen Köpfen und ausladendem Geweih. Eine Zeitlang suchten wir erfolglos nach den Rindern und ritten bis zum Fuß des Longs Peak, wo das silbrige Wasser eines Nebenflusses des Platte River aus dem ewigen Schnee durch einen unglaublich majestätischen Canyon herabrauscht. Die Sonne brannte, doch ab einer Höhe von achttausend Fuß wurde die Luft scharf und eisig. Es machte mir ungeheure Freude, unter diesen aufregenden Umständen ein gutes Pferd zu reiten. Ein steiler Abhang mit einem Dickicht aus Pechkiefern erwies sich als äußerst schwer passierbar. Wir mussten über umgestürzte Stämme setzen und uns zwischen den gesunden und den toten Bäumen hindurchschlängeln, damit wir nicht irgendwo hängen blieben oder durch eine unvorsichtige Bewegung einen der schweren abgestorbenen Äste zu Fall brachten.

Als wir aus dem Dickicht herauskamen, sahen wir in einem der unter uns liegenden Täler, etwa eine Meile entfernt, tausend weidende Langhornrinder. Die Leitbullen nahmen Witterung auf, wurden unruhig. Die Herde setzte sich in Bewegung, auf das offene Gelände des Parks zu. »Schneidet ihnen den Weg ab!«, rief Evans. »Auf geht's!« Und mit einem lauten »Tally-ho!«[50] galoppierten wir den Hügel hinunter. Ich konnte mein aufgeregtes Tier kaum halten. Auf und ab, über Baumstämme und Felsblöcke, schneller und schneller, und immer noch feuerte Evans uns an: »Hinterher!« Die Pferde jagten in halsbrecherischem Tempo dahin, lagen Kopf an Kopf, zogen aneinander vorbei, bis meine hübsche kleine Braune mit dem großen, bockigen Hengst des »besten Reiters von Nordamerika« Schritt hielt. Mein Kopf schwirrte, und die rasante Geschwindigkeit, die wir vorlegten, nahm mir den Atem. In kürzester Zeit befanden wir uns auf einer Höhe mit der Herde: ein überwältigender Anblick. Mächtige Bullen, die eher wie Büffel aussahen, stampften, brüllten und stürmten, gefolgt von Ochsen, Kühen und Jährlingen, wie Rennpferde davon. Wir galoppierten neben ihnen her, überholten sie und postierten uns binnen Kurzem als Wachen vor dem Talausgang. Dort verharrten wir so ruhig, wie es die aufgeregten Pferde eben zuließen. Es schien, als erwartete die Infanterie den Ansturm der Kavallerie. Ich begann zu zittern, als die Herde wie eine riesige Welle auf uns zurollte, doch meine Kameraden johlten aus vollem Hals, wir presch-

50 Ruf der englischen Jäger, um die Hunde auf einen Fuchs aufmerksam zu machen.

ten mit den Hunden vor, und mit donnernden Hufen, unter Schnauben und Gebrüll, drehte die Herde ab. Ich ritt zu unserem Anführer, der mich lachend empfing. Er lobte mich als »guten Viehtreiber« und bemerkte, er habe völlig vergessen, dass eine Frau mit von der Partie sei, bis er mich mit den anderen Männern über die umgestürzten Stämme setzen sah.

Das eigentliche Treiben begann erst zwei Stunden später. Ich war gezwungen, mein Vollblut gegen ein gut trainiertes Treibpferd zu tauschen, einen Mustang, der jedes Gelände nehmen und wie ein Hase Haken schlagen konnte. Ich hatte nicht erwartet, als Vaquero zu arbeiten, doch so war es nun einmal, und die Erfahrungen, die ich auf Hawaii gesammelt hatte, kamen mir nun sehr zugute. Wir durchkämmten die verschiedenen Canyons und trieben die Rinder heraus. Bis wir einige Stunden später etwa achthundertfünfzig Tiere in einem Pferch beisammen hatten, war jeder auf sich allein gestellt und wir hatten kaum Gelegenheit, ein Wort miteinander zu wechseln. Ärger verursachte uns eine Herde, die in sumpfiges Gelände geraten war. Eine Kuh, die mir auch anschließend viel Mühe bereitete, verharrte eine Stunde lang in Verteidigungsstellung, nahm den Hund dreimal auf die Hörner und widerstand allen Versuchen, sich von ihrem Platz vertreiben zu lassen. Sie hatte einen gut genährten Jährling bei sich. Evans erklärte mir, dass sich manche Kuh so sehr mit ihrem ersten Kalb verbunden fühlt, dass sie ihr nächstes tötet, damit das erste die ganze Milch bekommt. Es gelang mir, eine Herde von hundert Tieren ganz allein aus einem Canyon heraus zum Fluss zu treiben, an meiner Seite nur ein schlecht erzogener Hund, der mir mehr Schwierigkeiten machte als die Rinder. Es war höchst mühsam, den Fluss zu überqueren. Einige der Tiere liefen bereitwillig voran, andere witterten das Wasser, drehten um und stoben in verschiedene Richtungen davon, wieder andere attackierten den im

Fluss schwimmenden Hund und von denen, die schon am anderen Ufer angelangt waren, machten einige wieder kehrt, um nach ihren geliebten, zurückgebliebenen Leidensgenossen zu suchen. Eine besonders bösartige Kuh fiel immer wieder über mein Pferd her. Ich brauchte eineinhalb Stunden und sehr viel Geduld, bis ich alle Rinder hinübergebracht hatte.

Es wurde bereits spät, und ein Schneesturm drohte, als sich die anderen Treiber – es waren nur noch drei – mit ihren Herden zu mir gesellten. Es fiel nicht leicht, die Rinder beisammen zu halten. Man treibt sie so ruhig wie möglich, damit sie sich weder ängstigen noch aufregen[51], reitet zunächst auf der einen und dann auf der anderen Seite der Herde, um sie zu lenken. Falls die Herde absichtsvoll eine falsche Richtung einschlägt, galoppiert der Treiber an deren Spitze und versperrt ihr den Weg. Große Aufregung entsteht, wenn ein Tier aus der Herde ausbricht, kopflos umherrast und der Treiber ihm im wildesten Gelände auf den Fersen bleiben muss, ihm nachsetzt, wenn es Haken schlägt, und ihm so lange folgt, bis es zur Herde zurückgekehrt ist. Die Bullen waren recht leicht zu lenken, doch die Kühe mit ihren jün-

---

51 Während mehrerer Reisen durch Amerika konnte ich beobachten, dass die Amerikaner uns und unseren kolonialistischen Verwandten in der Behandlung von Pferden und anderen Tieren weit überlegen sind. Das zeigte sich auch sehr deutlich an dieser Rinderherde. Es gab keine Stockschläge, kein unnützes Aufregen der Tiere. Jeder Hund, der nach dem Schwanz oder den Fersen eines Rindes schnappt, wird von seinem Herrn herbeizitiert und bestraft. Ruhe und Freundlichkeit sind die Regel. Man reitet ohne Peitsche, die Sporen sind so stumpf, dass sie selbst menschlicher Haut keinen Kratzer zufügen. Die Pferde werden durch die Stimme und durch leichten Zügeldruck gelenkt. So ist es selbst in Colorado üblich, wo man es mit Mustangs zu tun hat, deren Laster erblich sind. Ich habe in den USA niemals gesehen, dass ein Pferd zur Unterwerfung gezwungen wurde. *I.L.B.*

geren oder älteren Kälbern nur schwer zu bändigen. An einer engen Stelle geriet ich aus Versehen zwischen eine Kuh und ihr Kalb. Die Kuh setzte auf mich zu und hätte ihre Hörner in den Bauch des Pferdes gerammt, wenn dieses nicht gestiegen und geschickt ausgewichen wäre. Solche Dinge ereigneten sich unentwegt. Eine hübsche rote Kuh wurde regelrecht verrückt. Ihr Kalb war schon fast so groß wie sie selbst, und obwohl es gut ausgebildete Hörner besaß und sich mühelos hätte verteidigen können, versuchte sie wütend, es vor jeder nur möglichen Gefahr zu schützen. Einer der Hunde, ein närrisches, junges Tier, machte sich einen Spaß daraus, die aufgeregte Kuh anzubellen, was ihre Wut nur steigerte. Sie ging mehrmals auf mich los, doch diese durchtrainierten Treibpferde verharren beinahe regungslos und springen dann, ohne Zutun des Reiters, genau im rechten Moment zur Seite, um dem Angriff zu entgehen. Bestimmt vierzig Mal ging sie in Verteidigungsstellung, pflügte den Boden mit den Hufen, stieß nach den großen Jagdhunden, nahm die Kälber zweier anderer Kühe auf die Hörner und tötete sie, und schließlich stellte sie eine solche Gefahr für die Herde dar, dass Evans seinen Revolver zog und sie erschoss. Das Kalb, für das sie so blind gekämpft hatte, klagte bitterlich um sie.

Es dämmerte, als wir den Pferch erreichten: ein Morgen Grasland, umgeben von einem soliden, sieben Fuß hohen Lattenzaun. Mit großer Geduld und einigem Geschick gelang es uns, die Tiere, wild wie sie waren, ohne einen einzigen Hieb, Schrei oder Peitschenknall hineinzutreiben. Es war nun schrecklich kalt. Wir legten die letzten anderthalb Meilen in scharfem Galopp zurück, erreichten die Hütte, kaum dass die ersten Schneeflocken fielen, und wurden mit einem starken, heißen Tee empfangen.

18. Oktober 1873

Seit drei Tagen sind wir eingeschneit! Gestern war es so furchtbar, dass ich nicht schreiben konnte. Jede Arbeit blieb liegen, alle sprachen bloß vom Sturm. Die Jäger saßen im Wohnraum um das Kaminfeuer und gingen nur kurz hinaus, um Brennholz zu holen und Türen und Fenster vom Schnee zu befreien. Nie habe ich mich so gefürchtet wie zwei Nächte zuvor, allein in meiner Hütte, in einem Sturm, der das Dach hob, Lehmstücke herunterwirbelte und unablässig feinen Schnee durch die Ritze der Holzwände jagte, während tote Äste im Sturm zersplitterten und krachend unter der Schneelast brachen – ein Kreischen und Heulen, Donnern und Blitzen, die furchterregendsten Geräusche. Es hatte den ganzen Tag über heftig geschneit, und bei Anbruch der Nacht fiel nochmals jede Menge Schnee, der vor meine Tür wehte und mich endgültig einschloss. Gegen Mitternacht stand das Thermometer auf null. Kurz darauf erhob sich erneut ein Sturm, der die nächsten zehn Stunden lang andauerte. Mein Fensterrahmen ist von der eisigen Feuchtigkeit aufgequollen und sollte eigentlich hermetisch dicht sein. Ich rollte mich in sechs Decken ein, legte mich ins Bett, das nah beim Fenster steht, und zog ein festes Laken über mein Gesicht. Zwischen zwei und drei Uhr nachts erwachte ich, weil der Wind unter die Hütte fuhr, sie anhob und ins Schwanken brachte. Das Laken war an meinen Lippen festgefroren. Ich streckte die Hand unter den Decken hervor und stellte fest, dass eine dicke Schicht von feinem Schnee darauf lag. Als ich aufstand, um die Lage zu erkunden, sah ich, dass auch der Boden teilweise fingerhoch von Schnee bedeckt war. Ein Windstoß fegte mir einen Schwung nadelfeinen Schnees direkt ins Gesicht. Das Wasser im Eimer war zu Eis gefroren. Bis Sonnenaufgang lag ich im Bett und fror erbärmlich. Dann kamen einige der Männer, um mich auszugraben und nachzuschauen, ob ich noch am Leben war. Sie hatten eine Kanne mit heißem Wasser dabei, das sich in Eis verwandelte, ehe ich es benutzen konnte. Knöcheltief im Schnee stehend, kleidete ich mich an, Bürsten, Stiefel und alle möglichen anderen nicht unwichtigen Dinge waren eingeschneit. Kein einziger Berg war zu sehen, als ich zum Haus hinüberging, Schneewehen türmten sich höher als das Dach. Die Luft war nichts als weißer, schneidender Dunst, ein einziges weißes Wehen.

Auch im Wohnraum trat der feine Schnee durch alle Ritze, und Mr. Dewy schaufelte ihn auf dem Fußboden zusammen. Sein Bart war grau von Frost, und das in einem Raum, in dem die ganze Nacht über ein Feuer gebrannt hatte. Evans lag krank in seinem schneebedeckten Bett. Nach dem Frühstück holte ich einige Sachen aus meiner Hütte und landete auf dem Rückweg mit Schwung in einer Schneewehe, wobei alles, Schreibheft und Brief inbegriffen, in verschiedene Richtungen davonflog. Einiges, darunter eine mir liebe Fotografie, blieb unauffindbar. Das Schreibheft konnte Stunden später geborgen werden. Rund um das Haus gibt es Bären- und Rehspuren, doch bei diesem Sturm kann man nicht jagen, und das Schneetreiben behindert die Sicht. In unserem reichlich überfüllten Wohnraum wird Whist gespielt und Schach, man musiziert und singt. Einer der Jäger widmete sich der langwierigen Tätigkeit, meine Tinte vor dem Einfrieren zu bewahren. Alle waren wir in dicke Mäntel und Decken gehüllt und fütterten ein gewaltiges Feuer mit Kiefernscheiten, aus denen das Pech troff. Da sich der andere Siedler und Mountain Jim gerade in Denver befinden, sind wir hier vollständig isoliert. Spätabends legte sich der Sturm ein wenig. An manchen Stellen zeigt sich der nackte Erdboden, ansonsten liegen alle Unebenheiten unter einer weißen Decke verborgen, wo man leicht in bis zu vierzig Fuß tiefen Schneewehen verschwinden kann. Die Natur macht einen majestätischen Eindruck. Es herrscht entsetzliche Kälte. Der scharfe Wind scheint jedes Körperteil, das ihm ausgesetzt wird, zu häuten.

19. Oktober 1873

Evans bietet mir sechs Dollar wöchentlich, falls ich im Winter, wenn Mrs. Edwards nach Denver geht, hierbleibe und das Kochen übernehme! Ich würde ja gern das Hausmädchen spielen, wenn nur das Brotbacken nicht wäre! Es passt, finde ich, aber viel besser zu mir, Vieh zu treiben. Die Männer mögen kein »Junggesellendasein«, das heißt, sie sorgen ungern für sich selbst. Gestern wuschen und bügelten sie ihre Kleidung, und Letzteres führte zu Unstimmigkeiten. Ich denke wirklich – zum hundertsten Mal –, dass ich morgen aufbrechen werde. Es ist nicht mehr so kalt, der Himmel leuchtet blauer denn je, der Schnee verflüchtigt sich, und ein Jäger, der heute zu uns heraufkam, sagte, der Weg wäre frei von Verwehungen.

Longmont, Colorado, 20. Oktober 1873

»Die Insel Avalon«[52] liegt hinter mir, doch wird es mir je gelingen, mich von ihrer Freiheit, ihren Reizen loszureißen? Vor dem Nachthimmel sehe ich Longs Peaks verschneiten Gipfel aufsteigen und sehne mich nach der Pracht der blauen Senke zu seinen Füßen. Zusammen mit dem jungen Frankokanadier hätte ich um acht Uhr morgens aufbrechen sollen, doch die Pferde hatten sich selbständig gemacht, und so

52 Avalon, ein mythischer Ort aus dem Sagenkreis um König Arthur.

kamen wir erst um halb zehn los. Ich reite ein rotbraunes Indian Pony, »Birdie«, eine kleine Schönheit, die Beine stark wie Eisen, schnell, ausdauernd, sanft und weise. Das Gepäck, einschließlich eines schwarzen Seidenkleids, das ich hinter meinem Sattel verstaut habe, verspricht für einige Wochen Unabhängigkeit. Es wurde ein wunderbarer Ritt. Wir passierten die aus Felsen gebildeten Tore zum Park, kamen durch Schluchten, in denen sich der tiefe Schnee, den nie ein Sonnenstrahl erreicht, unter den zitronenfarbenen Espen hält, erhaschten hier und da einen Blick auf ferne, schneebedeckte Bergriesen vor einem Himmel aus tief wehmütigem Blau und verzehrten unser Mittagessen oberhalb der Foot Hills in einer Hütte, die von zwei Brüdern und einem »Hausmann« in Ordnung gehalten wird. Alles war so gepflegt, sauber und hübsch, dass man kein weibliches Wesen vermisste. Über einen schmalen Biberdamm – die Holzbrücke war zusammengebrochen – kamen wir auf die andere Seite eines tiefen Stausees, durchquerten den in unzähligen Farben leuchtenden Canyon von St. Vrain und gelangten bei Dämmerung auf die unscheinbare Prärie, wo es uns im Dunkeln einige Mühe kostete, Longmont zu finden. Im Gasthof wurde ich herzlich in Empfang genommen, ein englischer Freund tauchte auf und verbrachte den Abend mit mir.

GREAT PLATTE CANYON, 23. OKTOBER 1873

Meine Beschreibung dieser Tour wird wahrscheinlich nicht allzu lebhaft ausfallen. Nachdem ich den ganzen Tag im Sattel saß, habe ich mein Pony versorgt, zu Abend gegessen, mir von verschiedenen Routen berichten lassen, den Tratsch der Nachbarschaft über Landwirtschaft, Goldschürfer und Jäger angehört und bin jetzt so müde, dass ich kaum noch schreiben kann.

Am Dienstag habe ich Longmont in der Frühe verlassen, ein grauer Tag und in der Luft die Anzeichen eines drohenden Schneesturms. Am Abend zuvor hatte man mich einem ehemaligen Colonel in der »Rebellenarmee« der Südstaaten vorgestellt, der einen höchst unangenehmen Eindruck auf mich machte. Zu meinem großen Verdruss erwartete er mich am nächsten Morgen schon zu Pferd, um mir auf dem »schwierigsten Teil der Reise« als Führer beizustehen. Einsamkeit ist mir unendlich viel lieber als schlechte Gesellschaft – geradezu eine Wonne. Wie froh war ich daher, als ich meinen Begleiter loswurde und allein in die Prärie hinausreiten konnte. Der Ritt nach Denver, dreißig Meilen über braune Ebenen, zieht sich hin. Das Land ist dünn besiedelt, Wege laufen in die unterschiedlichsten Richtungen. Mein Kurs: Immer in Richtung Süden steuern und dabei auf dem sichersten Pfad bleiben. Ich hatte das Gefühl, als würde ich mich ohne Kompass auf den Ozean begeben. Die welligen, braunen Hügel, in denen ein Pferd schon auf eineinhalb Meilen zu sehen ist, machten einen sonderbaren Eindruck. Gegen Mittag verdüsterte sich der Himmel, der nächste Sturm zog auf, die Berge glitten schwarz in die Ebene hinab, und die höheren Gipfel machten plötzlich einen grimmigen Eindruck und waren fürchterlich anzusehen. Zunächst wurde es kalt, ganz plötzlich sehr heiß, schließlich setzte sich ein wilder, eisiger Ostwind durch. Dennoch fühlte ich mich frei und lebendig, und Birdie war eine Freude. Hier und dort grasten Kühe oder Pferde auf der ausgedörrten Ebene. Gelegentlich begegnete ich einem Reiter mit Gewehr, das man hier quer über den Sattel legt, manchmal einem einfachen Frachtwagen, häufiger jedoch einem der weißen Planwagen, dem »Prärie-Schoner«, der sich seinen Weg durch das braune Gras bahnte. Hin und wieder traf ich auf einen Treck, begleitet von Rindern, Maultieren und Berittenen. In den Wagen Auswanderer, die ihr ganzes Hab und Gut in einem mühseligen Exodus von den Weststaaten in die gelobten Ebenen von Colorado transportierten. Die Besitzer eines solchen Wagens luden mich zu einem gemeinsamen Essen ein. Ich steuerte Tee bei, ein Genuss, auf den sie seit vier Wochen verzichtet hatten, und sie versorgten mich mit Maisbrei. Sie kamen aus Illinois und waren seit drei Monaten unterwegs. Ihre Ochsen waren inzwischen so schwach und erschöpft, dass sie davon ausgingen, das Wet Mountain Valley[53] wohl erst in einem Monat zu erreichen. Auf ihrem Weg mussten sie ein Kind begraben, hatten mehrere Ochsen und einen Großteil ihres Mutes verloren. Durch die lange Abgeschiedenheit und die Eintönigkeit des Weges wussten sie nicht mehr, was auf der Welt los war, und machten den Eindruck, als kämen sie von einem anderen Stern. Sie schlugen mir vor, mich ihnen anzuschließen, doch ihr Reisetempo war mir zu langsam. Wir trennten uns auf das Herzlichste, ich ritt davon, und als ich mich umwandte und einen letzten Blick auf die weiße Plane vor dem weit entfernten Horizont des einsamen Präriemeers warf, war ich so traurig, als hätte ich von alten Freunden Abschied genommen. In jener Nacht müssen sie dort draußen im tiefen Schnee und im grimmigen Wind halb erfroren sein. Etwas später traf ich auf etwa zweitausend magere Langhornrinder unter der Obhut dreier verwegener Reiter, denen zwei Wagen mit Frauen, Kindern und Waffen folgten. Sie hatten bereits tausend Meilen zurückgelegt. Zwei graue, feige Präriewölfe, die wie Schakale aussahen, nahmen in großen Sätzen vor mir Reißaus.

Wind und Kälte verschlimmerten sich. Die nächsten elf Meilen waren ein Wettrennen gegen den aufziehenden Sturm. Von jedem Präriehügel hielt ich Ausschau nach Den-

53 Ein Hochtal in Custer County, das im mittleren und südlichen Colorado verläuft.

ver, doch erst gegen fünf Uhr nachmittags konnte ich von einer höheren Erhebung aus einen ersten Blick auf die »Metropole der Hochebenen« werfen. Braun und baumlos breitete sich die großspurige Stadt in der ebenso braunen, baumlosen Hochebene aus, auf der nichts anderes als Wermutkraut und Palmlilien zu gedeihen scheinen. Der seichte Platte River, geschrumpft zu einem Bach, fließt in einem kiesigen, von winzigen Pappeln gesäumten Bett, das ihm sechs Mal zu groß ist, an Denver vorbei. Zwei Meilen oberhalb seines Laufs sah ich, wie sich ein gewaltiger Sandsturm zusammenbraute, innerhalb weniger Minuten über die Stadt hinwegfegte und sie in einer dichten, braunen Wolke zurückließ. Vereinzelte Windstöße kündigten den Schneesturm an, und ich überließ mich Birdies Instinkt, um Evans Hütte zu finden. Sie war nur ein einziges Mal dort gewesen, doch über den unebenen, von Gräben durchzogenen Grund fand sie unbeirrt den Weg. Mrs. Evans und die Kinder liefen uns fröhlich entgegen, um ihr Pony zu begrüßen. Auch ich wurde sehr freundlich empfangen, und obwohl das Haus nur aus einer Küche und zwei winzigen Schlafräumen besteht, erhielt ich einen warmen, behaglichen Platz. Mein Vorrat an Neuigkeiten aus Estes Park schien nicht versiegen zu wollen, ich wunderte mich selbst, wie viel ich zu erzählen hatte.

Am nächsten Morgen frühstückten wir erst nach elf Uhr. Die Wolken hatten sich verzogen, es herrschte starker Frost, recht viel Schnee war gefallen, und alle fanden es zu kalt, um aufzustehen und Feuer zu machen. Ich wollte Birdie eigentlich in Denver zurückzulassen, doch Ex-Gouverneur Hunt und Mr. Byers[54] von der »Rocky Mountain News« gaben mir beide den Rat, die Reise lieber zu Pferd als mit dem Zug oder

54 Am 23. April 1859 gründete der Goldgräber und Journalist William Newton Byers (1831–1903) Denvers erste Tageszeitung, die »Rocky Mountain News«.

der Postkutsche fortzusetzen, es würde mir schon nichts zustoßen. Gouverneur Hunt entwarf eine Route für mich und gab mir Empfehlungsschreiben an verschiedene Siedler mit.

Denver ist nicht mehr die Stadt von Hepworth Dixon[55]. Ein Schusswechsel auf offener Straße ist heutzutage so selten wie in Liverpool. Man sieht auch niemanden mehr von den Laternen baumeln, wenn man morgens aus dem Fenster schaut. Denver ist ein geschäftiger Ort, der Umschlagplatz für einen riesigen Bezirk, mit zahlreichen guten Geschäften, einigen Fabriken, schönen Hotels und den üblichen Deformationen und Raffinessen der Zivilisation. Überall findet man Pelzläden. Der Fischer, Jäger, Goldschürfer, Fuhrmann oder Auswanderer kann sich in fünfzig verschiedenen Geschäften komplett ausrüsten. Wer aus dem Osten kommt, um sich einer Camp-Kur zu unterziehen, die gerade groß in Mode ist, beschafft sich in Denver Wagen, Fahrer, Pferde, Zelt, Bettzeug und einen Ofen, bevor er in die Berge aufbricht. Asthmatiker gibt es hier in einem Ausmaß, dass es die Veranstaltung eines »Asthmatiker-Kongresses« mit geheilten und genesenden Patienten rechtfertigen würde. Zahlreiche Invaliden, die für das raue Leben in den Bergen nicht geschaffen sind, füllen die Hotels und Pensionen, und andere, die im Laufe eines in wilder Natur verbrachten Sommers teilweise wiederhergestellt sind, verbringen den Winter in der Stadt, um ihre Kur abzuschließen.

Denver liegt auf einer weiten Hochebene. Von dort aus hat man eine wunderbare Sicht auf den vorderen Bergzug der Rocky Mountains. Ich wollte hier keine einzige Woche verbringen. Der Anblick dieser Herrlichkeiten, die zum Greifen

---

55 Der englische Historiker und Reisende William Hepworth Dixon (1821–1879) wurde im Januar 1858 Herausgeber des Londoner Literaturmagazins »The Athenaeum«, für das er bereits seit Jahren Reiseberichte und andere Beiträge verfasst hatte.

nah scheinen und dennoch unerreichbar sind, würde mich um den Verstand bringen. In Denver endet momentan die Kansas-Pacific-Bahn. Es gibt eine Verbindung zur Union-Pacific-Bahn von Cheyenne. Mit der Denver- und der Rio Grande-Bahn, deren Strecken schon etwa zweihundert Meilen weit ausgebaut sind, soll man später einmal bis nach Mexiko gelangen. Eine Schmalspurbahn führt direkt zu den Goldminen beim Grays Peak hinauf. Die Anzahl der Saloons in den Straßen ist beeindruckend, und überall begegnet man den für eine Grenzstadt so charakteristischen Müßiggängern, denen es schwerfällt, sich auch nur für einige Tage oder Stunden den Zwängen der Zivilisation zu unterwerfen – so wie es mir schwerfiel, im Damensattel zu Gouverneur Hunt zu reiten. Nach Denver kommen Männer, um die Ersparnisse einiger Monate harter Arbeit in kürzester Zeit und durch die hemmungslosesten Ausschweifungen zu verprassen. Gestalten wie Comanche Bill[56], Buffalo Bill[57], Wild Bill[58] oder Mountain Jim machen die Stadt unsicher und erlangen hier die traurige Berühmtheit, nach der sie streben.

Sehr viele Indianer trugen heute zum bunten Erscheinungsbild der Straßen bei. Sie gehörten zum Stamm der Ute[59], deren Gebiet ich passieren würde. Ex-Gouverneur Hunt stellte mich einem gutaussehenden jungen Häuptling vor, schön gekleidet in perlenbesticktem Pelz, und bat ihn, mir beizu-

56 »Comanche Bill Mankin«, Cowboy, Revolverheld und Bandit.

57 William Frederick »Buffalo Bill« Cody (1847–1917), ein berühmter Späher, Bisonjäger und Showman.

58 James Butler »Wild Bill« Hickok (1837–1876), der im amerikanischen Westen den Ruhm eines Volkshelden genoss, trat u. a. als Soldat, Spion, Spieler, Showman und Revolverheld auf.

59 Das Stammesgebiet der Ute, auch Yuta, einem Volk, das aus mehreren miteinander verwandten Stämmen besteht, erstreckte sich einst vom Osten des heutigen Bundesstaats Utah bis in den Westen Colorados und den Norden Neu-Mexikos.

stehen, falls ich Hilfe bräuchte. Die indianischen Läden, Pelzgeschäfte und Depots interessierten mich am meisten. Vielleicht lag es am Schnee, dass nur Männer auf den Straßen unterwegs waren. Den ganzen Tag über begegneten mir vielleicht fünf Frauen. Dafür sah ich Leute in jedem nur möglichen Aufzug. Trapper und Jäger in hirschlederner Kluft. Männer aus den Plains in weiten, blauen Bürgerkriegs-Mänteln mit Revolvern im Gürtel. Fuhrleute in Ledertracht. Reiter in Pelzmänteln, mit Pelzmützen und Stiefeln, deren Fell nach außen gewendet war, ihre Campingdecken hatten sie hinter einem gewaltigen mexikanischen Sattel verstaut. Ich sah Broadway Dandys mit Samthandschuhen, reiche englische Jagdtouristen, adrett gekleidet, schick und hochnäsig, und hunderte von Indianern auf ihren kleinen Ponys: die Männer mit zinnoberrot gefärbten Gesichtern und langem, glattem Haar, in perlenbestickten Trachten aus Hirschleder, alle in rote Decken gehüllt, die dick vermummten Squaws rittlings auf dem Pferd, über dessen Sattel Pelze hingen.

Ich war verwirrt, der Stadt müde und trotz Mrs. Evans liebenswürdiger Gastfreundschaft froh, als gestern Morgen um neun Uhr ein Mann mit Birdie erschien. Er hielt sie für einen kleinen Teufel, beschwerte sich, dass sie nichts als gebockt und ihn auf der Brücke abgeworfen hätte. Ich sah, dass er ihr eine Kandare angelegt hatte. Auf etwas, das ihr nicht gefällt, antwortet sie eben mit Bocken. Bis ich aus der Stadt heraus war, ritt ich im Damensattel, lange genug, um einen stechenden Schmerz in der Wirbelsäule zu verspüren. Er hielt noch eine ganze Weile an, auch nachdem ich die Position gewechselt hatte. Zunächst ging es über die flache Hochebene. Am Fuß der Bergkette wurde das Land allmählich hügelig. Ich erreichte einen Fluss, an dem sich Pappeln erstreckten und alle halbe Meile ein Siedlerhaus stand, überholte einige Wagen und fand einen Muff, in dem sich eine Geldbörse mit fünfhundert Dollar befand, glücklich, ihn seinem Eigentümer nur wenig später zurückgeben zu können. Mehrmals überquerte ich das schmale Gleis der kuriosen kleinen Rio Grande-Bahn – alles in allem ein heiterer Ritt.

Ranch, Plum Creek, 24. Oktober 1873

Da man in Colorado nur an der Hauptstraße und in den größeren Siedlungen auf Hotels oder Gasthäuser trifft, ist es den Siedlern zur Gewohnheit geworden, Reisende zum in der Gegend üblichen Preis in ihrem Haus aufzunehmen, eine vorbildliche Regelung. Der Besitzer eines großen Holzhauses in Ranch, meiner ersten Station, war jedoch nicht gewillt, Durchreisende zu beherbergen, was ich erst später erfuhr – andernfalls hätte ich mein Empfehlungsschreiben nicht an der Tür jenes wohlhabenden Hauses mit den ausgedehnten Stallungen präsentiert. Er machte einen abweisenden Eindruck, doch seine liebenswürdige Frau, eine damenhafte Erscheinung, bot mir an, auf dem Sofa zu schlafen. Bei diesem Haus handelte es sich um das herrschaftlichste, was ich in dieser Gegend bislang gesehen hatte. Es gab zwei Hausmädchen, die Wände waren tapeziert, der Fußboden mit Teppichen bedeckt. Zu Gast war auch eine hochgewachsene, elegante Dame aus Fort Laramie, die erste Frau, die sich in den Rocky Mountains niedergelassen hatte. Sie lud mich freundlicherweise in ihr Zimmer ein. Drei Monate lang hatte sie eine Camp-Kur absolviert und befand sich nun auf dem Heimweg. Sie verfügte über einen Wagen mit Betten, ein Zelt mit Zeltboden, einen Kochherd und allen möglichen Luxus, besaß ein leichtes Gespann, hatte einen Verwalter und ein höchst arrogantes Mädchen. Obwohl sie an der Schwindsucht litt und äußerst fragil war, erschien sie mir als attraktive Person, die interessante Geschichten über die Gefährdungen und Einschränkungen ihres früheren Lebens in Laramie erzählen konnte. Trotzdem ermüdete sie mich. Ich war schon am frühen Nachmittag eingetroffen, zögerte jedoch aus Höflichkeit, mich zum Schreiben zurückzuziehen. Die drei Lohndiener und die beiden Hausmädchen essen für gewöhnlich zusammen mit der Familie, doch davon einmal abgesehen, fand ich rasch heraus, dass sie in diesem Haus »nicht alle Tassen im Schrank haben«, und machte mich am nächsten Morgen nur zu gern wieder auf den Weg, obwohl ein Sturm aufzog. Während ich im Schnee über den öden Hang ritt, jagte der spielzeugähnliche Waggon der Rio Grande-Bahn an mir vorbei, warm und gepolstert, und einen Moment lang wünschte ich mir, behaglich dort drinnen zu sitzen.

Ich war nur vier Meilen weit gekommen, als der Sturm mit einer solchen Heftigkeit losbrach, dass ich mich in ein Hütte flüchtete, in der schon elf andere unglückliche Reisende Schutz gesucht hatten. Der Schnee, der auf ihren Kleidern lag, taute und hinterließ Pfützen auf dem Fußboden. Die Kunst, »verträglich zu sein«, die ich bei den Chalmers so gut gelernt hatte, kam in den beiden Stunden, in denen ich mich dort aufhielt, bestens zur Geltung. Ich schälte Kartoffeln, buk Kekse und als ich zum Aufbruch bereit war, wollten die Wirte, die doch eine »Herberge für Durchreisende« führten, kein Geld von mir annehmen, da ich eine so »angenehme Gesellschafterin« gewesen sei. Der Sturm hatte sich beruhigt, um ein Uhr mittags sattelte ich Birdie und legte vier weitere Meilen zurück. Das Eis auf einem zugefrorenen Bach gab nach, und das Pony brach zu seinem größten Entsetzen ein. Ich kann die Gefühle, die mich auf diesem Ritt überkamen, kaum beschreiben. Die vollkommene Einsamkeit, die Stille, das Verstummen aller Dinge, der lautlos fallende Schnee, kein Wind mehr, die unkenntlichen Berge, die

Düsternis, die bittere Kälte und das ungewohnt beängstigende Antlitz der Natur. Alles Leben lag unter einem weißen Tuch – jede Tätigkeit, jede Bewegung war zum Erliegen gekommen. Man sah weder Fuß- noch Wagenspuren. Es gab nichts, wovor man sich hätte fürchten müssen. Auch wenn ich nicht unbedingt sagen kann, dass ich diesen Ritt genossen hätte, fühlte ich mich doch mit jeder Stunde wohler.

Als das verschneite Dunkel gegen Abend zunahm, war der Pfad nicht mehr auszumachen, und als ich auf eine abgeschiedene Hütte traf, erfuhr ich dankbar, dass man mich aufnehmen konnte. Die Szene war ernst und feierlich und erinnerte mich an eine Beschreibung in Whittiers »Snow-Bound«[60]. Alles Vieh umringte die Behausung mit der stummen Bitte um Schutz. Schäferhunde sprangen herein und wurden nicht fortgejagt. Männer gingen dick vermummt ins Freie, kamen vor Kälte zitternd zurück und klopften den Schnee von ihren Schuhen. Die Milchkanne wurde an den Ofen gestellt. Ein wenig später trat ein sehr freundlicher Siedler ein, dessen Wagen zwei Meilen entfernt im Schnee steckengeblieben war. Er hatte die Pferde ausgespannt und sich mit ihnen hierher auf den Weg gemacht. Eine graue Alte mit lauter Stimme rauchte eine Tonpfeife, die sie ihren Kindern weiterreichte, wütete gegen die Engländer, spottete über die englische Höflichkeit und hielt jedes »bitte« und »danke« angesichts eines so kurzen und arbeitsreichen Lebens für nichts als »Quatsch«. Und immer noch fiel sanfter Schnee, kein Lüftchen rührte sich, die Erde war still.

60 »Snow-bound: A Winter Idyl« (»Eingeschneit: Eine winterliche Idylle«) – ist ein langes, erzählendes Poem des amerikanischen Dichters John Greenleaf Whittier (1807–1892), veröffentlicht 1866.

10. Brief

Wunder über Wunder, die Parks von Colorado

Eine weiße Welt – Schwieriges Vorankommen – Das Haus eines Millionärs – Pleasant Park – Perry's Park – Viehzucht – Ein Rinderbaron – Die Arkansas Divide – Birdies Weisheit – Luxus – Monument Park – Rücksicht auf Vorurteile – Todesszene – Manitou – Ein lockeres Hufeisen – Der Ute Pass – Bergen Park – Das Heim eines Siedlers – Hayden's Divide – Scharfe Kritik – Die Wahrheit sagen

Colorado Springs, 28. Oktober 1873

Eine ganze Woche lang bin ich geritten, habe Wunder über Wunder gesehen, genieße das einzigartige Abenteuer und die Kühnheit meiner Tour – doch nach zehn Stunden oder mehr im Sattel, in dieser dünnen, berauschenden Luft, die nicht gerade zu Geistesblitzen führt, sollte ich abends schlafen, nicht schreiben. Die Beobachtungsgabe ist geschärft, die Denkfähigkeit ruht.

Die letzte Nacht, in der ich diesen Brief begonnen habe, war bislang die kälteste. Ich wickelte mich in den Flickenteppich, der auf dem Boden meines Zimmers lag, aber mir wurde nicht wärmer. Die Sonne ging morgens herrlich über einer schneebedeckten Erde auf. Scheunen, Straßen, Büsche, Zäune, Fluss und See – alles lag unter dem diamanten glitzernden, federleichten, pulvrigen Schnee. Kein Hauch wehte, kein Laut war zu vernehmen. Ich wartete, bis ein vorüberkommender Reiter eine Spur hinterließ, an die ich mich halten konnte. Dann machte ich mich auf den Weg in die neue, strahlende Welt. Die Hufspur hatte sich bald verloren, doch die unzähligen Tritte von Vögeln und Eichhörnchen, die alle in dieselbe Richtung führten, hielten mich in der Nähe der Straße. Nach einer Stunde musste ich absteigen und zu Fuß gehen. Der nasse Schnee klebte so hoch unter Birdies Hufen, dass sie selbst ohne mein Gewicht auf dem Rücken kaum das Gleichgewicht halten konnte. Mein Pickel war nicht stark genug, um ihn zu entfernen. Ich verließ die Straße, um an einer Hütte nach einem Meißel zu fragen. Es stellte sich heraus, dass dort die Leute wohnten, deren Muff ich vor einigen Tagen gefunden hatte. Sie empfingen mich herzlich, versorgten mich mit einem Becher Rahm und kochten mir einen starken Kaffee. Sie waren »Siedler vom alten Schlag«, und ich blieb viel zu lange bei ihnen. Nachdem ich mich losgerissen hatte, ritt ich zwölf Meilen weiter, kam aber schlecht voran. Der nasse Schnee klebte. Ich hatte Mühe, den Weg zu finden, und mich überkam eine furchtbare Einsamkeit. Keine Spur war zu erkennen, ich begegnete weder Mensch noch Tier. Der Himmel überzog sich mit dichten Wolken, eine erbärmliche Aussicht. Hinter einer schweren Schneewolke konnte ich vor mir die Umrisse der Great Arkansas Divide ausmachen, der kontinentalen Wasserscheide. Es begann, in dicken Flocken zu schneien. Ich hielt es für riskant, bis zum Einbruch der Nacht weiterzureiten, verließ am frühen Nachmittag die Straße und bog auf einen unbenutzten Pfad ab, der mich zwei Meilen durch die Hügel führte. Auf dem Weg musste ich etliche Gatter öffnen und einen schnell dahinrauschenden, von steilen Böschungen begrenzten Fluss überqueren. Am Eingang zu einer fantastischen Schlucht traf ich auf ein elegantes Holzhaus, das Mr. Perry gehörte, einem Millionär, für den ich ein Empfehlungsschreiben bei mir trug. Ich überreichte es, ohne lange zu zögern, aber eigentlich müsste ein Reisender bei so einem Wetter auch ohne diese Unterstützung Schutz finden.

Mr. Perry war unterwegs, doch seine Tochter, ein gescheites, fröhliches, elegant gekleidetes Mädchen, lud mich zum Essen und Bleiben ein. Auf dem schön gedeckten Tisch stand geschmortes Wild, dazu gab es verschiedene andere Köstlichkeiten, serviert von einem geschickten schwarzen Hausmädchen – eine von fünf schwarzen Bediensteten, die vor dem Sezessionskrieg Sklaven der Familie gewesen waren. Obwohl es noch immer leise schneit, schlug Miss Perrys Cousin nach dem Essen einen Ausritt vor, denn er wollte mir die Schönheiten von Pleasant Park zeigen, der zu den herrlichsten Gegenden Colorados zählt und bei gutem Wetter leicht zu erreichen ist. Ein geradezu herrschaftlicher Blick eröffnete sich uns, als wir auf einem schmalen Pass zwischen zwei Spitzkuppen, dreihundert Fuß hohen Monolithen aus leuchtend rotem Stein, in den Park ritten. Die Kiefern, die dort standen, waren sehr hoch, und die engen Canyons, die dort ausliefen, von düsterer Pracht. Bemerkenswert ist eine Vielzahl monumentaler, zwischen fünfzig und dreihundert Fuß hohen Felsen, zinnoberrot, grün, gelbbraun, orange, zuweilen alle in einem einzigen Block vereint – heitere Farbspiele, die einen enormen Kontrast zur schneeweißen Öde und der Düsternis der Kiefern bildeten. Bear Canyon, eine majestätische Schlucht, endet in Pleasant Park. Wir überquerten den vereisten Bear Creek, einen Nebenfluss des South Platte River, doch das Eis trug nicht, und beide Pferde brachen in das tiefe, eisigkalte Wasser ein. Kurz darauf geriet

Birdie mit dem Bein in den Bau eines Präriehunds, der unter dem Schnee verborgen lag. Bei dem Versuch, sich zu befreien, stürzte sie drei Mal. Ich dachte an Bischof Wilberforces[61] fatales Missgeschick bei einem weitaus geringeren Sturz. Ihm wäre sicher nichts geschehen, hätte er wie ich fest in einem mexikanischen Sattel gesessen. Das Wetter war zu unsicher für einen längeren Ritt. Wir kehrten zurück, und Miss Perrys lebhafte Erzählungen führten mich nach Ägypten, Palästina und Kleinasien, nach Russland und in die Türkei – Länder, die sie während einer dreijährigen Reise mit ihrer Familie besucht hatte.

Perry's Park zählt zu den großen Rinderfarmen von Colorado. Das Territorium des jüngsten Staates der Union erstreckt sich über eine Fläche von 68 000 000 Morgen, von der ein weiter Teil zwar über reiche Bodenschätze verfügt, sich aber kaum für Viehzucht oder Ackerbau eignet. Der Osten ist so trocken, dass Feldfrüchte nur mithilfe künstlicher Bewässerung gedeihen. Durch das Gebiet, in dem ich mich befinde, fließt der südliche Lauf des Platte River mit seinen Nebenflüssen. Obwohl es häufig von Heuschreckenplagen heimgesucht wird, produziert man hier das allerfeinste Getreide: je nach Art des Anbaus zwischen achtzehn und dreißig Scheffel pro Morgen. Die unerlässliche Bewässerung verhindert allerdings eine großflächige Ausdehnung des kultivierungsfähigen Areals. Was die Viehzucht angeht, scheinen gegenwärtig aber keine Einschränkungen zu bestehen. 1876 zählte man in Colorado 390 728 Rinder, jedes im Wert von zwei Pound und dreizehn Schilling. Die meisten der Tiere wurden als Kälber aus Texas importiert. Das günstige Klima und die üppigen Weideflächen erfordern weder Unterstände

---

61 Der anglikanische Bischof Samuel Wilberforce (1805–1873), einer der größten öffentlichen Redner seiner Zeit, war am 19. Juli 1873 beim Sturz von seinem Pferd tödlich verunglückt.

noch Zusatzfutter. Nur die aus den Oststaaten eingeführten Zuchttiere werden in harten Wintern manchmal für kurze Zeit in Stallungen versorgt. Im Fall eines starken und langanhaltenden Schneesturms bekommen die Rinder etwas Heu. Mr. Perry züchtet vor allem ausgewählte Shorthorn-Rinder, die er als Jährlinge für sechs Pfund pro Kopf verkauft.

In einem schönen Schlafzimmer zu übernachten, mit heißem Wasser und anderem Komfort, war ein merkwürdiges und fast schon vergessenes Gefühl. Gegen sechs Uhr abends begann es ernsthaft zu schneien, nachts zog der Frost stark an, und am Morgen ging die Sonne über einer hohen, glitzernden Schneedecke auf. Miss Perry versorgte mich mit einem Paar dicker Männersocken, die ich über meine Stiefel zog. Ich ritt früh los und musste mir über zwei Meilen einen Weg durch den Neuschnee bahnen. Dann überholte mich ein Wagen, dessen Spur ich dreißig Meilen lang folgen konnte. Ansonsten war die Landschaft unberührt. Am Himmel zeigte sich keine einzige Wolke. Als ich mich an den langen Aufstieg zur Arkansas Divide machte, fielen die von tiefen Canyons zerschnittenen Berge zu meiner Rechten zum Tal hin ab, die Foot Hills zu meiner Linken wurden von fantastischen, farbenprächtigen Felsen gekrönt und sahen aus wie Paläste. Alles lag unter einer glitzernden Decke aus Schnee. Die Bäche murmelten dumpf unter den Eisschichten. In der stillen Luft knarrte kein Zweig. Kein Vogel sang. Mir begegnete keine Seele. Weit und breit nicht eine einzige Hütte. Zu hören war einzig das Knirschen des Schnees unter Birdies Hufen. Wir gelangten an einen Fluss, über dem einige Stämme und quer darüber ein paar junge Bäumchen lagen. Vorsichtig setzte Birdie einen Fuß vor, zog ihn zurück, versuchte es erneut, beschnupperte das Bauwerk und schnaubte. Alle Überredungskünste waren zwecklos. Sie stand reglos da, drehte den Kopf und blickte mich an. Es hat keinen Sinn, sich mit solch einem klugen Tier anzulegen. Rechts neben der Brücke war das Eis zum großen Teil gebrochen, dort durchquerten wir den Fluss. Das eisige Wasser reichte bis zu Birdies Bauch, ich spürte meine Füße kaum noch. Doch mein Pony tastete sich entschieden voran. Später erfuhr ich, wie gefährlich die Brücke ist.

Birdie ist die Königin unter den Ponys und obwohl Wildpferdblut in ihr fließt, eine sanfte Kreatur. Stets guter Dinge, stets hungrig, niemals müde, mit einem intelligenten Blick und steinharten Beinen. Ihre einzige Unart besteht darin, dass sie sich beim Satteln aufbläht. Wird sie von jemandem gesattelt, der sie nicht kennt, hängt der Gurt jedes Mal weit durch. Ein sanfter Klaps auf die Kruppe oder ein vorsichtiger kleiner Schubs, der ihre Neugier weckt, und sie hört auf, die Luft anzuhalten. Birdie ist mir ein echter Kamerad. Sobald wir unseren Tagesritt beendet haben, kümmere ich mich zuallererst um sie, wasche ihr den Rücken, reinige ihre Nüstern und versorge sie mit Futter.

Nach einiger Zeit kam ich zu einer Blockhütte, wo wir mit Nahrung versorgt wurden und ich Ratschläge für die vor uns liegende Strecke erhielt. Der Rest des Tages war fürchterlich. Der Schnee wurde immer tiefer, während ich in Einsamkeit und Stille immer höher in die Berge hinaufritt. Die Sonne ging gerade hinter einem schneebedeckten Gipfel unter, als ich den Rücken der Divide, fast achttausend Fuß über dem Meeresspiegel, erreichte. Dort lag in unbeschreiblicher Abgeschiedenheit ein zugefrorener See. Eulen heulten in den Kiefern, das Thermometer zeigte neun Grad unter null, meine Füße hatten jegliches Gefühl verloren. Ich stellte fest, dass ich in achteinhalb Stunden nur fünfzehn Meilen zurückgelegt hatte und mich nun dringend nach einem Schlafplatz umsehen musste. Der Anblick des östlichen Himmels war unvergleichlich. Er leuchtete in einem Chrysoprasgrün, das in ein Aquamarin überging, um dann in einem tiefen Smaragdton zu erglühen. Von einem Moment zum anderen überzog sich alles mit dem reinen, hellen, rosigen Glanz des Abendrots. Birdie kam ins Rutschen, und ich war vor Kälte nahezu paralysiert, als wir die Hütte erreichten, die man mir genannt hatte. Da schon siebzehn eingeschneite Männer auf dem Fußboden lagerten, wurde ich abgewiesen. Man riet mir, eine halbe Meile weiter zu reiten, bis zur Hütte eines Deutschen, der dort mit seiner hübschen jungen Frau und seiner Schwiegermutter lebte und Gäste aufnahm. Es war ein einfaches Haus, aber sie hatten es auf die liebevolle deutsche Art zu einem gemütlichen Zuhause gemacht. In meinen Raum, der über den Luxus eines Waschbeckens verfügte, gelangte ich zwar nur über eine Leiter, hatte ihn jedoch für mich allein. Dank der fürsorglichen Behandlung durch die beiden Frauen kam wieder Leben in meine Füße. Die damit verbundenen Schmerzen grenzten an Folter.

Am nächsten Morgen war alles grau in grau, klarte aber bald auf, und im Lauf des Vormittags wurde es wärmer. Nach einem Zwölfmeilenritt erhielt ich in einem großen Gasthaus Brot und Milch für mich und Futter für Birdie. Von den acht Pensionsgästen schien einer dem Tod näher zu sein als der andere. Um höher in die Berge zu gelangen, riet man mir, die Straße zu verlassen und den Monument Park zu durchqueren, ein Ritt von weiteren zwölf Meilen durch eine fantastische Felslandschaft, in der ich mich verirrte und in einem wilden Canyon landete. Sechs Meilen musste ich zurückreiten, begegnete keiner Menschenseele und entdeckte schließlich einen Weg, der mich zu sonderbaren Schluchten mit senkrecht aufragenden Felsen in den fantastischsten Gestalten und Farbtönen führte. Durch ein Felsentor gelangte ich in eine Klamm. Das konnte nur Glen Eyrie sein, wild und romantisch. Der Weg zog sich unterhalb des gespenstischen Gipfels durch ein schmales Tal – eine öde, seelenlose, furchteinflößende Szenerie. Mehrmals musste ich einen Bergfluss durchqueren, bis ich zu einer heruntergekommenen Siedlung mit dem großspurigen Namen Colorado City gelangte. Zwei Meilen weiter erblickte ich von einem Kamm der Foot Hills die düsteren, verstreut liegenden Häuser von Colorado Springs, einem ambitionierten Kurort, dem Ziel meines hundertfünfzig Meilen langen Ritts. Ich stieg ab, zog einen langen Rock über und ritt für alle Fälle seitlings, obwohl die Siedlung nicht unbedingt den Eindruck machte, als müsse man dort mit Vorurteilen rechnen. Es handelt sich um einen wunderlichen Ort inmitten der nackten Hochebene, doch er wächst, scheint weiter wachsen zu wollen und besitzt einige große, gut frequentierte Hotels. Von hier aus hat man einen schönen Blick auf die Berge, vor allem auf Pikes Peak, doch die weithin berühmten Quellen liegen drei Meilen entfernt in Manitou, in wahrhaft reizvoller Umgebung. In Colorado Springs gibt es nicht einen Baum – unattraktiver könnte so ein Ort für mich nicht sein.

Meine Freunde, das Ehepaar X., die ich hier besuchte, leben mit zwei Präriehunden, einem Kätzchen und einem Jagdhund in einem einzigen kleinen Raum, der ihnen gleichermaßen als Wohnraum, Schlafstätte und Küche dient und allerlei Annehmlichkeiten aufwies. Ich fühlte mich gleich wie zu Hause. Mrs. X. briet ein ausgezeichnetes Steak, ihr Mann bereitete den Tee zu. Beide verzichten auf den ebenso bequemen wie zweifelhaften Dienst eines Hausmädchens. Mrs. X. begleitete mich zu meiner Pension. Wir saßen einige Zeit im Wohnraum und unterhielten uns mit der Wirtin. Die Tür zum gegenüberliegenden Schlafraum stand weit offen. Auf dem Bett, halb liegend, halb sitzend, quälte sich ein todkrank aussehender junger Mann, und ein zweiter, ebenso sterbenskranker Junge, ihm wie aus dem Gesicht geschnitten, kam gelegentlich heraus oder lehnte niedergeschlagen am Kaminsims. Kurz darauf wurde die Tür halb geschlossen, jemand rief: »Rasch, eine Kerze!«, Geräusche waren zu hören. Die sieben oder acht Leute, die sich mit mir im Wohnraum aufhielten, redeten, lachten und spielten Backgammon. Keiner lachte lauter als die Wirtin, die von ihrem Platz aus einen ebenso guten Blick auf die mysteriöse Tür hatte wie ich. Die ganze Zeit über stachen mir zwei große, weiße Füße ins Auge, die reglos über den Bettrand ragten. Ich hoffte von ganzem Herzen, sie möchten sich bewegen, doch sie taten es nicht. Mir schien, als würden sie immer kälter und weißer. Mein schrecklicher Verdacht erhärtete sich, hier war ein menschlicher Geist, schutzlos und verzweifelt, in die Nacht hinausgeglitten. Mit einem Kleiderbündel im Arm verließ jemand den Raum, gefolgt von dem kranken jungen Mann, der weinte und stöhnte, und einem dritten, der mir mitleidsvoll zu verstehen gab, dass es sich bei dem Verstorbenen um den einzigen Bruder des Jungen gehandelt habe. Die Wirtin redete und lachte immer noch, wandte sich zu mir und sagte: »Sie stellen das ganze Haus auf den Kopf, wenn sie zum Sterben herkommen. Es wird uns wieder die halbe Nacht kosten, ihn aufzubahren.«

Die bittere Kälte, das Weinen und Stöhnen des Bruders des Verstorbenen raubten mir den Schlaf. Am nächsten Tag eilte die Wirtin in einem adrett zurechtgemachten schwarzen Kleid geschäftig umher und fieberte dem Eintreffen eines feinen Sarges entgegen. Ich ging in den Wohnraum, um nach einer Nadel zu fragen. Die Tür des besagten Raums stand offen, Kinder liefen ein und aus, und die Wirtin, die gerade auskehrte, rief mir fröhlich zu, sie habe eine Nadel, ich solle nur hereinkommen. Zu meinem Schreck lag dort der Gegenstand des Entsetzens, der Leichnam, auf Stühlen, die man nicht einmal ordentlich zusammengerückt hatte. Durch das unverdunkelte Fenster fiel ihm das gleißende Sonnenlicht direkt auf das unbedeckte Gesicht. Er wurde am Nachmittag begraben, und so wie sein unablässig weinender Bruder aussah, schien mir auch dessen Ende nicht mehr fern zu sein.

Mrs. X. erzählt, dass viele, die nach Colorado Springs kommen, unter Schwindsucht im Endstadium leiden, getrieben von der Hoffnung, in diesem Klima wie durch ein Wunder Heilung zu finden. Meist haben sie nicht einmal genügend Geld für die elendste Unterkunft. Wir verbrachten fast den ganzen Tag im Gespräch, und ich rüstete mich mit Galoschen und warmen Handschuhen für die geplante Bergtour aus. Birdie erhielt ihren wohlverdienten Sabbat am heutigen Dienstag, denn ohne mir dessen bewusst zu sein, hatte ich die Arkansas Divide an einem Sonntag überquert. Mehrere Freunde von Miss Kingsley[62] kamen mich besuchen. Sie ist hier in guter Erinnerung und wird von allen herzlich geliebt. Meine Reise ist nicht teuer. Für Birdie und mich benötige ich etwa zehn Schilling pro Tag, und die fünf Tage, die ich von Denver bis hierher unterwegs war, haben mich weniger gekostet als eine Fahrkarte für Kutsche oder Bahn. Wirkliche Hindernisse gibt es nicht. Ich führe ein herrliches Leben, ganz im Dienst von Gesundheit und Vergnügen. Mein Gepäck besteht aus einem Bündel, und da ich zu Pferd sehr be-

62 Die Schriftstellerin und Reisende Rose Georgina Kingsley (1845–1925) war im November 1871 als eine der ersten Siedlerinnen nach Colorado Springs gekommen und von dort aus 1872 mit einer kleinen Expedition nach Mexiko aufgebrochen, um die Möglichkeit von Bahnverbindungen zwischen Texas und Manzanillo zu erkunden.

weglich bin, komme ich überall hin, wo sich meinem Pony und mir Nahrung und Unterkunft bieten.

Great Gorge of the Manitou, 29. Oktober 1873

Manitou ist ein sehr hübscher Ort mit verschiedenen mineralischen Quellen, deren Heilkräfte die Indianer gut zu nutzen wussten. In der Nähe befinden sich der »Garten der Götter«, Glen Eyrie – der »Adlerhorst« –, Pikes Peak, Monument Park und der Ute Pass – Orte mit klingenden Namen. Es gibt zwei oder drei riesige Hotels und einige malerisch gelegene Häuser. Im Sommer drängen sich in Manitou Tausende von Menschen, die Quellwasser trinken, sich einer Camp-Kur unterziehen oder Exkursionen in die Berge unternehmen. Zu dieser Jahreszeit ist alles ruhig, im Hotel wohnen nur noch ein paar Nachzügler. Durch eines der Täler tobt ein reißender Gebirgsstrom. Bis zu fünfzehntausend Fuß hohe schneebedeckte Gipfel neigen sich über den herrschaftlichen und zugleich furchteinflößenden Talkessel, dessen feierliche Schönheit der des Todes gleicht. Durch seine gewaltige Kraft hat der Strom die Berge des Snowy Range durchbohrt und den Ute Pass ausgewaschen, auf dem ich morgen in höher gelegene Gebiete gelangen will. »In Ermangelung eines Nagels«[63] könnte jedoch alles platzen. Birdie hat einen Hufnagel verloren, doch um einen neuen zu bekommen, muss ich erst einmal zehn Meilen über den Pass reiten. Birdie

63 »For Want of a Nail« ist ein Sprichwort, das durch die Jahrhunderte hindurch zahlreiche Variationen erfahren hat. Es erinnert daran, dass scheinbar unwichtige Kleinigkeiten oder Versäumnisse große, unvorhergesehene Auswirkungen haben können. Benjamin Franklin (1705–1790), einer der Gründerväter der Vereinigten Staaten, hatte 1758 eine Variante dieses Sprichworts in seinen »Poor Richard's Almanack« aufgenommen.

erfreut jeden durch ihre spaßige Art. Sie folgt mir auf dem Fuß, stieß heute sogar die Tür zum Wohnraum auf und schaute ins Haus. Wenn sie hinter mir geht, legt sie den Kopf auf meine Schulter, leckt mein Gesicht und bettelt um Zucker. Versucht ein anderer sie zu fassen, bäumt sie sich auf und schlägt aus, wobei die wilde Bronco-Seele sich in ihren Augen zeigt. Sie hat ein kluges, schönes Gesicht und begrüßt mich mit einem schmeichelnden Schnauben. Die Stallknechte machen immer viel Wirbel um sie und nennen sie »Liebling«. Sie galoppiert bergauf und bergab, strauchelt nie und nimmt selbst das schwierigste Gelände, ohne auch nur einmal die Peitsche zu spüren.

Das Wetter ist herrlich, der Himmel wolkenlos, eine warme Sonne scheint, und der Schnee hat sich aus den Ebenen und den tiefer gelegenen Tälern verzogen. Nach dem Mittagessen verließen wir Colorado Springs – die X.s in einem leichten Wagen, ich auf Birdie. Wir überquerten das Grand Mesa, einen hohen Tafelberg, von dem aus wir auffallend eindrucksvoll geschichtete Felsen erblickten, *Steinblätter,* in leuchtendem Zinnoberrot vor schneeweißen Bergen, überragt vom Pikes Peak. Dann tauchten wir in den höhlengleichen Glen Eyrie mit seinen bizarr geformten, vielfarbigen Felsnadeln hinab und besuchten General Palmers[64] herrschaftlichen Wohnsitz – auch er ein wahrer »Adlerhorst«. In der Eingangshalle hingen Büffel-, Wapiti- und Hirschköpfe, standen ausgestopfte Vögel, lagen Bärenfelle. Zahlreiche

---

64 Der amerikanische Industrielle und Philanthrop William Jackson Palmer (1836–1909), im Sezessionskrieg als General mit der Ehrenmedaille ausgezeichnet, gründete 1871 die Stadt Colorado Springs und baute im selben Jahr in deren Nähe sein »Glen Eyrie« – schottisch für »Tal des Adlerhorstes«, ein Schloss im englischen Tudor-Stil.

Trophäen und Waffen, darunter indianische Bogen, Pfeile und Tomahawks, zierten die Wände. Durch ein Tor aus gewaltigen roten Felsen gelangten wir in den »Garten der Götter«. Wäre ich eine Göttin, ich würde hier auf keinen Fall meinen Wohnsitz nehmen. Manche Orte in dieser Gegend haben allein durch ihre absurden Namen Bekanntheit erlangt. An einer Schlucht, durch die der Fountain River rauscht, verabschiedete ich mich voll Bedauern von meinen Freunden und ritt in die frostig feierliche Schlucht hinein, von der aus man die weit entfernten, in der sinkenden Sonne errötenden Berge sehen konnte. Ich brachte Birdie in einem Stall unter, und da diese Gegend mit ihren sieben Heilquellen außer einem großen Hotel keine weiteren Unterkünfte bereithält, genieße ich nun zumindest einen letzten Hauch von Luxus. Während der Saison kostet das Zimmer pro Tag sechs Dollar, jetzt glücklicherweise die Hälfte, und anstelle von vierhundert mondänen Gästen wohnen gerade einmal fünfzehn dort. Wie alle Schwindsüchtigen sprechen die meisten rasch und atemlos und husten sich die Seele aus dem Leib. Der Luxus meines Zimmers macht auf mich einen fast seltsamen Eindruck. Seit ich in Colorado bin, ist dies die vierte Nacht, in der ich auf etwas Besserem als Heu oder Stroh geschlafen habe. Ich bin froh, dass es so wenige Gasthäuser gibt, lerne ich doch auf diese Weise die Häuser der Siedler kennen und erhalte Einblicke in ihre Lebensgewohnheiten.

Bergen Park, 31. Oktober 1873

Die Hütte war dunkel und ich so müde, dass ich gestern Abend nicht schreiben konnte. Der heftige Nachtfrost hat alles mit einer Eisschicht überzogen. Ich werde warten müssen, bis sie in der warmen Sonne taut, um mich getrost auf den Weg machen zu können. Gestern Morgen um zehn Uhr habe ich Manitou verlassen. Birdie stand unangebunden im Stall und trabte sofort auf mich zu, um sich ein Zuckerstückchen und ihre Kekse abzuholen. Selbst in Manitou gab es keinen einzigen Hufnagel. Ihr Eisen hing locker an zwei Nägeln, was mich zum Schritttempo zwang; drei Stunden lang wurde ich von einem gleichmäßigen Klirren begleitet. Den ganzen Tag über stand keine einzige Wolke am Himmel. Obwohl die Erde im Schatten hart gefroren war, brannte die Sonne heiß wie im Sommer. Das Wasser der mineralhaltigen Brunnen glitzerte in den Becken und schoss in kräftigen Strahlen in die Höhe. Die schneebedeckten, von Kiefern umringten Berge warfen ihre düsteren Schatten über den schmalen Ute Pass, den ich jetzt erreicht hatte. Der Pass ist eng und bietet kaum Platz für den Wasserfall und die Straße, die man aus dem Fels gesprengt hat. Auf dieser Straße ritt ich nun zwanzig Meilen dahin, begleitet vom Fountain River, der heller ist als jeder andere Wasserlauf, da er über rosig rote Brocken und glimmernde Granitsplitter fließt. Dieser wirklich schöne Fluss zwängt sich durch hartes Felsgestein, strömt unter Gewölben alabasterner Eisschichten hindurch, braust durch kristalline Schründe, schlägt dumpf in dunklen, kalten, ausgehöhlten Untiefen auf, oder tost als weißer Schaum von den Höhen. Immer ist er aufgewühlt und ungestüm, niemals kommt er in irgendeinem Becken zur Ruhe. Er stürzt durch kiefernbestandene, von Kiefern überwachsene, unter Kiefern begrabene Felsentore, funkelt in der Sonne oder fließt finster im tiefblauen Schatten durch die düsteren Täler, die »dowie dens«.

Dort, an einem geschützten Fleck, ein wenig weiter südlich, trifft die unverwüstliche nördliche Kiefer auf Bäume anderer klimatischer Zonen, auf Zwergeichen, Weiden, Haselnusssträucher und Rottannen. Die weiße Scheinzypresse und der bodendeckende Wacholder stützen einander mit ihrem Wurzelwerk. Der majestätische pazifische Redwood begegnet der duftenden Balsamkiefer der Atlantikhänge, und zwischen allen zittert das bleiche, goldene Blattwerk der hohen Espen – wie es die Legende will – in ewiger Reue. Darüber die gezackten Gipfel der glitzernden Berge in reinem Weiß vor dem sonnigen Blau. Großartig! Glanzvoll! Erhaben! Aber nicht liebenswert. Ich gäbe all dies gern für den verschwenderischen Überfluss einer hawaiianischen Hilo-Schlucht oder für Hawaiis verträumte Himmel, deren Tränen Balsam sind.

Hinauf ging es auf dem aus rotem Fels herausgesprengten Weg. Der Canyon ist nicht breiter als zwanzig Fuß, das Tosen des Fountain River, der achtmal überquert werden muss, ohrenbetäubend. Wo die Sonne auf den Weg schien, war es heiß. In schattigen, von Schnee bedeckten Tiefen, sorgten die dichten Kiefern für düsteres Zwielicht, und der Fluss toste unter Eisbrücken hindurch, von denen Eiszapfen herabhingen. Schließlich mündete der Pass in einen sonnigen Hochland-Park, wo es tatsächlich einen Schmied gab, der Birdies Hufeisen befestigte. Mit einigen Ersatznägeln in der Tasche ritt ich gut gelaunt zu einer Ranch, wo wir beide etwas zu essen bekamen. Die freundlichen Besitzer stellten mir tausend Fragen, wie alle Leute hier im Westen, wenn sie nicht gerade zu der wortkargen Sorte gehören. Ich begegnete einem gewissen Colonel Kittredge, der behauptete, sein Tal – etwa zwölf Meilen von hier – sei das schönste in Colorado. Er lud mich ein, ihn zu besuchen. Ich bog vom Weg ab und machte mich an einen langen Aufstieg in tiefem Schnee. Nach einer Weile schien es mir, als wäre ich von der Route abgekommen. Ich band Birdie an und ging auf eine Hütte zu, die ich in einiger Entfernung hatte liegen sehen. Beinahe dort angelangt, entdeckte ich, dass sie mir wie ein Hund gefolgt war.

Sie zupfte an meinem Ärmel und legte ihre graue Nase auf meine Schulter. All das nur für ein Stückchen Zucker?

Wir mussten noch acht Meilen zurücklegen. Der größte Teil führte durch den Wald, was mir, wenn ich allein bin, immer unheimlich ist. Schließlich könnte hinter jedem Baum etwas lauern, das mich anspringen will. Ich begegnete einem schönen weißen Fuchs, einigen Stinktieren, Erdhunden und grauen Eichhörnchen, Eulen, Krähen und Blauhähern. Die Sonne sank, als ich Bergen Park erreichte, die Landschaft, die mit Estes Park konkurrieren wollte. Nie und nimmer! Der Park ist lang und formlos, seine unmittelbare Umgebung nichts Besonderes. Er erinnerte mich an ein beliebiges, düsteres schottisches Hochlandtal, Glenshee vielleicht. Dennoch schaute ich mich mit Interesse um, da es sich um eben jenen Ort handelte, den mir Miss Kingsley als Bleibe empfohlen hatte. Der Abend war herrlich, die fernen Ausblicke wunderbar. Durch den Park windet sich ein von Pappeln gesäumter Wasserlauf. Hänge gleiten sanft zu ihm hinab. Das Südende wird vollständig vom Pikes Peak verschlossen, während sich weit im Norden blaue und violette Gipfel türmen. Hinter ihnen, in einer Entfernung von zweihundert Meilen, zeichnete sich gegen den klaren, grünen Himmel, scharf der ausgezackte Kamm des Snowy Range ab.

Bergen Park befand sich vor Kurzem noch im Besitz von Dr. Bell[65] aus London und gehört nun einem englischen Gentleman, Mr. Thornton, für den ein verlässlicher engli-

65 William A. Bell, ein Londoner Physiker, kaufte 1872 elftausend Morgen Land im Gebiet von Manitou, baute ein Jahr später ein Hotel und beeinflusste die wirtschaftliche Entwicklung des Gebietes über dreißig Jahre lang durch seine verschiedenen Unternehmen.

scher Verwalter arbeitet. Mr. Thornton baut zurzeit ein solides Haus und beabsichtigt, weitere Hütten zu errichten, um den Park zu einem Ferienort für Fremde zu machen. Ich dachte an die Abgeschiedenheit der blauen Senke am Fuß des Longs Peak, überglücklich, den Weg dorthin gefunden zu haben.

Mr. Thorntons langgestreckte Hütte ist mit Lehm gedeckt und sehr dunkel. In der Mitte hängen rohe Fleischstücke, Hühner und jede Art von Gerät. Am einen, ziemlich dunklen Ende der Hütte befindet sich der Kochherd, neben ihm Milchkannen und Geschirr, dazu ein langer Tisch aus Dielen, zwei Bänke und einige Holzstühle. Am anderen Ende wohnt der Verwalter mit seiner Frau und drei Kindern, dort gibt es einen weiteren Herd, alle möglichen Gerätschaften, Mehl- und Bohnensäcke. Mit einem Bettlaken hat man mir einen kleinen Raum abgetrennt und auf dem Schotterboden ein Strohlager aufgeschüttet. Die Mahlzeiten teilten wir mit zehn Lohnarbeitern. Alles war roh, dunkel und unbehaglich, doch Mr. Thornton, nicht nur von Natur aus ein Gentleman, sondern auch Artium Magister von Cambridge, scheint es zu gefallen. Auf diese Art – weniger rau nur, wenn eine Frau dabei ist – muss jedermann sein Leben hier beginnen. Ein paar Katzen und sieben große Hunde, drei davon mit Katzen auf ihrem Rücken, wärmen sich für gewöhnlich am Feuer.

TWIN ROCK, SOUTH FORK OF THE PLATTE,
1. NOVEMBER 1873

Ich verließ Mr. Thorntons Hütte erst gegen zehn Uhr, da es frühmorgens noch zu glatt war. Vier Meilen ritt ich auf der Trasse zurück und war dann so erschöpft, dass ich mich eine ganze Weile auf einer Ranch erholen musste. Zu meiner

Bestürzung erfuhr ich, dass mich noch fünfundzwanzig Meilen von der nächsten Unterkunft trennten. Der gestrige Ritt hatte mir keine Freude gemacht. Ich war erschöpft, das Rheuma quälte mich. Auch Birdie lief nicht so lebhaft wie sonst. Als wir uns nach der Ruhepause wieder auf den Weg machten, gelangten wir an einen schrecklichen, mir gänzlich unbekannten Ort: Hayden's Divide, einer der großen Höhenrücken der Region, eine öde, tief verschneite, unsäglich verlassene Weite, die sich über elf Meilen hinzog. Auf der ganzen Strecke sah ich nur ein jüngst neben der Trasse verendetes Maultier. Ich wurde sehr nervös und gegen Abend glaubte ich, vom Weg abgekommen zu sein. Ich kämpfte mich durch wilde Kiefernwälder, in denen gewaltige Felsblöcke lagen. Über mir gab es Grashügel, auf denen ein paar Kiefern wuchsen. Sie waren begrenzt von endlosen Höhenzügen, die totenbleich im grellen Abendlicht lagen. Die Spanish Peaks konnte man recht klar erkennen und auch der siebzig Meilen entfernte kolossale Gipfel des Mount Lincoln war deutlich zu sehen. Da stand ich nun ganz allein auf diesem gespenstischen Grat, in diesem tiefen Schnee, umgeben von endlosen Bergen und mit dem furchtbaren Gedanken, dass hier vor einem Monat erst eine Gruppe von dreißig Menschen spurlos verschwunden war.

Bei Einbruch der Dunkelheit kam ich zu einer kleinen Blockhütte, nachdem ich im steilen Abstieg den Wald endlich hinter mir gelassen hatte. Als ich erfuhr, dass mein eigentliches Ziel noch zwei Meilen entfernt lag, fragte ich, ob ich bleiben dürfe. Eine sehr freundliche Frau, die einen besonnenen Eindruck machte, setzte mich in einen Schaukelstuhl und sagte, ich solle mich »ganz wie zu Hause« fühlen. Ich durfte gerade einmal das Kind wiegen, jede andere Hilfe lehnte sie ab. Der einzige Raum, ein Muster an Sauberkeit und Komfort, dient der Familie mit ihren zwei Kindern als Küche, Wohnraum und Schlafzimmer in einem. Zum Abendessen gab es eingemachte Himbeeren, Brötchen, Butter, Tee, Wildbret und gebratenes Kaninchen, und um sieben Uhr legte ich mich in einem kleinen Raum mit einem hübschen Teppich am Boden auf eine Matratze, worüber die Hausfrau Laken, Rüschenkopfkissen, einen Stapel weicher, warmer Decken und ein dickes Federbett gebreitet hatte. Dort schlief ich elf Stunden lang. Meine Gastgeber hielten die Route, die mir Gouverneur Hall erstellt hatte, wegen des Schnees und eines aufziehenden Sturms für unpassierbar, was mir nicht gerade Mut machte.

Hall's Gulch, Colorado, 6. November 1873

Seit meinem letzten Brief bin ich hundertfünfzig Meilen weit geritten. Am Samstag verließ ich Twin Rock, gelangte nach einem Tagesritt zu Colonel Kittredges Hütte am Oil Creek, wo ich einen ruhigen Sonntag in der Gesellschaft angenehmer Leute verbrachte. In einer mit Kiefern bewachsenen Hügellandschaft ritt ich ausschließlich durch Parks und Schluchten, Pikes Peak immer vor Augen. Inzwischen weiß ich, wie man den richtigen Weg findet. Sonst könnte ich auch mit Beschreibungen wie dieser hier nichts anfangen: »Reite über vier oder fünf Meilen am Rand der Schlucht entlang, bis sich zu deiner Linken Pikes Peak zeigt, folge dann den Wagenspuren bis zu einem Holzstoß und wende dich nach Norden, bis du an einen Bach kommst, wo es viele Wapiti-Pfade gibt, halte dich dort rechts, überquere den Bach dreimal, bis du zu deiner Linken einen roten Felsen siehst …« Die Hütte der Kittredges war sehr klein und lag in völliger Abgeschiedenheit – ein hartes, zermürbendes Leben für eine gebildete und kultivierte Frau wie Mrs. Kittredge. Nach meiner Ankunft gab es ein leichtes Schneegestöber, doch der erste Novembersonntag war heiter und warm wie ein Junitag, die Luft wieder rein und klar. An den drei Gipfeln des Pikes Peak, die man von Oil Creek aus gut sehen kann, können die Kittredges die Uhrzeit ablesen. Unser Tal lag schon in tiefem Abendschatten, während die Gipfel noch immer in transparentem Gold leuchteten.

Nachdem ich Colonel Kittredges gastfreundliche Hütte verlassen hatte, stieg ich wieder einmal ab, um ein Gatter zu öffnen, und als ich mich umdrehte, war Birdie verschwunden! Eine Stunde lang versuchte ich, sie einzufangen, doch sie hatte einen ihrer »üblen Anfälle« und ließ mich nicht an sich heran. Ich wurde langsam müde und wütend, als zwei auf Maultieren vorbeireitende Trapper sie einkreisten und zu fassen bekamen. Ich ritt die zwölf Meilen nach Twin Rock und zum Ausgangspunkt meiner Route zurück. Ein freundlicher Fuhrmann, der in gleicher Richtung unterwegs war, lud mein Bündel auf. Jede Meile, die ich seit meinem Aufbruch aus Colorado Springs zurückgelegt habe, hat mich immer weiter in die Berge und immer höher hinauf geführt. An jenem Nachmittag ritt ich über Hochlandwiesen, hinter mir den gewaltigen Pikes Peak, vor mir Berge, die in blauvioletter Atmosphäre badeten. Schön wie sie waren, drohte ihr Anblick doch eintönig zu werden, als die Trasse, unvermittelt nach links abbog und über ein breites, schnell fließendes Gewässer führte, einen Quellfluss des Platte River. Ganz in der Nähe befindet sich die Ranch, die man mir empfohlen hatte, das Quartier eines berühmten Jägers namens Link. Es macht den Eindruck eines guten Landgasthauses. Eine freundliche Frau nahm mich in Empfang. Die Männer waren alle unterwegs, was ich jedes Mal bedauere, da ich ohne Hilfe eine halbe Stunde brauche, um das Pferd zu versorgen, und erst anschließend schreiben kann. Kaum angekommen, traf auch eine sympathische deutsche Dame, die ich in Manitou kennengelernt hatte, in Begleitung dreier Herren ein. Wir hatten uns viel zu erzählen.

Das Abendessen war köstlich, die Unterhaltung aber durchsetzt mit Spott und Sprüchen. Während Mrs. Link servierte, redete sie über die Gefräßigkeit der Engländer und bemerkte, man könne meinen, »sie reisten nur durch das Land wegen der Gaumenfreuden«, dann wandte sie sich zu mir und fragte, ob ich das nicht auch schon beobachtet hätte. Ich werde fast immer für eine Dänin oder Schwedin gehalten, deshalb bin ich oft mit unverblümter Kritik und Vorurteilen gegenüber uns Engländern konfrontiert. Am Abend kehrte Mr. Link zurück. Zwischen ihm, einem alten Jäger, einem Goldsucher und dem Fuhrmann, der mein Gepäck transportiert hatte, entspann sich ein leidenschaftlicher Disput über die Route, auf der ich mich die nächsten drei, vier Tage bewegen sollte, denn ich wollte die Wagenstraße hinter mir lassen. Am nächsten Morgen flammte er erneut und mit noch größerer Heftigkeit auf. Zum Glück waren meine Nerven aus Stahl, sonst wäre ich entsetzt gewesen. Der alte Jäger sagte, »er sei gezwungen, die bittere Wahrheit zu sagen«, der Goldsucher wollte mich über eine Trasse schicken, an der fünfundzwanzig Meilen weit kein einziges Haus stand – bei Schneefall wäre jede Spur von mir verloren. Der Goldsucher kam ebenfalls nicht umhin, mir »die bittere Wahrheit« zu verkünden, der Jäger wollte mich über einen tiefverschneiten Pass lotsen, auf dem es nicht einmal einen Trampelpfad gab. Der Kutscher warf ein, der für ein Pferd einzig mögliche Weg sei der So-und-So und riet mir, die Wagenstraße nach South Park zu nehmen, was ich entschieden ablehnte. Mr. Link stellte fest, dass er, der älteste Jäger und Siedler im ganzen Gebiet, bei Schnee überhaupt keinen dieser Wege nehmen würde. Und so ging es in einem fort. Schließlich einigten sie sich halbwegs auf eine Route, »die schlimmste

Trasse in den Rocky Mountains«, wie der alte Jäger zu verstehen gab, wo der Schnee zwei Fuß hoch liegt. Einem Jäger soll es aber gelungen sein, einen Hirsch zumindest über einen Teil der Strecke zu ziehen. Vom Ausgang der Geschichte erfährst Du in meinem nächsten Brief.

11. Brief

Eiswüsten, Goldgräber und der Snowy Range

Tarryall Creek – Der rote Höhenzug – Excelsior! –
Aufdringliche Hausierer – Schnee und Hitze –
Ein Büffelkalb – Tiefe Verwehungen – South Park –
Die große Wasserscheide – Comanche Bill – Schwierigkeiten –
Hall's Gulch – Ein Lord Dundreary – Lächerliche Ängste

Hall's Gulch, 6. November 1873

Ein weiterer wolkenloser Morgen, einer der vielen hier, an denen man früh erwacht, erfrischt und bereit, sich freudig den Strapazen eines neuen Tages zu überlassen. In unserem sonnenarmen, nebligen Klima weiß man nicht viel über den Einfluss, den anhaltend gutes Wetter auf Geist und Seele nimmt. Seit zehn Monaten lebe ich nun fast ständig im Sonnenschein, dass mich jetzt schon ein einziger bewölkter Tag deprimiert.

Wegen der Glätte brach ich nicht vor halb zehn auf und war wenig später auf einem sehr düsteren Pfad mitten in der Wildnis. Eine Meile vor mir sah ich einen Reiter – es war der erste Mensch, der mir an diesem Tag begegnete –, ich trieb Birdie an und holte ihn ein. Die nächsten acht Meilen leisteten wir einander Gesellschaft – ein Glück für mich, da ich ohne ihn gewiss mehrmals vom Weg abgekommen wäre. Dann brach sein feines amerikanisches Pferd, mit dem er seit zwei Tagen unterwegs war, erschöpft zusammen, während mein »verrückter, böser Bronco«, den ich seit zwei Wochen reite, mühelos durch den Schnee trabte. Ich genoss jede einzelne Minute. Der Ritt entlockte mir ebenso viel Bewunderung, wie er Aufmerksamkeit erforderte, denn der Pfad hatte wirklich seine Tücken. Mitunter dachte ich, dass er den schlechten Ruf, den er bei den Links genoss, durchaus verdiente. Die meiste Zeit über verläuft er in Sichtweite des Tarryall Creek, eines der breiten Nebenflüsse des South Platte River. Auf beiden Seiten erheben sich die Berge wie Mauern und stehen mitunter so dicht beieinander, dass zwischen ihnen nur eine schmale Schlucht bleibt. Dann wieder driften sie erstaunlich weit auseinander. Der Pfad schlängelte sich hinauf und hinab durch eine wilde Landschaft, die ganz anders aussah als der Rest dieser Gegend. Schließlich endete er nach fünfundzwanzig Meilen in einem kargen, von Felsen umringten Hochlandpark, durch den ein seichter Fluss strömte – gespeist vom Schneewasser der hohen Gipfel, die Ränder vereist, breit wie die Great Ouse bei Huntingdon im Osten Englands. Aus dem Schnee auf den umliegenden, fantastisch geformten, felsigen Hügeln schauten winzige, doch wunderschöne Silberfichten.

Ich nahm eine gewaltige Steigung, die Hügel wirkten wie hingeworfen und plötzlich erhob sich jenseits der breiten Schlucht aus dem sonnenbeschienenen Gras und dem tiefdunklen Glanz der Kiefern in aller Schärfe und in den glühendsten und zugleich geheimnisvollsten Rottönen ein prachtvoller, ja überirdischer Bergzug gegen den funkelnd blauen Himmel. Aus allernächster Nähe schaute ich auf kolossale Gipfel, von tiefen Schründen zerklüftet und wie

Haifischzähne zersplittert, mit gigantischen Höckern und Zinnen auf den unzugänglichen Hängen – ein ergreifender, himmlischer, unvergesslicher Anblick. Solche Berge sind nicht von dieser Welt. Sie erscheinen uns nur in unseren Träumen, als selige Höhenzüge des »Landes, das in weiter Ferne liegt«. Sie leuchteten in fantastischen Farben, herrlicher als jene, in welche die Maler die Hügel von Moab in Palästina und die Wüste kleiden. Man kann kaum glauben, dass sie von Anbeginn unbewohnt sind. Wie im Orient erheben sich auf ihnen Ebenbilder majestätischer Festungen: nicht jene grauen, burgartigen Türme des feudalen Europas, sondern heitere, massive sarazenische Gebäude, die aus dem Fels herauszuwachsen scheinen. Unüberschaubare Höhenzüge in spektakulärer Farbigkeit: samtiger Purpur über dem von Kiefern verhüllten Gebirgsfuß, Töne, die in ätherischer Zartheit immer heller und lichter wurden, bis die höchsten Gipfel, die rosig erglühten, beinahe durchscheinend wirkten, als verschmölzen sie mit dem Licht der untergehenden Sonne. Unter ihnen erstreckten sich grotesk zerklüftete Felsen, zerfurcht vom reißenden Fluss, und über allem ein zärtliches, paradiesisches Licht, eine sonnendurchflutete Wärme, während ich auf der schattigen Nordseite durch den reinen Schnee ritt.

> With us the damp, the chill, the gloom:
> With them the sunset's rosy bloom …[66]

Die düstere Erde auf meiner, das himmlische Licht auf ihrer Seite. Auch hier schien das Gebet die einem menschlichen Geist einzig mögliche Haltung, und die stets gegenwärtige Frage lautete ein weiteres Mal: »Herr, was ist der Mensch,

---

66 John Greenleaf Whittier (1807–1892), »The River Path«, Naturgedichte, 1860.

dass du seiner gedenkst, und das Menschenkind, dass du dich seiner annimmst?«[67]

Mühsam ritt ich durch tiefen Schnee bergauf und bergab, musste oft absitzen, um meine treue Birdie zu entlasten, und schlitterte über eisbedeckte Hänge. Immer wieder blieb ich stehen, um mich an der anhaltenden Pracht zu erfreuen. Jedes Mal entdeckte ich eine neue Schlucht, deren Untiefen in einem traumhaft leuchtenden Rot erstrahlten, erblickte ich eine neue fantastische Gestalt. Weiter unten, wo sich der Pfad durch einen tiefen Canyon zog, der so eng war, dass er sich dort mit einem Fluss den Platz streitig machte, stieß ich in feierlicher Düsternis auf eine andere Art von Schönheit. Der Strom schlängelte und wand sich dahin wie ein Fabelwesen, breitete sich plötzlich aus und verengte sich gleich darauf zu brodelnden Strudeln. Tannen schossen pyramidengleich empor, die kleine ans Ufer geklammerte Silberfichte neigte sich mit kunstvoller Anmut über das Wasser – eine kühle Düsternis, nur hier und da ein lichter Funken, der durch die Kiefern auf den kalten Schnee fiel. Hinter einer Biegung schaute ich zurück, und in der Pracht eines scheinbar ewig währenden Sonnenuntergangs sah ich die flammenden Gipfel. Dieses Zusammenspiel von Sommer und Winter war einzigartig. Der Pfad verlief auf der Nordseite, dort war der Schnee tief und blendend hell, während sich auf der Südseite, wo saftige Wiesen in der Sonne lagen, kein einziges weißes Fleckchen zeigte.

Die eintönige, strenge Pechkiefer war verschwunden, die Zirbelkiefer hatte sich rar gemacht. An deren Stelle waren jetzt die schlanken Spitzen und das schimmernde Grün der kleinen Silberfichte getreten. Das Tal, der Canyon und die

67 Psalm 8,4

flammenden Bergzüge lagen hinter mir. Die Anhöhen wurden finster und geheimnisvoll. Ich überquerte einen vereisten See und gelangte in einen von seltsam verzerrten, sehr kargen Hügeln umringten Park. Über ihm die Schneegipfel. Das Pony und ich kämpften uns durch Gebüsch und überquerten einen vereisten Fluss, dessen Decke nachgab. Das entsetzlich kalte Wasser ließ mich meine Glieder während des restlichen Ritts kaum noch spüren. All diese Bergflüsse dehnen sich aus, je näher man ihrer Quelle kommt. Bald verschwand der Pfad in einem breiten, raschen Strom, den wir zweimal durchqueren mussten. Kälte und Frost nahmen unaufhörlich zu. Zwischen dürftigem, von Stürmen zerzaustem Unterholz, in einer Abgeschiedenheit, die jener der Hochalpen gleicht, gab es keinen Laut außer dem Knirschen von Schnee und Eis, dem erbärmlichen Geheul der Wölfe und dem Ruf der Eule.

Auf meiner Seite war die Sonne schon lange untergegangen. Nach einem letzten, kurzen Erröten lagen die Gipfel traurig und bleich vor mir, das Zwielicht senkte sich in tiefes Grün, doch immer noch hieß es: höher hinauf. Weit und breit kein Haus, kein brennendes Herdfeuer, nur die geisterhaften Gipfel, die kalt über allem schwebten. Als es dunkel wurde, fürchtete ich, die Hütte, zu der ich unterwegs war, mit einem Felsgebilde verwechselt zu haben. Mir war eiskalt, Schuhe und Strümpfe waren an meinen Füßen festgefroren, mein Magen knurrte. In den letzten vierzehn Stunden hatte ich nur ein paar Rosinen gegessen. Nachdem ich dreißig Meilen weit geritten war, entdeckte ich in der Nähe der Trasse ein kleines Licht. Wie sich herausstellte, handelte es sich um die Hütte der Tochter jener freundlichen Leute, bei denen ich die letzte Nacht verbracht hatte. Ihr Mann war zwar auf dem Weg in die Plains, doch mit ihren beiden kleinen Kindern fühlte sie sich hier völlig sicher.

Kurz nach meiner Ankunft baten auch noch zwei Hausierer um Unterkunft, abgerissene Männer, die aus dem Goldminengebiet heruntergekommen waren. Sie bewunderten Birdie auf verdächtige Weise und schlugen vor, ihr Packpferd gegen sie »einzutauschen«. Da sie immer wieder hartnäckig auf diesen »Tausch« zu sprechen kamen und mir zuletzt hundertfünfzig Dollar für Birdie anboten, sah ich spät am Abend und gleich bei Sonnenaufgang nach, ob mein »Powny« in Sicherheit war. Ich schlief in einem Raum mit der Mutter und den beiden Kleinen, die Hausierer in einem davon abgeteilten Eck. Es war heiß, die Luft zum Schneiden. Sie hatten die Hütte mit einigen Ausgaben des »Phrenological Journal« tapeziert, und als ich morgens die Augen aufschlug, erblickte ich das beste Porträt von Dr. Candlish[68], das ich je gesehen hatte, und wurde plötzlich tieftraurig darüber, dass ich seinen großartigen Kopf niemals mehr zu Gesicht bekommen würde.

Die junge Mrs. Link erwies sich als gebildete und sehr intelligente Frau. Die vergnügliche Art, in der die beiden Hausierer, irische Yankees, verhandelten, ließ mich an »Sam Slick«[69] denken. Sie wollten nicht nur mein Pony »eintauschen«, sondern auch meine Uhr. Ich schätze, sie würden auch ihre Seelen eintauschen. Eine geschlagene Stunde lang breiteten sie ihre Schätze mit den geschicktesten Schmeicheleien und all den ihnen zur Verfügung stehenden Überredungskünsten

68 Der 1806 geborene, allseits beliebte schottische Geistliche Robert Smith Candlish, Verfasser zahlreicher theologischer Schriften, war am 19. Oktober 1873 in Edinburgh gestorben.

69 »Sam Slick« ist eine Figur, die 1835 von Thomas Chandler Haliburton (1796–1865), einem neuschottischen Richter und Schriftsteller, ins Leben gerufen wurde. »Sam Slick« aus Slicksville formulierte seine satirischen Ansichten zur »menschlichen Natur« regelmäßig in einer Kolumne der in Halifax, Neuschottland, Kanada, erscheinenden Tageszeitung »The Novascotian«.

aus, doch Mrs. Link geriet nicht in Versuchung, und ich kaufte nur ein Tuch, um mich gegen die Sonne zu schützen. Es kam zu einem neuerlichen Disput über meine Reiseroute, denn nun stand mir der kritischste Teil meiner Tour bevor. Im Fall eines Schneesturms würde ich möglicherweise für Wochen in den Bergen festsitzen. Sollte es mir jedoch gelingen, mich durch den Schnee bis zur Fuhrtrasse nach Denver zu schlagen, dürften die größten Schwierigkeiten überwunden sein. Die Hausierer waren sich sicher, dass ich nicht durchkommen werde, da die Straße nicht frei sei. Mrs. Link war allerdings gegenteiliger Meinung und ermutigte mich. Also sattelte ich Birdie und machte mich auf den Weg.

Die Hälfte des Tags verlief alles andere als erfreulich. Es war ein großartiger Morgen, das Licht aber viel zu grell, die Sonne viel zu stechend. Sobald ich ins Freie kam, fühlte ich mich, als müsse ich sofort vom Pferd fallen. Das Halstuch schützte meinen Nacken vor den Sonnenstrahlen, doch die brennende Sonne brachte Seele und Sinne, Auge und Verstand ins Schwanken. Etwas Ähnliches hatte ich bislang weder gesehen noch erlebt. Ich befand mich in einer Höhe von zwölftausend Fuß, die Luft war extrem dünn und der Schnee derart blendend weiß, dass ich gezwungen war, so oft wie möglich die Augen zu schließen, um nicht schneeblind zu werden. Der Himmel strahlte ähnlich grell, die sengende Sonne, zu der ich kurz hinaufschaute, glühte unverwandt, ein kalkweißes Rund, das schreckliche Blitze aussandte. Ich litt an Übelkeit und Erschöpfung, mein ganzer Körper schmerzte, ich kämpfte gegen den Drang, mich einfach in den Schnee zu legen. Wahrscheinlich handelte es sich um ein Anfangsstadium der Soroche, der Höhenkrankheit. Wir schleppten uns vier Stunden voran, ringsum Schnee, nichts weiter zu sehen als ein Ozean gleißender Gipfel vor einem wutentbrannten, stahlblauen Himmel.

Ich weiß selbst nicht, wie ich den Weg fand. Ich folgte vereinzelten Fußspuren, wobei mir nicht klar war, ob sie in die richtige Richtung führten. Kurz bevor wir in den tiefen Schnee gerieten, passierte ich einen der letzten Weideplätze der mächtigen Bergbüffel, sah jedoch nichts als Hörner und Knochen. Mr. Link war es vor zwei Monaten gelungen, ein sieben Monate altes Büffelkalb von der Herde zu trennen und es ein wenig zu zähmen – ein hässliches Tier mit einem zottigen Bart und einer kurzen, dichten, dunklen Mähne, die über seine wuchtigen Schultern hängt. Es gibt ein lautes Grunzen von sich, das dem eines Ebers ähnelt, rennt schneller als das schnellste Pferd, setzt mitunter über die hohe Umzäunung und trinkt sich draußen auf der Weide bei fünf Milchkühen satt.

Die Schneemassen wurden beängstigend. Birdie stürzte unentwegt. Sie schien sich nicht mehr auf den Beinen halten zu können, also stieg ich ab und stolperte in ihren Fußspuren hinter ihr her. Allmählich hatte sich mein Kampfgeist wieder eingestellt. South Park musste ganz in der Nähe liegen, das wusste ich. Außerdem waren wir jetzt im Schatten eines Hügels vor der Sonne geschützt. Der Pfad, einer jener Jägerpfade, die einen kontinuierlich in die Irre führen, endete im Nichts. Unter größten Mühen kämpften wir uns durch den Schnee und legten in zwei Stunden kaum eine Meile zurück. Einmal versanken wir in einer Schneewehe, deren Oberfläche aussah wie sich kräuselnder Meeressand, Birdie bis zum Rücken und ich bis zu den Schultern. Aber schließlich hatten wir es geschafft. Vor mir lag – was mich fast traurig stimmte – das Ziel meiner Reise, der Snowy Range, die Great Divide, und dazwischen South Park, eine fünfundsiebzig Meilen lange, hüglige Prärie, die sich auf einem zehntausend Fuß hohen Plateau erstreckt, baumlos, von Bergen umschlossen. Dort lag so viel Heu, dass man wohl alle Herden Colorados hätte weiden lassen können.

Das Zentrum von South Park ist die skrupellose Goldgräberstadt Fairplay. Gerüchte, dass es an mehreren Stellen der Hochebene Bodenschätze geben soll, hat in dieser Gegend einen Goldrausch ausgelöst. In Alma, nordwestlich von Fairplay, und in der Nachbarschaft sind über Nacht Goldgräbercamps entstanden, in denen es so gesetzlos und brutal zugeht, dass Vigilanz-Komitees gegründet werden müssen. Im Winter ist South Park durch den Schnee praktisch nicht erreichbar. Die großen Güterwagen bringen dieser Tage die letzten Vorräte für die lange Winterzeit herauf und nehmen auf ihrem Rückweg Frauen und Sommergäste nach Denver mit. Im Sommer kommen viele Leute hierher. Die dünne Luft verengt die Blutgefäße in der Lunge, was zunächst zu Blutungen führen kann. Einen Neuankömmling, heißt es, erkennt man daran, dass er sich ein blutgeflecktes Taschentuch vor den Mund hält. Da ich aus größerer Höhe und durch viel Schnee und Eis herunter gekommen war, erschien mir der Park, in dem der Schnee komplett geschmolzen war, trotz aller Ödnis und Trostlosigkeit fast wie eine bewohnbare Niederung: der »Stille See«, auf dem man Seinen »dumpfen Ruderschlag«[70] zu hören erwartet. Durch das schmale Ende des Parks ritt ich in die Hochebene hinein, froh, dass ich heil durch den Schnee gekommen war, und als ich auf die Landstraße Richtung Denver traf, glaubte ich, alle mit einer Bergtour verbundenen Beschwerlichkeiten müssten nun ein Ende haben – was sich als Irrtum erweisen sollte.

Kurz darauf leistete mir ein Reiter Gesellschaft, besorgte mir ein frisches Pferd und begleitete mich über zehn Meilen. Er war von erstaunlicher Erscheinung und ritt ein wunderbares Tier. Auf seinem Kopf saß ein Schlapphut, unter dem schöne

70 John Greenleaf Whittier (1807–1892), aus dem Poem »The Eternal Goodness«.

Locken hervorquollen, die ihm beinahe bis zur Taille reichten. Sein Bart war blond, die Augen blau, das Gesicht von der frischen Luft gerötet. In seinem Ausdruck lag nichts Finsteres, sein Verhalten war respektvoll. Er machte einen aufrechten Eindruck. Bekleidet war er mit einer perlenverzierten, hirschledernen Jägerkluft, von seinen Stiefeln ragten auffallend große Messingsporen. Er saß in einem reichgeschmückten Sattel und trug ungewöhnlich viele Waffen bei sich. Neben der Büchse, die quer vor ihm auf dem Sattel lag, und den zwei Pistolen, die in Halftern steckten, hatte er zwei Revolver und ein Messer an seinem Gürtel befestigt. Auf seinem Rücken hing ein Karabiner. Ich fand in ihm das, was man »gute Gesellschaft« nennt. Er berichtete mir sehr viel über das Land und die hier heimischen Tiere, erzählte von einigen seiner Jagdabenteuer und sprach ausführlich über die Grausamkeit und Heimtücke der Indianer. Nachdem wir das Grasland von South Park durchquert hatten, erklommen wir die nordamerikanische Wasserscheide über den Breckenridge Pass, eine recht passable Wagenstraße. Wir rasteten an einer Hütte, deren Wirtin meinen Begleiter zu kennen schien. Neben Brot und Milch zauberte sie noch ein paar Wildsteaks hervor. Nach einem raschen Ritt gelangten wir zum Scheitelpunkt der Wasserscheide und blickten von dort auf zwei vom Schmelzwasser gespeiste Flüsse, eine Viertelmeile voneinander entfernt, von denen der eine zum Colorado River und zum Pazifik, der andere zum Platte River und zum Atlantik fließt.

Hier nahm ich Abschied von dem Reiter und wandte mich schweren Herzens wieder nach Nordost. Es war unvernünftig gewesen, überhaupt hier herauf zu kommen, und das auch noch in solcher Eile. Auf dem Rückweg wechselte ich noch ein paar Worte mit der Wirtin, die meinte, dass sich »Comanche Bill sicher als wahrer Gentleman erwiesen« habe, und sie erzählte mir, dass mein kluger, zuvorkommender Begleiter als einer der berüchtigtsten Desperados der Rocky Mountains gilt und im Ruf des größten Indianerjägers des Grenzlands steht. Seine Familie war einem von Indianern verübten Massaker am Spirit Lake zum Opfer gefallen, seine elfjährige Schwester von den Indianern entführt worden. Seitdem besteht sein Leben in der Suche nach dem Kind. Er tötet jeden Indianer, der seinen Weg kreuzt.

Nach zwanzig Meilen – womit ich an diesem Tag schon insgesamt fünfzig Meilen zurückgelegt hatte – tauschte ich das Pferd, das mir mein Begleiter besorgt hatte, wieder gegen Birdie und gelangte nach weiteren sechs Meilen zu einem Haus, das mir als Nachtquartier empfohlen worden war. Vom elftausend Fuß hohen Weg warf ich einen letzten Blick auf die einsame, ozeangleiche Prärie. Die Landstraße nach Denver erwies sich als grässliche, öde und jämmerliche Strecke. Sie führte durch den Platte Canyon – eine verwinkelte Schlucht, überall Kiefern, auf beiden Seiten zwölftausend Fuß hohe Berge, alles eng und dunkel. In diesem Abgrund, der sich vierzig Meilen lang hinzieht, soll es nur fünf Häuser geben. Zöge nicht dann und wann ein Goldgräber hinunter und ein Frachtwagen hinauf, wäre die Einsamkeit wohl unerträglich. Ich selbst begegnete keiner Menschenseele.

Um vier Uhr nachmittags hatte ich South Park verlassen. Zwischen den Felswänden und unter den Kiefern wurde es recht schnell sehr dunkel, eine Dunkelheit, die man förmlich spüren konnte. Der Schnee, der in der Sonne getaut war, hatte sich nun in eine dünne Eisschicht verwandelt. Birdie glitt so oft aus, dass ich abstieg und zu Fuß ging. Beide konnten wir uns nur mit Mühe auf den Beinen halten. In der Dunkelheit bestand Gefahr, dass Birdie auf mich stürzte. Ich zog die Männersocken, die man mir in Perry's Park gegeben hatte, aus meinem Bündel und streifte sie über Birdies Vorderhufe – ein Mittel, das für eine Weile Wirkung zeigte, und das ich Reisenden, die sich in einer ähnlichen Lage befinden, nur empfehlen kann. Es herrschte eine nahezu undurchdringliche Dunkelheit, jeder Schritt ein einziges Tasten. Ich saß wieder auf und vertraute darauf, dass Birdie sich ihren eigenen Weg suchte – ich konnte nicht einmal ihre Ohren sehen. Obwohl ihre Hinterbeine immerfort wegrutschten, gelang es uns, heil durch das engste Stück des Canyons zu kommen, dicht neben uns ein reißender Fluss. Die Kiefern ächzten und stöhnten wehmütig im strengen Frost. Viele andere unheimliche Geräusche, die kaum zu beschreiben sind, begleiteten uns. Die Strümpfe waren fast durchgescheuert, als wir von fern den Schein eines Feuers sahen, an dem zwei Jäger saßen, und am Hang, direkt vor dem Eingang zu einer Schlucht, meinte ich ein paar Gebäude auszumachen. Wir überquerten den Fluss, teils auf dem Eis, teils im Wasser watend, und ich stellte fest, dass es sich hier um den Ort handeln musste, an dem ich mein Quartier nehmen sollte – allerdings machte er einen recht zweifelhaften Eindruck.

Ein Mann erschien, im weisen, gutmütigen Stadium der Trunkenheit. Durch die geöffnete Tür fiel mein Blick in eine hässliche Bar, vernebelt vom Qualm einer lodernden Kerosinlampe, der nirgends abziehen konnte. Was Essen, Unterkunft und Gesellschaft betrifft, bin ich selten an einen schlimmeren Ort geraten. Nichts als eine alte, rohe, schmutzige Holzhütte mit einem einzigen schäbigen Raum, in dem gekocht und gegessen wird. Dort lag auch ein kranker Goldgräber mit hohem Fieber. An der Hütte klebte ein langgestreckter, nicht überdachter Verschlag, dessen eine Seite aus einem Segeltuch bestand. Sie entschuldigten die Unordnung damit, dass sich alles im Bau befände, und fragten, ob ich die englische Lady sei, über die man in den »Denver News«

geschrieben hätte. Zum ersten Mal war ich froh, dass mir mein Ruf vorausgeeilt war – so konnte man mich wenigstens nicht einfach still und heimlich »aus dem Weg räumen«.

Die Mahlzeit starrte vor Schmutz und Fett. Es war ekelerregend. Ein berühmter Jäger, Bob Craik, erschien zum Essen in Begleitung eines jungen Mannes, in dem ich trotz grober Jäger- oder Goldgräberkleidung mit einem Blick den englischen Gentleman erkannte. Ihre Feuerstelle war es, die ich am Hang gesehen hatte. Dieser Gentleman benahm sich wie die Karikatur eines Aristokraten, sprach mit dem affektierten Akzent von Lord Dundreary[71] und zog über alles und jeden her. Ich saß in der Kaminecke und dachte darüber nach, warum so viele meiner Landsleute der Oberschicht, die »High Toners«, wie es hier heißt, so große Töne spucken und sich dadurch haarsträubend lächerlich machen. Sie können weder ihren Mund halten, noch auf das Ausposaunen ihrer persönlichen Ansichten verzichten. Die Amerikaner sind als Volk anmaßend, die Engländer sind es als Individuen. Der junge Mann nahm keine Notiz von mir, bis ihm irgendwann zu Bewusstsein kam, dass ich Engländerin sein musste. Schlagartig wurde er höflich, nahm seine affektierte Art beträchtlich zurück und war bestrebt, mich wissen zu lassen, dass er als Offizier in der Garde diente, aus einer guten Familie stammte, sich in einem viermonatigen Urlaub befand, den er mit dem Töten von Büffeln und Hirschen verbrachte, und dass er alles Amerikanische zutiefst ablehnte. Ich verstehe nicht, wie Engländer dazu kommen, so laut zu tönen und so viele Einzelheiten von sich preiszugeben. Die beiden kehr-

71 Lord Dundreary, die Verkörperung des gutmütigen, hirnlosen Aristokraten, ist eine Figur aus dem 1858 entstandenen Theaterstück »Unser amerikanischer Cousin« von Tom Taylor (1817–1880), einem englischen Dramatiker und Herausgeber des satirischen »Punch Magazine«.

ten zu ihrem Camp zurück, über dem Wirt waren die Wogen der Trunkenheit zusammengeschlagen und seine Frau fragte mich, ob ich mich fürchte, in dem großen, segeltuchbespannten und übrigens nicht überdachten Verschlag zu schlafen, da sie den kranken Goldgräber ungern von seinem Lager vertreiben wollte. Also schlief ich bei Frost quasi unter freiem Himmel auf einem Notlager.

Ich habe Dir nicht erzählt, dass ich in einem unbedachten Moment einmal versprochen habe, immer eine Waffe mit mir zu führen, wenn ich allein in Colorado unterwegs bin. Seit meinem Aufenthalt in Estes Park trage ich daher einen Sharps Trommelrevolver bei mir, der mir das Leben schwer macht. In einem kleinen Geschäft in Denver ragte sein unheilvoller Lauf plötzlich aus meiner Tasche. Kinder entdeckten ihn in meinem Gepäck und spielten damit. Der Aufhänger meines Reitkleids, in dessen Tasche er einmal steckte, riss ab, als ich es an den Haken hängen wollte. Ich konnte mir offen gestanden auch keine Situation vorstellen, in der ich es richtig gefunden hätte, von ihm Gebrauch zu machen. Letzte Nacht holte ich ihn allerdings hervor, reinigte und ölte ihn, legte ihn unter mein Kopfkissen und beschloss, kein Auge zuzutun. Kaum hatte ich mich ausgetreckt, war ich auch schon eingeschlafen und erwachte in der schönsten Morgensonne, die mich über meine Ängste lachen und den Revolvern ein für alle Mal abschwören ließ!

12. Brief

Von Deer Valley nach Denver, Whiskey und Lynchjustiz

Deer Valley – Lynchjustiz – Vigilanz-Komitees – Die Silberfichte – Geschmack und Abstinenz – Der Whiskey-Feind – Gerissenheit – Turkey Creek Canyon – Das Indianerproblem – Allgemeine Schurkerei – Freundliche Begegnungen – Der Weg zur Goldenen Stadt – Eine aufstrebende Siedlung – Clear Creek Canyon – Gerüst – Gelöbnis – Eine Bergstadt

Deer Valley, November 1873

Die heutige Nacht verbringe ich an einem zauberhaften Ort, der mich an einen niederländischen Bauernhof erinnert, warm, hell, sauber, Unmengen von herrlichem Essen und ein kühler kleiner Schlafraum für mich allein. Das Schreiben fällt mir allerdings schwer, da zwei redselige, laute Irinnen, die in South Park eine Goldgräberpension betreiben und mit einem Güterwagen auf dem Weg in ihr Winterquartier sind, die furchtbarsten Geschichten über Gewalttaten, Vigilanz-Komitees, Lynchjustiz und erhängte Männer erzählen. Mir friert das Blut in den Adern, wenn ich daran denke, dass ich in völliger Sicherheit durch Gegenden reise, in denen vor noch gar nicht langer Zeit Männer wie Stinktiere erschossen wurden. In gewissen Kreisen der höher gelegenen Goldgräberstädte galt jeder, der noch keinen Menschen getötet hat, als »Nobody«. Die Irinnen erzählten die absurde Geschichte von einem ihrer Gäste, ein fünfzehnjähriger Junge, der glaubte, erst mithalten zu können, wenn er jemanden erschossen habe. Er schlich mit einem Revolver herum, brachte nicht den Mut auf, einen anderen herauszufordern, und versteckte sich schließlich im Stall, wo er auf den erstbesten Chinesen zielte, der hereinkam. Alles befindet sich dort noch in dem Urzustand, den Desperados so lieben. Jemand stößt einen anderen im Saloon versehentlich an oder lässt beim Essen ein harsches Wort fallen, schon gilt das Recht dessen, »der den Finger zuerst am Abzug hat«. Ohne die üblichen Formalitäten eines Duells wird der Langsamere kurzerhand erschossen.

Schon die geringste Bagatelle führt in den Saloons und Bars zu einer Schießerei. Konflikte, wie sie aus so schwerwiegenden Dingen wie Neid oder Rache entstehen könnten, sind selten. Meist geht es um Frauen, die das Ganze nicht wert sind. In Alma und Fairplay haben sich vor Kurzem Vigilanz-Komitees gebildet. Jemand, der sich schändlich verhält oder für die Gemeinschaft unerträglich wird, erhält eine »Vorwarnung«: die Zeichnung eines Baums, an dem ein Mann hängt, unter ihm ein Sarg. Er tut gut daran, in den nächsten Stunden zu verschwinden. Als ich bemerkte, ich hätte die letzte Nacht in Hall's Gulch verbracht, kam es zu einem allgemeinen Aufschrei. Alle waren sich sicher, dass der Mann, der mich beherbergt hatte, über kurz oder lang am Baum enden würde. Ob ich übrigens gewusst habe, dass dort erst gestern jemand aufgehängt wurde? Ob ich ihn nicht hatte hängen sehen? An dem großen Baum, direkt neben der Hütte? Hätte ich gewusst, welch grauenvolle Last jener Baum trug, so wäre ich lieber in Eiseskälte und Dunkelheit in die Schlucht geritten, als dort zu übernachten. Dann erzählten sie mir eine entsetzliche Geschichte von Verbrechen und Gewalt. Der Mann hatte die Sitten in Alma auf eine Weise missachtet, dass die Vigilanten ihm einen Warnbrief sandten, der Wirkung tat. Er zog nach Hall's Gulch. Wie es heißt, wollten auch die Goldgräber dort keine Schnapsbude haben, oder die Anzahl solcher Läden dort wenigstens beschränken. Als jener Mann eine Destille eröffnen wollte, wurde er auch dort »vorgewarnt«. Mir scheint, die Angelegenheit war eher als Vorwand gedacht, um ihn loszuwerden, denn hier lag wirklich kein Verbrechen vor, das Lynchjustiz gerechtfertigt hätte. Er wurde schließlich von zahlreichen Männern überwältigt, unter grässlichen Umständen verurteilt und innerhalb einer Stunde aufgehängt.[72]

Ich machte mich heute Morgen um zehn Uhr auf den Weg. Ein herrlicher Tag. Als ich aufbrach, erklärten mir zwei Frachtkutscher, denen ich wenig später begegnete, zu meinem Missvergnügen, dass mich dreißig vereiste Meilen von Denver trennten. »Das wird ein harter Ritt«, meinten sie. Die Hügel schützten mich vor der heißen Sonne, die Eisschicht auf den Wegen erschwerte das Reiten jedoch sehr. Der Weg verläuft zwischen hohen Felswänden direkt neben einem rauschenden Fluss, es geht bergauf und bergab. Das Ganze ist prachtvoll, doch ich hasse es, in diesen tiefen Schluchten eingeklemmt zu sein. Den ganzen Tag hindurch begegnete ich jedoch nur zwei Männern mit einem Packesel. Birdie kann Esel nicht leiden, sie geht hoch und scheut, sobald sie einen sieht. Der Weg war eine einzige Eisfläche und furchtbar verlassen. Ständig musste ich darauf achten, dass die Stute nicht ausglitt und sich ein Bein brach oder ich von einem herabstürzenden Ast erschlagen wurde.

72 Die öffentliche Meinung hieß dieses Vorgehen gut. Man betrachtete es als gerechte Strafe für eine ganze Reihe begangener Verbrechen. *I.L.B.*

Vor Sonnenuntergang kam ich an eine Hütte, wo man Durchreisende aufnimmt, doch die Wirtin machte ein so verdrießliches Gesicht, dass ich es vorzog, vier weitere Meilen bergauf zu reiten, auf einem schönen Pfad, der sich durch eine lichte Schlucht zog, die voller Silberfichten stand, blauer und silbriger als alle, die ich bislang zu Gesicht bekommen hatte. Von einer Wasserscheide aus eröffnete sich im farbigen Feuerwerk der sinkenden Sonne ein atemberaubender Blick. Allein die Vorstellung, dem Abgrund, der mich den ganzen Tag über gefangen gehalten hatte, entkommen zu sein, war ein Genuss. Vor dem Gasthaus stand ein Treck von zwölf Fuhrwerken. Zu jedem gehörten sechs Pferde. Die Fuhrleute hatten ihre eigenen Campingdecken dabei und schliefen entweder in den Wagen oder auf dem Boden, sodass es drinnen Platz gab. Das hübsche zweistöckige Holzhaus ist zwar nicht verputzt, doch mit glatt gehobelten Brettern verkleidet. Jeder Raum verfügt über einen großen offenen Kamin, in dem ein Feuer brannte. An den Wänden hängen Kupferstiche und von der Decke Körbe mit Schlingpflanzen. Dies war das erste Siedlerhaus, in dem ich einen Sinn für das Dekorative entdeckte. Jeder Raum besitzt seine eigene Tür, die polierten Eichenstühle glänzen. Der Fußboden ist zwar nicht glatt abgehobelt, doch so sauber, dass man davon essen könnte. Auf dem gedeckten Tisch stehen die unterschiedlichsten Speisen. Die Wirtin und ihre Töchter sehen bei all der Arbeit, die sie verrichten, so adrett aus, als hätten sie nichts zu tun, sind fröhlich und lachen von Herzen. Der Wirt erlaubt keinen Alkohol in seinem Haus und achtet darauf, dass auch draußen nicht getrunken wird. Nur unter dieser Bedingung nimmt er Reisende auf. Die Fuhrleute erschienen gewaschen zum Essen, und obwohl sieben von ihnen in der Küche übernachteten, war ab neun Uhr abends kein Laut mehr zu hören. Das Frachtgeschäft ist sehr einträglich. Von Denver nach South Park zahlt man drei Cent pro transportiertem

Pfund Gewicht. Von dort aus wird ein Gutteil der Frachtstücke auf Packesel verladen und zu den Goldminen hinaufgeschafft. Es gibt allerdings auch Pläne für eine Eisenbahn. Ich frühstückte mit der Familie, nachdem der Treck aufgebrochen war. Auf dem Tisch lag ein sauberes Tuch, und anstatt der Reste vom Abend gab es frisch zubereitete, warme Speisen. Die Wassereimer sind aus glattem Eichenholz mit blanken Messinghenkeln, alle Küchengeräte glänzen frisch poliert. Noch bemerkenswerter ist, dass die Mädchen ihre Stiefel mit schwarzer Schuhcreme zum Glänzen bringen – ein ungewohnter Luxus, den es in den meisten Häusern nicht gibt. Meine Stiefel sind in den letzten zwei Monaten nur einmal gewichst worden.

Denver, 9. November 1873

Ich konnte nicht herausfinden, ob die Überlegenheit der Siedler von Deer Valley über materielle Dinge hinausgeht, doch ein Fuhrmann, den ich am Abend traf, sagte, »eine Nacht in solch einem Haus habe aus ihm einen besseren Menschen gemacht«. In Colorado gilt Whiskey als Grund für alles Übel, für Gewalt und für die meisten Schießereien in den Goldgräbercamps. Gemäßigte Trinker gibt es kaum, es kommt meist zum Exzess. Die große Frage im Colorado-Territory – übrigens auch das wichtigste Thema bei den Wahlen – lautet: Trinken oder nicht Trinken. Manche Zeitungen setzen sich ganz offen dafür ein, Alkohol per Gesetz zu verbieten. In manchen Bezirken, Greeley zum Beispiel, in denen Alkohol verboten ist, gibt es keine Verbrechen, und in manchen Regionen, die ich bereist habe, in denen Viehzucht und Landwirtschaft vorherrschen und so gut wie nicht getrunken wird, sind alle so ehrlich, dass man die Türen nie zu verriegeln braucht und die Goldgräber ihre Funde nachts beruhigt in ihren Wagen lassen können. Leute, die aus den Oststaaten kommen, sagen, dass sie anfangs kaum begreifen konnten, in welcher Sicherheit sie hier leben. Gefahren oder Furcht existieren nicht. Doch das Sprichwort »Es gibt keinen Gott westlich vom Missouri« ist allgegenwärtig. Die wahre Gottheit ist der »allmächtige Dollar«, seine Verehrung universell. Die Qualität, die dort am meisten zählt, ist Gerissenheit. Der Junge, der in der Schule durch Betrug und Täuschung vorwärtskommt, gilt als »smart« und wird gelobt. Seine stolzen Eltern sagen ihm eine große Zukunft voraus. Jemand, der seinen Nachbarn übervorteilt und dies so gerissen anstellt, dass der Gesetzesarm ihn nicht zu fassen bekommt, steht im neidvollen Ruf eines »smarten Mannes«. Geschichten über diese Art von Gerissenheit erzählt man voller Bewunderung an jedem Herd. »Smartness« ist die erste Stufe von Lug und Trug, und der clevere Betrüger, der die schwachen und oft genug korrupt verwalteten Gesetze der Staaten umgeht oder sie herausfordert, genießt bei den Leuten grenzenlose Bewunderung.[73]

Ich verließ Deer Valley morgens um zehn Uhr an einem herrlichen Tag, die Luft schillerte in stimmungsvollen Farben, und musste, nachdem ich zwölf Meilen weit gekommen war, drei Stunden auf einem Fass in einer Schmiede zubringen, um zuzuschauen, wie vierundzwanzig Ochsen beschlagen wurden, bevor Birdie an die Reihe kam. Die nächsten dreiundzwanzig Meilen führten durch wunderschöne Canyons und Flüsse bis zu einem Kolonialwarenladen, wo ich einen Raum mit der vielköpfigen Familie und drei Fuhrleuten

73 1. Mai 1878 – Ich fertige eine Kopie dieses Briefs in San Francisco an und muss zu meinem Bedauern großen Nachdruck auf das Geschriebene legen. Die besten und aufmerksamsten Amerikaner werden diesen Bemerkungen schamvoll und schmerzlich beipflichten. *I.L.B.*

teilte. Hinter dem Vorhang, der mein Nachtlager abtrennte, stand ich früh um vier Uhr halb erstickt auf, bevor sich noch etwas regte, legte das Geld für die Übernachtung auf den Tisch, sattelte Birdie und ritt in die Nacht hinaus.

Durch den teils prächtigen Turkey Creek Canyon waren es nur noch achtzehn Meilen bis Denver. Mit der Zeit ging es immer höher hinauf, der Weg führte über einen Felsvorsprung, von dem aus man in einen tiefen Abgrund blickte, und wurde so schmal, dass ich jedes Mal, wenn mir ein Wagen entgegenkam, aus Furcht, meine Füße könnten in die Räder geraten, absaß. Man hat jedoch von dort aus einen großartigen Blick über die wogenden Foot Hills und die graubraunen Ebenen bis nach Denver. Weder Baum noch Strauch war zu sehen, alles kämpfte gegen Trockenheit und Hitze, während hinter mir der letzte große Canyon lag, von Kiefern verdunkelt und mit Schnee bedeckt. Ich nahm eine Abkürzung über die Prärie, vorbei an einem Camp von ungefähr fünfhundert Ute Indianern – ein Durcheinander von schmutzigen Zelten, Ponys, Männern, Squaws, Kindern, Fellen, Knochen und rohem Fleisch.

Die Amerikaner werden das Indianerproblem erst gelöst haben, wenn der letzte Indianer ausgerottet ist. Sie haben diese Menschen auf eine Art behandelt, die sie in eine fortschreitende Verelendung zwingt, bar jeder noch so primitiven Kultur. Der einzige Unterschied zwischen den wilden und den zivilisierten Indianern besteht darin, dass letztere Schusswaffen besitzen und in Whiskey schwimmen. Die Indian Agency ist nichts als ein Sumpf aus Betrug und Korruption. Es scheint, dass nicht einmal dreißig Prozent der Zuschüsse zu denjenigen gelangen, für die sie bestimmt sind. Die Klagen über minderwertige Decken, verdorbenes Mehl und untaugliche Waffen reißen nicht ab. »Lasst uns die Rothäute loswerden«, heißt es überall. Selbst ihre »Reservate« sind nicht vor Zugriff geschützt. Findet man dort Gold, werden sie gestürmt. Man zwingt die Besitzer, ihr Land für weiter im Westen liegendes Gebiet aufzugeben, vertreibt oder erschießt sie. Eines der sichersten Mittel zu ihrer Vernichtung ist mit Vitriol verschnittener Whiskey. Kürzlich wurde ein Versuch unternommen, den Augias-Stall des Indian Department[74] zu säubern, was gewaltig fehlschlug. So endet in Amerika normalerweise jeder Ansatz zur Verbesserung des offiziellen Klimas. Amerikaner lieben vor allem die Superlative. Phrasen wie »größtes der Welt«, »bestes der Welt« sind in aller Munde. Erweist sich Präsident Hayes[75] nicht als starker Mann, werden sie sich bald damit brüsten können, dass ihre Regierung aus den »größten Schurken« der Welt besteht.

Als ich nach Denver hineinritt und die Berge hinter mir ließ, war die Sicht atemberaubend. Eine Gebirgskette nach der anderen tauchte auf, alle von Schnee gekrönt. Ich war mir sicher, dass es sich bei den drei siebzig Meilen nördlich liegenden schimmernden Gipfeln um die unvergleichliche Gestalt des Longs Peak, des Königs der Rocky Mountains, handeln musste. Das »Bergfieber« kehrte so heftig zurück, dass ich jede auf den dürren, heißen Plains verbrachte Stunde bereute. Der Bergzug erschien mir noch schöner und grandioser als beim ersten Mal, als ich ihn von Greeley aus erblickte, wie vergeistigt in der wundervollen Luft. Ich ritt direkt zum Haus der Evans, wo man mich herzlich willkommen hieß. Sie hatten sich schon große Sorgen um meine Sicherheit ge-

74 Das Indian Department wurde 1755 eingerichtet, um die Beziehungen zwischen den Regierungen des Vereinigten Königreichs Großbritannien, Irlands und den ersten Nationen in Britisch-Nordamerika zu koordinieren. Zur Zeit seiner Gründung war es Teil der Britischen Armee.

75 Rutherford Birchard Hayes (1822–1893), von 1877 bis 1881 der neunzehnte Präsident der Vereinigten Staaten. Auf Betreiben seiner Frau Lucy verbannte er Alkohol und Tabak aus dem Weißen Haus.

macht. Fast zur gleichen Zeit traf Evans aus Estes Park ein und brachte auf seinem Wagen drei Wapitis, einen Grizzly und ein Dickhornschaf mit. Liebt man einen Ort oder ein Leben – trotz aller Lektionen, die einem erteilt wurden –, denkt man immer: »Morgen wird es wie heute, nur noch viel besser.«

Während meiner Reise war ich davon ausgegangen, dass ich bei meiner Rückkehr nach Estes Park alles genauso vorfinden würde, wie ich es verlassen hatte. Evans teilte mir allerdings mit, dass die Gesellschaft auseinandergegangen war. Die Dewys und Mr. Waller befanden sich in Denver, meine Hütte hatte man abgebaut. Mr. und Mrs. Edwards, die nun allein dort sind, erwarteten mich natürlich zurück.

Der Samstag war fast ein Sommertag und von herzerfrischender Schönheit, das Abendrot flammte so rot, wie ich es kaum zuvor erlebt hatte. Das tiefe Purpur deutete allerdings auf kommende Hitze hin, die sich gestern, sehr schwer erträglich, auch ausbreitete. Ich besuchte zweimal die Messe in der Episkopalkirche, wo wunderbar gepredigt und gesungen wurde. In einer Stadt, in der die Männer in der Mehrzahl sind, bestand die Gemeinde hauptsächlich aus Frauen, die auf verwirrende Weise mit ihren Fächern wedelten. Vom Kirchgang abgesehen, nahm man kaum wahr, dass es sich um einen Sonntag handelte. In Denver drängten sich die Rowdies aus den Bergen und Goldgräbercamps. Du kannst Dir kaum vorstellen, welche Wonne es war, in die lang entbehrten, großen, alten Gebete einzustimmen. Das »Te Deum« klang wirklich himmlisch. Die Hitze wurde dann so schrecklich, dass alle nur mit größter Mühe durch den Tag kamen. Es heißt, dass es hier den ganzen Winter hindurch zu solchen solaren Wutausbrüchen kommen kann.

Golden City, 13. November 1873

Angenehm wie Denver war, mit den Dewys und so vielen lieben Freunden, setzte die »aufreibende Welt« sowohl meiner Gesundheit als auch meinem Geschmack zu. Montagnachmittag brach ich daher bei Sonnenschein zu einem Ritt von sechzehn Meilen auf. An einem schmucklosen, einsamen Friedhof fragte ich eine traurige Frau, die am Tor lehnte, auf welchem Weg ich am besten nach Golden City gelangte. Ich musste die Frage zweimal wiederholen, bevor ich eine Antwort bekam, die jedoch ganz anders ausfiel, als erwartet. Zutiefst traurig sagte sie: »Oh, gehen Sie zum Priester. Ich könnte es Ihnen vielleicht sagen, aber die Verantwortung ist zu groß. Gehen Sie zu den Priestern, die werden es Ihnen sagen.« Ihre Tränen flossen, und sie weinte um jemanden, dessen Seele sie zweifellos in der Goldenen Stadt all unserer Hoffnungen wähnte.

Die sechzehn Meilen, die ich im Sonnenuntergang und in der beglückenden Frische der Luft von Colorado zurücklegte, kamen mir wie eine vor. Nach zwei Ruhetagen und um einiges Gepäck erleichtert, galoppierte Birdie über die Prärie, als machte es ihr wirklich Freude. Erst erreichte ich die Schlucht, und eine Stunde nach Anbruch der Dunkelheit ertastete ich meinen Weg in diese dunkle, unbeleuchtete Goldgräberstadt, wo ich mit Birdies Stall und meiner eigenen Unterkunft großes Glück hatte.

Boulder, 16. November 1873

Ich fürchte, die Details dieser tagebuchartigen Briefe werden Dich ermüden. Für einen Menschen, der zu Hause sitzt, muss die Reise durch die Rocky Mountains ebenso wie die

Landschaft dort recht eintönig erscheinen. Nicht so für mich. Die reine, trockene Bergluft ist mein Lebenselixier. In Golden City trennte ich mich für eine Weile von meinem treuen Pony. Durch den Clear Creek Canyon, der von hier nach Idaho führt, kommt man nur mit der Schmalspurbahn. Für Pferde und Maulesel ist er nicht zugänglich. In diesen Bergen fühle ich mich ohne Pferd völlig hilflos. Ich wollte aber unbedingt den Green Lake sehen, der sich an der Baumgrenze oberhalb von Georgetown befindet. Es heißt, er sei der höchstgelegene See der Vereinigten Staaten. Binnen eines Tages kam ich aus der Hitze des Sommers in die eisige Kälte des Winters. Bei Licht zeigte Golden City sein hässliches Gesicht und strafte seinen Namen Lügen. Die Stadt ist flach. Gelegentlich gibt es erhöhte Gehwege aus Brettern, die man über Pfosten gelegt hat. Backsteinbauten, Kiefern und Holzhäuser stehen hier dicht gedrängt zusammen, jedes zweite Gebäude ist ein Saloon, auf den Straßen sieht man kaum eine Frau. Meine Wirtin entschuldigte sich für das vorzügliche kleine Schlafzimmer, das sie mir mit den Worten anbot, »es wäre gewiss nicht so, wie es sein sollte, aber sie habe in ihrem Haus noch keine Lady beherbergt«. Die junge »Dame«, die das Frühstück servierte, bemerkte: »Ich habe über Sie nachgedacht. Sie sind sicher eine Schriftstellerin.«

Wie üblich war das Wetter herrlich. Es ist Mitte November, und am Himmel zeigte sich kaum eine Wolke, abgesehen von den zinnoberroten Wölkchen im Morgengrauen und bei Sonnenuntergang. Hier in den Foot Hills hält der Winter niemals richtig Einzug. Hin und wieder wird das sonnige Wetter jedoch von kurzen Kälteeinbrüchen gestört. Der Schnee taut aber, kaum dass er gefallen ist, das Vieh hat kein Problem bei der Futtersuche. Golden City hallte von Verwünschungen und Flüchen wieder, vor allem am Bahnhof. Amerikaner neigen zum furchtbarsten Fluchen, und der blasphemische Gebrauch des Namens unseres Erlösers ist besonders empörend. Die Stadt befindet sich am Eingang zum Tough Cuss Pass, auch Clear Creek Canyon genannt, eine Landschaft, die viele wegen der großartigen Windungen des Flusses für die eindrucksvollste Gegend in diesen Bergen halten. Die Hänge des Canyons fallen nahezu lotrecht ab, riesige Felsmassen und dicht gedrängte, schneebedeckte Gipfel scheinen für ewig den Aufstieg verhindern zu wollen. Leider sind die Hänge kahl. Die Wälder wurden zum Nutzen der Bergwerksbetriebe, die Unmengen an Holz verschlingen, alle gefällt. Die schmalspurige, steil ansteigende Bahn, die den Canyon bis zu den reichen Bergbaugebieten von Georgetown, Black Hawk und Central City erklimmt, gilt als ingenieurtechnisches Meisterwerk. Das Gleisbett wurde teils aus den Hängen des Canyons gesprengt, teils auf über den Fluss geschütteten Steinwällen angelegt. Selten ist mir eine solch grobe Unhöflichkeit begegnet wie seitens der Bediensteten dieser Bahnlinie und der daran gekoppelten Postkutschen. Selten habe ich solch absurde Fahrpreise gesehen. Auf der Strecke verkehren hübsche kleine Waggons, doch obwohl wir alle den vollen Preis gezahlt hatten, verfrachtete man uns in einen Gepäckwagen, da die Saison beendet ist. Um etwas von der Landschaft sehen zu können, musste ich mich vor der offenen Tür auf den Boden setzen.

Die einzigartige Pracht widersetzt sich jeder Beschreibung. Es handelt sich um eine Klamm, einen Spalt, vom Strom in den Fels geschnitten, gewunden, zerrissen, erodiert, in leuchtender Farbigkeit, über die gelegentlich ein dunkler Schatten fällt, gleich darauf wieder abgelöst von einem intensiven Sonnenstrahl, der die Steinlandschaft in ihrer wüsten Unwirtlichkeit offenbart. Ein paar verlorene Kiefern und Zedern, die der Axt durch ihre unzugängliche Position entgingen, beugten sich hier und da aus den Klüften hervor. Manchmal schien es, als wollten die Felswände des Abgrunds über unseren Köpfen zusammenschlagen, dann wieder klafften sie weit auseinander, die Felsen nahmen fantastische Gestalt an, alles war Majestät, Erhabenheit, ja, fast Schrecken. Nach zwei Stunden liefen die Gleise aus, der Canyon wurde breit genug für eine Straße, überall Steine, Löcher, Rangiergebiet. Eine große Postkutsche, die Concord Coach, wartete bereits auf uns. Sie bot Raum für zwanzig Passagiere und zahlreiche Gepäckstücke. Die vier Fahrgäste, die ohne Gepäck reisten, saßen auf einer Bank direkt hinter dem Kutscher. Das gewaltige Gefährt schaukelte und wippte auf der elastischen Aufhängung, als wollte es mir die grauenhaftesten Momente meiner Reise durch Neuseeland in Erinnerung rufen. Der Kutscher konnte keinen Satz sagen, ohne einen Fluch einzuflechten, und obwohl sich unter seinen Passagieren zwei Damen befanden, verwünschte er seine prächtigen Pferde während der ganzen Fahrt. Früher hielten selbst die gottlosesten Männer angesichts von Frauen in ihren Tiraden inne, doch die Zeiten haben sich geändert. Jeder, dem ich hier begegnete, schien schlecht gelaunt zu sein. Ich vermute, dass all ihre »smarten Tricks«, sich Anteile am Abbau der Rohstoffe zu sichern, gescheitert sind.

Die Straße führte durch den Canyon nach Idaho Springs, im Sommer ein eleganter Höhenkurort, zu dieser Jahreszeit einsam und verlassen. Ein erstklassiger Sechsspänner brachte uns von dort über einen Höhenzug nach Georgetown, das in einer der eindrucksvollsten Schluchten liegt, in der wohl je eine Stadt errichtet wurde. Ihr gegenüber endet der Canyon vor steilen Bergwänden, die unpassierbar scheinen. Bis zur Baumgrenze sind sie mit Kiefern gesprenkelt, ein leichter Hauch von Schnee liegt auf ihren Gipfeln. Das bebaubare Gebiet ist begrenzt und dazu sehr steil, die rohen Giebelhäuser kleben derart an den Hängen, der Fluss rauscht so ungestüm zwischen ihnen dahin, dass ich an Schweizer Dörfer denken musste. Die kleineren Häuser werden auf einer Seite von jungen Kiefern geschützt, damit sie von den heftigen Windstößen, die durch den Canyon fegen, nicht fortgewirbelt werden. Georgetown ist meiner Meinung nach die einzige Stadt in Amerika, die das Adjektiv pittoresk verdient. Doch im Ernst: in diesem tiefen Schlund, in Kälte und Dunkelheit, umringt von alpinen Höhen befindet sie sich in einer schrecklichen Lage. Als ich nachmittags um drei Uhr ankam, traf kein Sonnenstrahl mehr auf die Stadt, alles lag in tiefem Schatten. Es schien tatsächlich schon zu dämmern, und da es mir in Denver nicht gelungen war, mir meine Reisekreditscheine auszahlen zu lassen, besaß ich nicht genügend Bargeld, um in Georgetown zu übernachten. Meine größte Sorge bestand jedoch darin, Green Lake nicht mehr zu erreichen, das Ziel meiner Tour. Wir fuhren durch die engen, unregelmäßigen Gassen, bevölkert von Goldgräbern und Minenarbeitern, die in Gruppen zusammenstanden, tranken oder unter den Verandas um ihr Glück spielten, zu einem guten, abschüssig gelegenen Hotel. Meine erste Frage war, ob ich eine Chance hätte, den Green Lake zu erreichen. Der Wirt winkte ab und sagte, es habe heftig geschneit, in den letzten fünf Wochen sei niemand mehr oben gewesen. Er würde mir zuliebe aber im Stall nach einem Pferd fragen. Dort bekam er die charmante Antwort: »Falls es sich um die englische Lady handelt, die durch die Berge reist, dann kann sie ein Pferd haben. Sonst niemand.«

13. Brief

Mit dem letzten Cent zurück nach Estes Park

Verwüstung durch den Bergbau – Green Lake – Golden City – Von der Nacht überrascht – Schwindelgefühl – Boulder Canyon – Finanzielle Engpässe – Ein harter Ritt – Der letzte Cent – Ein Junggesellenheim – Mountain Jim – Eine Überraschung – Ankunft bei Nacht – Das Beste daraus machen – Scanty Fare

Boulder, November 1873

Die Antwort auf seine Frage nach dem Pferd wurde dem Wirt vor der Hoteltür überbracht. Er kam sogleich herein, fragte mich nach meinem Namen und wollte wissen, ob ich die Lady sei, die am Tarryall Creek entlang von Link's Park nach South Park geritten sei. Nachrichten machen schnell die Runde. Fünf Minuten später stand das Pferd vor der Tür. Es wurde ein aufregender Ritt, nicht ohne eine ordentliche Portion Angst. Die dunklen Abendschatten lagen bereits über Georgetown. Wenn ich Green Lake noch erreichen wollte, stand mir ein Aufstieg von zweitausend Fuß bevor. Gewiss werde ich vieles, was ich auf meinen Reisen erlebte, vergessen, doch nie die Scheußlichkeit und das Ausmaß jener Szenerie. Ich ritt bei Clear Creek einen steilen Pfad empor, folgte einer Reihe vereister Wasserfälle durch ein zunächst weites Tal, das sich dann zwischen hohen, ebenfalls vereisten Hängen rasch verengte. In diesem Gebiet gibt es gewaltige Silbervorkommen. Die Aktienerträge der sogenannten »Terrible«, der Schrecklichen, und anderer Minen werden täglich in den Gewinn- und Verlustlisten der »Times« aufgeführt. Jene Minen mit ihrer niemals ruhenden Arbeit unter Tage, ihren Stampfmühlen und Pochwerken und den Schmelzanlagen, die neben ihnen errichtet wurden, erfüllen die ganze Gegend Tag und Nacht mit Lärm, Rauch und Tumult.

Ich ließ sie hinter mir und kam in eine ruhigere Zone, wo jeder für sich allein nach Reichtum gräbt und niemandem von seinen Funden oder Enttäuschungen berichtet. Landwirtschaft erschafft und verschönert, Bergbau zerstört und verwüstet, kehrt das Innere der Erde nach außen, erstickt jedes Wachstum und jeden grünen Spross ebenso wie Herz und Seele des Menschen. Längs der großen Straße gab es nichts als Bergbau, mit allen nur denkbaren Verheerungen, man schürft, wühlt, höhlt und wäscht die Erde aus. In den scheinbar unzugänglichen Höhen klafften Löcher: die Eingänge zu Minen, deren Decken mit Holzstämmen abgestützt sind. Dort setzen einsame und geduldige Männer ihr Leben für den Fund von Schätzen aufs Spiel. Unten am Fluss, zwischen den Eisschollen, gab es welche, die wuschen und siebten. Alle Höhen in dieser Gegend sind gezeichnet von den Narben kaum passierbarer, selbst für Packesel zu steiler Pfade, die zu den Löchern führen, aus denen die Männer das Erz auf ihrem eigenen Rücken herunterschleppen. Viele Herzen wurden schon gebrochen wegen der paar Brocken, die man an diesen Hängen gefunden hat.

Von sämtlichen Felsvorsprüngen ragen verkohlte Stümpfe, ein Bild der Verwüstung, dort, wo die Natur alles herrlich und schön gestaltet hatte. Auch hiervon wandte ich mich ab. Der letzte Goldgräber, dem ich begegnete, beschrieb mir in allen Einzelheiten den Weg. Ich verließ die Trasse und ritt bergauf, in die eisige Einsamkeit – zunächst über Eisflächen, dann durch Schnee, über einen Fuß tief, rein und pulvrig, anschließend begann ein komplizierter Aufstieg durch einen stockdunklen Kiefernwald. Das Pferd stolperte durch tiefe Schneewehen. Doch ich erreichte mein Ziel und zwar genau im rechten Moment. Auf zwölftausend Fuß Höhe machte ich auf einem steilen Abhang Halt. Unter mir, umschlossen von dichten Kiefernwäldern, überragt von Bergen, rot verklärt vom Licht der untergehenden Sonne, lag Green Lake, von einer dicken Eisschicht überzogen. Aus der bedrückenden Finsternis war ich in klare Luft und goldenes Licht gekommen, in die Herrlichkeit der geweihten Werke Gottes. Ich musste an den Vers denken »die Finsternis vergeht, und das wahre Licht scheint schon«[76] – und wie ein Kommentar dazu gruben sich hunderte und tausende von Männern durch die dunklen Löcher, im Düster des drunten herrschenden Zwielichts.

> O earth, so full of dreary noises!
> O men, with wailing in your voices!
> O delved gold, the wailers heap!
> O strife, O curse, that o'er it fall!
> God strikes a silence through you all,
> And giveth His beloved, sleep.[77]

---

76 1. Johannes 2,8

77 Elizabeth Barrett-Browning (1806–1861), »The Sleep«.

Es war überwältigend, auf jener Höhe zu stehen, die weit entfernte Glorie des Sonnenuntergangs zu betrachten und durch diesen Anblick daran erinnert zu werden, dass weder Gott noch Sein Sohn die Welt jemals verlassen haben. Die Sonne sank rasch, und während ich der wunderbaren Vision noch gegenüberstand, verschwand die Herrlichkeit, und die Gipfel wurden trübe und grau. Es war seltsam, das einzige menschliche Wesen in dieser eisigen Höhe zu sein und durch tiefen, unberührten Schnee, über abschüssige Eisschollen in die Dunkelheit hinabzusteigen, die Hänge wie ein Firmament, und jeder Stern an ihm ein Loch – der Ort, an dem ein einsamer Mann nach Silber gräbt.

Der Anblick, der sich mir bot, war schrecklich. Es machte den Anschein, als könne man nicht nach Georgetown gelangen, ohne vorher einen Abhang hinunter zu stürzen. Abgründe und Schluchten gab es viele längs des Wegs, alle hatten sie eine Eisschicht an den Rändern. Dies war der erste Ritt in Colorado, wo ich wirklich Nerven brauchte. Erst lange nach Einbruch der Dunkelheit kehrte ich von meinem heldenhaften Abenteuer zurück.

Am nächsten Morgen um acht Uhr verließ ich Georgetown bei herrlicher Kälte mit der Idaho-Postkutsche. In dieser trockenen Luft ist es sogar recht warm, wenn es einige Frostgrade gibt. Die Sonne geht in Georgetown nicht vor elf Uhr auf. Ich bezweifele, dass sie im Winter überhaupt aufgeht. Nach einer vierstündigen Rüttelpartie nahm uns der Gepäckwagen wieder in Empfang, doch diesmal überließ mir der Schaffner mit der Bemerkung, er vermute, dass ich reise, um die Landschaft zu sehen, seinen Stuhl und stellte ihn auf die Plattform, sodass ich eine ausgezeichnete Sicht auf den unvergleichlichen Canyon genoss. Aus Geldgründen übernachtete ich nicht in Golden City, sondern aß in einem kleinen Lokal zu Mittag und machte mich an diesem schönen, warmen Tag um drei Uhr nachmittags mit meiner treuen Birdie auf, um abends wieder in Boulder zu sein. Was dann geschah, ist so absurd, man kann es kaum erzählen. Im Mietstall von Golden City konnte man mir nicht sagen, welche Strecke ich nehmen sollte. Man riet mir, die Stadt Richtung Denver zu verlassen, bis ich auf jemanden träfe, der mir Auskunft geben könnte. Von Anfang an war ich auf der falschen Fährte. Nach zwei Meilen begegnete ich einem Mann, der mich in die Prärie schickte, dann einem anderen, der mir so viele Wege und diese so kompliziert beschrieb, dass ich alles sogleich wieder vergaß, und schließlich hatte ich mich heillos verirrt.

Das Abendglühen über der weiten Prärie war herrlich anzuschauen. Als es dunkel wurde, erwischte ich einen Fuhrmann, der mir erklärte, dass ich vier Meilen weiter von Boulder entfernt war als bei meinem Aufbruch aus Golden City. Er beschrieb mir den Weg zu einem sieben Meilen entfernten Haus. Er nahm wohl an, dass ich mich auskennen würde, denn er sagte, ich solle die Prärie überqueren, bis ich auf eine Stelle stieße, an der drei Trassen zu erkennen wären, von denen ich die mit den meisten Fahrspuren nehmen und einfach dem Polarstern folgen solle. Dank seiner Auskunft fand ich jene Wege. Es war jedoch so dunkel, dass ich nicht sehen konnte, wie befahren sie waren, und bald konnte ich in der Finsternis auch Birdies Ohren nicht mehr sehen. Ich hatte mich in der Nacht verirrt, und auch mein Geist war umnachtet. Stunde um Stunde ritt ich verlassen durch die Dunkelheit, rings um mich nichts als die Prärie, und über mir die frostigen Sterne. Hin und wieder heulte ein Präriewolf, mitunter ließ mich der Laut einer Kuh auf die Nähe eines Menschen hoffen. Doch nichts. Da war nur die wilde Einsamkeit der Prärie.

Du wirst Dir kaum vorstellen können, wie ich mich nach einem Licht sehnte, nach dem Klang einer Stimme, wie mich das gespenstische Gefühl quälte, in dieser Weite mutterseelenallein zu sein. Der Frost zog an, es wurde sehr kalt. Ich beschloss, komme, was wolle, dem Polarstern zu folgen, fürchtete, in einen der Nebenflüsse des Platte River zu geraten, und hoffte, Birdie nicht allzu sehr zu erschöpfen, als ich das gedämpfte Brüllen eines Stieres hörte. Aus seinem Stampfen und Schnauben schloss ich, dass er das Terrain für sich beanspruchte. Birdie hielt furchtsam inne. Dann bellte ein Hund, gefolgt vom Fluchen eines Mannes. Wie durch ein Wunder sah ich ein Licht – und nicht viel später fand ich mich in einem großen Haus wieder, dessen Besitzer ich kannte, nur elf Meilen von Denver entfernt! Es war fast Mitternacht und Licht, Wärme und ein Bett wahrhaft willkommen.

Du kannst Dir keine Vorstellung davon machen, in welcher Pracht die Prärie kurz vor Sonnenaufgang daliegt. Wie im Abendglühen zieht sich hoch über dem Horizont ein in glühendstes Orange getauchter Streif entlang, während die Berge die noch unsichtbare Sonne in purpurnem, amethystfarbenem Licht reflektieren. Ich brach früh auf, verlor bald den Pfad, wusste nicht weiter, erinnerte mich aber an eine auffällige Scharte in den Bergen, die Bear Canyon sein musste, nicht weit entfernt von Boulder. Auf der Suche danach ritt ich die Prärie ab und stieß dabei eher zufällig auf den Weg nach Boulder. Nach dem Motto »Der beste Plan, ob Maus, ob Mann, geht oftmals ganz daneben«[78] fanden meine Heldentaten heute ein vorzeitiges Ende.

78 Aus dem 1785 verfassten Poem »To A Mouse« des schottischen Dichters Robert Burns (1759–1796).

Ich musste mein Vorhaben aufgeben, von hier aus in die Berge zu reiten, und legte mich stattdessen mit Schwindelgefühl, Kopfschmerz und Schwäche ins Bett – die Auswirkungen der stechenden Sonne, die den ganzen Tag über auf mich niedergebrannt hatte. Auf der ganzen ermüdenden Strecke war kein einziger Felsen zu entdecken gewesen, in dessen Schatten ich hätte rasten können. Die kieshaltige, ausgedörrte Erde reflektierte die glühende Sonne, und der Blick auf das kühle Blau der Berge, auf die Kiefernwälder mit ihren tief indigofarbenen Schatten konnte einen fast verrückt machen. Boulder ist nichts als eine hässliche Ansammlung von Holzhäusern in der sengenden Ebene, will jedoch eine »Stadt« sein, da es als Warendrehscheibe für die Siedlungen im Boulder Canyon gilt und man hier vor Kurzem auch ein Kohleflöz entdeckt hat.

Longmont, November 1873

Heute Morgen stand ich sehr früh auf und legte auf einem Mietpferd die neun Meilen bis zum vielgepriesenen Boulder Canyon zurück. Die Straße war hervorragend, aber alles andere enttäuschend, und ich ärgerte mich über die Trägheit des Pferdes. Ein Ritt von fünfzehn Meilen quer über die Prärie brachte mich am frühen Nachmittag nach Longmont, doch von den vielen Briefen, die ich dort erwartet hatte, keine Spur. Birdie ist in großartiger Verfassung, und mein Wirt kann kaum glauben, dass sie bereits mehr als fünfhundert Meilen zurückgelegt hat.

Ich empfinde »die drückende Armut« als sehr hart. Wenn ich meine Rechnung hier beglichen habe, besitze ich noch genau sechsundzwanzig Cent. Evans war nicht in der Lage, mir die hundert Dollar, die er mir schuldet, zurückzuzahlen, und die

Banken von Denver sind zwar geöffnet, haben aber, um sich zu retten, jede Auszahlung eingestellt und lösen meinen Reisekreditbrief nicht ein. Es gibt ernsthafte Finanzprobleme, und die unsinnige Panik, die eingesetzt hat, macht die Lage nur schlimmer. Mir wird wohl oder übel nichts anderes übrigbleiben, als nach Estes Park hinaufzugehen. Dort kann ich ohne Bargeld leben und so lange bleiben, bis die Dinge sich zum Besseren wenden. Nun, kein allzu hartes Schicksal, wie es scheint! Longs Peak erhebt sich in purpurnem Dunkel, und ich sehne mich nach der kühlen Luft und dem freien Leben in der einzigartig blauen Senke zu seinen Füßen.

Estes Park, 20. November 1873

Ich wollte, ich könnte Dir in drei Sätzen der Bewunderung diesen gloriosen, unvergleichlichen, unnahbaren, von wilden Tieren bewohnten Schlupfwinkel beschreiben. Aber das ist schwieriger als ich dachte. Du willst bestimmt wissen, wie es weiterging, und ich will Dir von meinen sehr speziellen Lebensbedingungen hier berichten.

Am Sonntagmorgen um acht Uhr verließ ich Longmont schwer beladen, da man mich gebeten hatte, zusätzlich zu meinem eigenen Gepäck auch noch den Postsack mitzunehmen, der voller Zeitungen steckte. Es hieß, dass Edwards mit seiner Frau und der Familie noch immer oben sei. Ein heftiger Schneesturm kündigte sich an, und der Himmel – jener unermessliche Dom, der die Ebenen überspannt – hing voller Wolken. Über den Bergen stand ein tiefes, stilles, wehmütiges Blau, in das die sonnenbeschienenen Gipfel ragten. Der Morgen war einsam und schwermütig, doch als ich den wunderbaren St. Vrain Canyon erreichte, erhellte sich das bekümmerte Blau, die Sonne wurde warm und funkelte. Wie schön, wie unvergleichlich der Ritt hier herauf doch ist, unendlich viel schöner als die hochgerühmten Orte, die ich anderswo gesehen habe. Zuerst ist da das von Hügeln umgebene Tal mit den reizvollen Savannen, durch die der helle St. Vrain River mäandert und sich seinen Weg sucht durch ein Gewirr aus Pappeln, welken Clematis und wildem Wein, die das Tal noch vor zwei Monaten in fröhliches Scharlachrot und Gold tauchten. Dann hat man plötzlich den Canyon mit seinen fantastisch gefleckten Wänden vor sich, es folgt der lange Aufstieg durch die wogenden Foot Hills bis zu den Felsentoren, und gleich darauf tut sich die wildeste und wunderbarste Landschaft auf, die sich über zwanzig Meilen erstreckt. Nun überquert man dreizehn gewaltige Höhenrücken, passiert unzählige Canyons und Schluchten, watet durch dreizehn dunkle Furten und steigt schließlich durch M'Ginn's Gulch zu dieser Mulde hier, dem Juwel der Rocky Mountains, hinab Es war ein seltsamer Ritt. Ich kam sehr langsam voran. Der Weg fällt jedem Pferd schwer, vor allem einem so schwer beladenen wie meinem, das bereits einige Wochen anstrengender Touren hinter sich hat.

Nach fünfzehn Meilen hielt ich an der Ranch, wo Reisende normalerweise mit einem Essen versorgt werden, doch dort zeigte sich niemand mehr, und auch die nächste Ranch war verlassen. Ich war gezwungen, bis zum letzten Haus zu reiten, wo zwei junge Männer leben, und stand aus Geldmangel vor der Entscheidung, eine Mahlzeit für mich selbst oder Futter für mein Pony zu kaufen. Einer der Jungen, dem ich von meiner drückenden Armut erzählte, vertraute darauf, dass ich das Essen »beim nächsten Mal« bezahlen würde. Die Ordnung und Sauberkeit seines Hauses und ein grundsätzlicher Hang zur Reinlichkeit, ohne moralische Strenge, kann allen Frauen zum Vorbild dienen, während seine klaren Augen und die männliche Selbstachtung, die in diesem Land aus überzeugter Abstinenz erwächst, sämtlichen Männern ein Beispiel sein sollte. Er bereitete mir ein vortreffliches Essen zu, mit einem guten Tee. Anschließend öffnete ich den Postsack und fand zu meiner Freude etliche Briefe von Dir. Ich blieb viel zu lange und vergaß beinahe, dass noch zwanzig Meilen vor mir lagen, für die ich gewiss sechs Stunden brauchen würde.

Nun wurde es herrlich. Ich hatte die Schönheit jener Strecke beim ersten Mal nicht als so überwältigend erfahren. Doch der Ritt zog sich hin, das Pony war müde, und ich wollte es nicht zur Eile antreiben. Der Weg schien nicht enden zu wollen. Kaum hatte ich einen Höhenzug überquert, lag schon der nächste vor mir. Dann folgte eine Reihe tiefer, dunkler, dicht bewaldeter und sehr enger Schluchten mit zahlreichen Furten, die es zu durchwaten galt. Vom Grund dieser kalten Tiefen aus sah ich, wie das letzte Sonnenlicht auf den Kämmen der Steilhänge verblasste. Dunkelheit zog auf, es wurde immer unheimlicher, sich durch die gewaltigen Abgründe zu schlängeln, durch Kiefernwald, hier über Schichten aus Eis, dort durch Schnee. Rings um mich heulten Wölfe. Es heißt, dies sei das Zeichen für einen aufziehenden Sturm. Zu Beginn meines Weges war mir ein Jäger begegnet, der einen erlegten Hirsch vor sich auf dem Pferd transportierte. Er hatte mir berichtet, dass Edwards gestern noch in der Hütte war, und hinzugefügt, er würde wohl noch zwei Wochen bleiben, egal, wie sich das Wetter entwickelte. In der Dunkelheit schien der Ritt kein Ende zu nehmen, aber endlich war auch der letzte große Bergrücken bezwungen und die letzte Schlucht durchquert.

Mich überkam eine solche Sehnsucht nach menschlicher Gesellschaft, dass ich zu Mountain Jims Hütte ritt. Durch die Ritze zwischen den Balken leuchtete jedoch kein Licht, alles war dunkel und still. Mühsam bahnte ich mir den Weg durch M'Ginn's Gulch, begleitet von den seltsamsten Geräuschen. Die Nacht war rabenschwarz, trotz der vielen Sterne hoch über mir. Dann hörte ich das Bellen eines Hundes. Ich nahm an, dass fremde Jäger mit ihrem Hund unterwegs waren, rief aber auf gut Glück »Ring!«, und einen Augenblick später lagen die großen Pfoten dieses wunderbaren Hundes auf meinem Sattel, und er begrüßte mich mit all den unartikulierten, doch so verständlichen Lauten, mit denen Hunde ihre menschlichen Freunde willkommen heißen. Einer der beiden Reiter, die ihn begleiteten, war sein Herr, den ich im Dunkeln zwar nicht sehen konnte, doch sogleich an seiner melodischen Stimme und seinem Auftreten erkannte. Er entzündete ein Licht, um mir die kostbaren Felle zu zeigen, mit denen eines der Pferde beladen war. Der Desperado freute sich tatsächlich sehr, mich wiederzusehen, schickte den anderen Mann und das Lastpferd zu seiner Hütte und begleitete mich zu Evans Blockhaus. Da die Kälte gewaltig und Birdie sehr müde war, saßen wir ab und gingen die letzten drei Meilen zu Fuß.

All meine Vorstellungen von einem herzlichen Empfang und einer guten Mahlzeit nach meinem langen Ritt lösten sich bei seinen ersten Worten in Luft auf. Die Edwards hatten sich am Tag zuvor auf den Weg in ihr Winterquartier gemacht, waren jedoch nicht durch Longmont gekommen. Man hatte meine Hütte abgebaut, Vorräte gab es nicht mehr allzu viele, und zwei junge Männer, Mr. Kavan, ein Goldsucher, und Mr. Buchan, die ich damals kurz kennengelernt hatte, versorgten das Vieh bis zur Rückkehr von Evans, der allerdings täglich erwartet wurde. Auch der andere Siedler und seine Frau hatten den Park verlassen, sodass es nun im Umkreis von fünfundzwanzig Meilen außer mir keine einzige Frau gab. Ein stürmischer Wind war aufgekommen, und es wurde entsetzlich kalt, was das Ganze nicht besser machte. Ich fürchtete nicht für mich selbst, ich würde schon klarkommen. Meine Sorge galt den beiden jungen Männern, denen mein unverhofftes Auftauchen und meine Absicht, auf unbestimmte Zeit zu bleiben, nicht angenehm sein dürfte. Es half nichts, ich musste diesem Problem ins Auge sehen. Also öffnete ich die Tür und überraschte die beiden, die im Wohnraum, der sich in einem erbärmlichen Zustand befand, am Feuer saßen und rauchten. Sie gaben keinerlei Verdruss zu erkennen, sondern machten sich daran, ein Essen zuzubereiten, zu dem sie auch Jim höflich einluden. Nachdem er gegangen war, legte ich ihnen meine finanzielle Situation dar und erklärte kühn, dass ich so lange bleiben müsse, bis sich die Dinge geändert hätten, dass ich hoffe, ihnen nicht zur Last zu fallen, sondern sie dadurch, dass wir uns die Arbeit teilten, mehr Zeit zum Jagen hätten. Wir einigten uns darauf, das Beste daraus zu machen.

Unsere Absprachen, die nur für ein paar Tage gedacht waren, trugen über einen ganzen Monat. Nichts übertrifft die Höflichkeit und das Taktgefühl dieser beiden jungen Männer. Im ganzen betrachtet, war es eine angenehme Zeit, und als wir uns trennten, bekannten sie, dass sie zunächst recht bestürzt gewesen waren, doch bald das Gefühl hatten, auf diese Weise auch ein ganzes Jahr mit mir zusammenleben zu können. Was mich betraf, so konnte ich dem nur aus vollem Herzen zustimmen. Am ersten Abend hatten wir uns allerdings verschiedenen Herausforderungen zu stellen. In dem Verschlag, der vom Wohnraum abging, lag zwar eine der in diesem Land üblichen Sprungfedermatratzen, es gab aber keine Bettdecke. Dies wurde gelöst, indem wir einen großen Sack voll Heu stopften. Weder Laken noch Handtücher waren zu finden. Auch Tischwäsche fehlte. Dies war nicht zu ändern, und ich vermisste nichts von alldem. Kerzen stellten ein anderes Problem dar. Wir besaßen nur eine einzige Paraffinlampe. Trotz des Sturms, der die Hütte vom Boden zu heben schien und einen Teil des Dachs über dem kleinen Esszimmer zwischen Küche und Wohnraum fortwehte, schlief ich die ganze Nacht tief und fest. Am Sonntag wuchs der Sturm fast zu einem Hurrikan an. Ich wagte nicht, die Hütte zu verlassen. Lehmstücke, die vom Dach herabfielen, bedeckten den Fußboden des Wohnraums.

Wir beschlossen, uns das Kochen zu teilen. Mr. Kavan backt das köstlichste Brot, das ich jemals gegessen habe. Die beiden holen Holz und Wasser und waschen abends ab. Ich kümmere mich um meinen Verschlag, was rasch getan ist, und um den Wohnraum, wasche morgens ab und übernehme eine Vielzahl kleinerer Tätigkeiten. Den Wohnraum sauber zu halten, bereitet viel Arbeit. Allein heute habe ich dreimal unzählige Schaufeln voll Lehm herausgeschippt. Zum Fegen und Abstauben verwende ich einen Büffelschwanz, doch immer wieder fährt ein Windstoß durch den Kamin und verteilt die Asche erneut im ganzen Raum. Ich habe einen alten Umhang entdeckt, der uns als Tischtuch dient, und es geschafft, unser »Wohnzimmer« etwas behaglicher zu machen. Gestern kam Jim vorbei, setzte sich stumm ans Feuer und starrte geistesabwesend vor sich hin. Die jungen Männer meinten, diese Stimmung kündigte für gewöhnlich einen seiner »üblen Anfälle« an.

Die Verpflegung ist ein großes Problem. Uns ist nur eine von dreißig Milchkühen geblieben, und sie gibt nicht genug Milch für uns drei. An Fleisch ist nur noch ein wenig gepökeltes Schweinefleisch übrig, sehr hart und salzig. In dieser wunderbaren Luft und bei dem körperlich aktiven Leben, das ich führe, könnte ich alles essen – außer Pökelfleisch. Die Hennen legen nicht einmal ein Ei pro Tag. Gestern Morgen habe ich ein paar Brötchen gebacken und die alten Brotreste in einen Bread-and-Butter-Pudding verwandelt, der uns allen sehr gut schmeckte. Heute entdeckte ich an einem Balken des Wagenverschlags ein Stück von einer Rindskeule. In Vorfreude auf frisches Fleisch schnitten wir die Keule an, um festzustellen, dass sie innen grün und nicht mehr genießbar war. Zum Glück hatte man mir im Gasthaus von Longmont etwas Tee geschenkt. Wir frühstücken gegen neun Uhr, essen um zwei Uhr zu Mittag und treffen uns um sieben Uhr zum Abendbrot. Unser »Menü« ist stets dasselbe.

Heute bin ich ganz allein im Park zurückgeblieben, die Männer sind nach dem Frühstück zur Hirschjagd aufgebrochen. Der Himmel leuchtet, und das Licht ist intensiv – sonst wäre die Einsamkeit bedrückend. Ich halte zwei Pferde im Pferch, sodass ich Ausflüge unternehmen kann. Doch außer Birdie, die eine Ruhepause einlegt, taugt keines der Tiere etwas, da sie entweder neu beschlagen werden müssen oder zu empfindliche Füße haben.

14. Brief

Die traurige Geschichte eines Desperados, Wölfe und harte Zeiten

Ein furchtbarer Ritt – Die Geschichte eines Desperados – Verloren! Verloren! Verloren! – Harte Zeiten – Heftige Kälte – Ein Rudel Wölfe – Die Biberdämme – Gespenstische Szenen – Wildsteaks – Unsere Abende

Estes Park, November 1873

Ich werde versuchen, die unbedeutenden Dinge, die sich hier jeden Tag ereignen, in der Reihenfolge aufzuschreiben, in der sie stattfinden. Als ich zum zweiten Mal allein im Park war, erschien Mr. Nugent mit düsterem Gesicht und bat mich, ihn zu den Biberdämmen am Black Canyon zu begleiten. Diesmal gab es kein Pfeifen oder Singen, keine freundschaftlichen Worte zu seiner hübschen Stute, keinen geistreichen Schlagabtausch. Seine Laune war so finster wie der Himmel über uns, in dem sich ein Schneesturm zusammenbraute. Er machte kaum den Mund auf, hieb auf sein armes Pferd ein, stürzte in wildem Galopp davon, warf seine Stute herum, zog mit mir gleich und sagte: »Sie sind seit vielen Jahren die erste, die mich wie ein menschliches Wesen behandelt.« Das sagte er nur, weil er sich in einer rabenschwarzen

Stimmung befand. Mr. und Mrs. Dewy, denen sein Wohlergehen immer am Herzen lag, haben ihn stets als vernünftigen, intelligenten Gentleman behandelt. In besseren Momenten spricht er von ihnen mit der wärmsten Anerkennung. »Wenn Sie wissen wollen, wie ein Mann zum Teufel werden kann, dann hören Sie jetzt gut zu.« Es blieb mir keine Wahl. Wir ritten den Canyon hinauf, und ich erfuhr von seinem ruinierten Leben – eine der dunkelsten, der traurigsten Geschichten, die ich je gehört, von der ich je gelesen hatte.

Sie beginnt ganz einfach. Sein Vater, ein britischer Offizier aus einer guten, alten irischen Familie, war in Montreal stationiert. Er selbst bezeichnete sich als einen ungebärdigen, schlecht erzogenen Jungen, der seine liebevolle aber schwache Mutter tyrannisierte. Mit siebzehn sah er in der Kirche ein junges Mädchen, eine engelsgleiche Erscheinung. Mit all der Heftigkeit seines unbeherrschten Wesens verliebte er sich in sie. Er sah sie dreimal, sprach aber wohl nie mit ihr. Da seine Mutter sich seinem Wunsch widersetzte, um ihre Hand anzuhalten, und seine unbändige Leidenschaft als jugendliche Torheit abtat, begann er zu trinken, um sie zu kränken. Er war kaum achtzehn Jahre alt, als das Mädchen überraschend starb. Verrückt vor Schmerz, lief er von zu Hause fort und verdingte sich bei der Hudson's Bay Company[79]. Nach ein paar Jahren gab er seinen Posten auf, da ihn selbst das gesetzlose Leben eines Pelzhändlers zu sehr einengte. Er muss siebenundzwanzig Jahre alt gewesen sein, als er in den Dienst der Regierung der Vereinigten Staaten trat. Rasch wurde er einer der berühmten Scouts der Plains,

79 Die Hudson's Bay Company, das älteste eingetragene Handelsunternehmen in Kanada, wurde 1670 mit einem Privileg des Königs von England, Schottland und Irland gegründet. Über Jahrhunderte kontrollierte es den Pelzhandel in weiten Teilen Britisch-Nordamerikas.

zeichnete sich durch die kühnsten Taten aus und beging die blutigsten Verbrechen. Einige dieser Geschichten hatte man mir schon erzählt, doch nie auf so schreckliche Art. Die Jahre in jenem Dienst ließen ihn zu der Gestalt werden, die man im ganzen Westen kennt. Er war schon früh gefürchtet, da er sich durch jede Kleinigkeit angegriffen fühlte und sein Finger rasch am Abzug saß. Selbst in dieser düsteren Stimmung eitel, erzählte er, wie er von den Frauen vergöttert wurde. Selbst in seinen schlimmsten Stunden war er anständigen Frauen gegenüber immer höflich. Er beschrieb, wie er in seiner Scout-Montur durch die Camps ritt, eine rote Schärpe um den Leib, mit sechzehn langen, goldenen Locken, die über seine Schultern hingen.

Er hatte mir seine attraktive, ja, wunderschöne Gesichtshälfte zugewandt, während er mir seine Geschichte erzählte. Als Scout und als bewaffneter Escort von Auswanderergruppen war er ganz offensichtlich in alle Bluttaten und Tumulte einer gesetzlosen Region und Zeit verwickelt. Es ging mit ihm immer weiter bergab, er begann exzessiv zu trinken, wurde gewalttätig und richtete Schaden an. Hier schien sein Bericht eine Lücke aufzuweisen, denn als nächstes erzählte er von einem Gehöft in Missouri. Von dort aus kam er dann vor wenigen Jahren nach Colorado. Hier fehlte wieder etwas, vermutlich nicht ohne Grund, denn ich vermute, dass er sich einer oder mehreren Horden von »Border Ruffians«[80] angeschlossen hatte, die lange Zeit über Kansas herfielen und solch furchtbare Gewalttaten verübten wie das Massaker

80 Die »Border Ruffians« waren Männer aus dem Sklavenhalterstaat Missouri, die sich für den Erhalt der Sklaverei einsetzten und zwischen 1854 und 1860 über die Staatsgrenze nach Kansas gingen, um dort die Akzeptanz der Sklaverei durchzusetzen. Die meisten von ihnen waren viel zu arm, um Sklaven zu besitzen, ihre Motivation lag vor allem im Hass auf die Yankees.

von Marais du Cygne[81]. Sein Ruf als Gewaltverbrecher und Halunke eilte ihm nach Colorado voraus, wo ihm seine genaue Kenntnis der Berge und die leidenschaftliche Liebe zu ihnen den Namen »Rocky Mountain Jim« einbrachten. Er besitzt einen »Squatter's claim« und vierzig Stück Vieh und ist ein erfolgreicher Trapper, doch Neid und Rachsucht treiben ihn um. Wenn er Geld hat, geht er nach Denver und verschleudert große Summen in den irrsinnigsten Ausschweifungen, macht sich zum Schrecken der Leute und übertrifft darin selbst solche Desperados wie »Texas Jack«[82] oder »Wild Bill Hickok«. Ist das Geld vertan, kehrt er zu seiner Berghütte zurück, voller Hass und Selbstverachtung, bis zum nächsten Mal.

Es dauerte drei Stunden, bis er mir seine Geschichte erzählt hatte, schreckliche Beschreibungen einer Karriere als Desperado, hervorgesprudelt in wilder Wortgewandtheit und wahrhaft mitreißend. Natürlich kann ich das jetzt nicht in jeder Einzelheit widergeben. Als der Schnee, der seit einer Weile fiel, ihn zum Abbrechen zwang, und er mich an einen geschützten Ort begleitete, von wo aus ich aus eigener Kraft zurückfinden würde, brach es aus ihm heraus: »Hier sehen Sie einen Mann, der zu einem Teufel geworden ist! Verloren! Verloren! Verloren! Ich glaube an Gott. Ich habe Ihm keine

---

81 Das Massaker von Marais des Cygnes gilt als der letzte Akt von Gewalt in Kansas vor Ausbruch des Amerikanischen Bürgerkriegs. Am 19. Mai 1858 kamen etwa dreißig Männer, angeführt von Charles Hamilton, einem wilden Verfechter der Sklaverei, von Missouri nach Kansas, brachten elf unbewaffnete Freistaater in ihre Gewalt, stellten sie in eine Reihe und eröffneten das Feuer. Das Ereignis erschütterte die USA und inspirierte John Greenleaf Whittier zu dem Gedicht »Le Marais du Cygne«, das im September 1858 in der Zeitschrift »Atlantic Monthly« erschien.

82 John Baker »Texas Jack« Omohundro (1846–1880) war ein amerikanischer Scout, Cowboy und Schauspieler.

andere Wahl gelassen, als mich zu Satan und dessen Engeln zu stecken! Ich fürchte mich vor dem Sterben. Sie haben zu spät an meine bessere Natur gerührt. Ich kann mich nicht mehr ändern. Wenn jemand ein Sklave ist, so bin ich es. Reden Sie mir nicht von Umkehr und Erneuerung. Ich kann mich nicht erneuern. Ihre Stimme erinnert mich an …« Dann weiter in hitzigem Ton: »Woher nehmen Sie den Mut, mit mir zu reiten? Sie werden sicher kein einziges Wort mehr mit mir reden.« Ich musste ihm versprechen, einige Dinge für mich zu behalten, selbst nach seinem Tod, wozu ich mich verpflichtete. Ich hatte keine Wahl. Manchmal jedoch treten sie zwischen mich und das Sonnenlicht, oder ich wache nachts auf und muss an alles denken. Ich wünschte, mir wären der Kummer und die Aufregung jenes Nachmittags erspart geblieben. Ein weniger ungestümer Mensch hätte nie so gesprochen, wie er es tat, hätte mir nie von dem berichtet, was er getan hatte. Doch seine stolze, wilde Seele schüttete sich mir aus, mit Hass und Selbstverachtung, Blut an den Händen und in seinem Herzen Mord, aber auch in diesem Moment blieb er durch und durch Gentleman, verlor er nichts von seiner Faszination, auch wenn er jetzt die dunkelsten Seiten seines Charakters in aller Heftigkeit offenbarte. Mein Herz war von Mitleid erfüllt für sein dunkles, verlorenes, selbstzerstörerisches Leben. In dem wirbelnden Schneesturm wandte er sich zum Snowy Range, wo er vierzehn Tage lang im Freien campieren wollte. Ein wunderbarer Mensch mit großen Fähigkeiten, von wahrem Geist, einzigartig begabt und mit so großen Möglichkeiten. Um wie viel schrecklicher als Cowpers »Actum est de te, periisti«[83] ist doch sein Aufschrei. »Verloren! Verloren! Verloren!«

83 Mit dir ist es zu Ende, du bist dahin.

Es stürmte heftig, und die Punkte, an denen ich mich hätte orientieren können, verschwanden unter dem Schnee. Ich verirrte mich, und als ich nach Einbruch der Dunkelheit endlich zur Hütte zurückgefunden hatte, fand ich sie leer. Die beiden Jäger, die mich bei ihrer Rückkehr nicht angetroffen hatten, waren aufgebrochen, um nach mir zu suchen. Der Schneefall ließ erst sehr spät nach, und heftiger Frost setzte ein. In meinem rohen Balkenverschlag ist es fast wie im Freien, sodass ich meinen Kopf zum Schlafen in Decken vergraben muss, damit mir Lider und Atem nicht gefrieren.

Heute schien eine herrliche Sonne. Ich unternahm einen großartigen Ritt zum Black Canyon, um nach den Pferden zu sehen. Täglich entdeckt man neue Schönheiten, ein neues Zusammenspiel von Schnee und Licht. Nichts von dem, was ich in Colorado gesehen habe, lässt sich mit Estes Park vergleichen, und jetzt, da das Wetter fantastisch ist und die Bergspitzen über den Kiefernwäldern im reinsten Weiß leuchten, gibt es nichts, was sich das Herz an Schönheit oder Herrlichkeit ersehnen und nicht hier finden könnte. Alles trägt zur Gesundheit bei. In diesem vollkommen trockenen Klima sind Luft und Wasser rein und ungetrübt. In dieser winterlichen Einsamkeit liegt etwas Feierliches, zuweilen Überwältigendes. Etwas Ähnliches habe ich nie erfahren, selbst, als ich an den Hängen des Hualalai[84] lebte. Bei Tag, wenn die Männer irgendwo auf Jagd sind, oder bei Nacht, wenn Stürme vom Longs Peak herabfegen und die Luft voll scharfem, dünnem Schnee ist, wenn kaum die Möglichkeit besteht, dass eine lebendige Seele auftaucht, wenn es keine Verbindung mehr zur Welt gibt, dann wachsen die fantastischen Bergrücken, die zwischen uns und den Plains liegen,

---

84 Der 2512 Meter hohe Hualalai ist neben dem Kīlauea und dem Mauna Loa einer der drei aktiven Vulkane auf Hawaii.

zu solcher Höhe an, dass sie zu unüberwindlichen Grenzen werden, und die Flüsse, über die keine Brücke führt, fließen zum Inneren der Erde, und ich frage mich, ob mein ganzes Leben hier, mit Waschen, Ausfegen und Backen vergehen wird.

Heute gab es reichlich zu tun. Wir frühstückten gegen halb zehn. Dann verließen die Männer das Haus, und ich kam über Stunden nicht einen Moment zur Ruhe. Ich putzte den Wohnraum und die Küche, fegte einen Pfad durch den Abfall im Durchgangsraum, wusch ab, bereitete eine Ladung Brötchen und vier Pfund süße Kekse zu, schrubbte einige Töpfe und Pfannen aus, wusch ein paar Kleidungsstücke und wischte einmal über jeden Gegenstand, den es hier gibt. Am Boden des Butterfasses entdeckte ich einen Rest dicker Milch, bestimmt sechs Wochen alt, den ich gut als Treibmittel für meinen Brötchenteig gebrauchen konnte. Mr. Kavan, der köstliches Brot backt, stellt immer etwas Mehl mit Wasser neben den Ofen, was dann erfolgreich gärt, und ihm als Hefe dient. Dann inspizierte ich sehr unzufrieden den Zustand meiner Garderobe. Vor fast drei Monaten war ich mit einer kleinen Leinentasche, gefüllt mit Kleidungsstücken, von denen natürlich keines neu war, nach Colorado gekommen. Durch das schlichte Tragen, die Attacke eines Kalbs und die Notwendigkeit, einige Stücke als Tischwäsche zu entfremden, hat sich meine Garderobe auf zwei Kleider reduziert. Ich besitze noch ein einziges Taschentuch und ein Paar Strümpfe, die so oft gestopft sind, dass von der ursprünglichen Wolle fast nichts übrig ist. Da ich in Denver kein Geld bekommen konnte, ist mir außer großen Überschuhen und einem Paar Slippers kein anderes Schuhwerk mehr geblieben. Meine gute Oberbekleidung besteht aus einem schwarzen, schön gesäumten und im Rücken gerafften Seidenkleid und meinem alten, reichlich abgenutzten Reitkleid aus Flanell, das unentwegt nach Ausbesserung verlangt, sodass ich manchmal gezwungen bin, mich zum Essen »fein zu machen«, damit ich es am Abend wieder zusammenflicken kann. Du wirst lachen, aber es ist schon einmalig, dass ich bei bitterkaltem Wind und Temperaturen um den Gefrierpunkt dasselbe trage wie in den Tropen! Das geht aber nur, weil es hier so extrem trocken ist.

Wir haben unsere Arbeit nun besser verteilt. Mr. Buchan, der sehr schmächtig ist, hatte zu viel auf sich genommen. Gewiss wirst Du Dich fragen, was drei Menschen dort in der Wildnis den ganzen Tag zu tun haben. Zunächst werden die Pferde, die wir im Pferch halten, mit Hafer versorgt und zweimal täglich zur Tränke geführt. Die Hühner und Hunde brauchen ihr Futter, die Kuh muss gemolken, das Brot gebacken werden. Wir schauen jeden Tag nach, wo sich das Vieh aufhält. Sollte ein schwerer Schneesturm aufziehen, müssen wir es zusammentreiben. Es gibt keinen Holzvorrat. Daher hacken wir täglich Brennholz, davon brauchen wir eine Menge. Jeder von uns ist mit Kochen, Waschen und Flicken beschäftigt, die Männer gehen auf die Jagd oder zum Fischen. Zwei kranke Kühe erfordern viel Zuwendung. Rund um die Uhr haben wir eine betreut, die gestern unter unsäglichen Schmerzen verendet ist. Sie schaute uns mit den herzergreifend flehenden Augen einer Kreatur an, die »der Vergänglichkeit unterworfen«[85] ist. Die Beseitigung des Kadavers bereitete uns einige Mühe. Die Zugpferde sind in Denver. Wir konnten die anderen Pferde nicht dazu bewegen, das tote Tiere fortzuziehen, sie schlugen aus und bockten. Mit vereinten Kräften gelang es uns schließlich, die Kuh aus dem Stall zu zerren. Wie Mr. Kavan vorausgesagt hatte, tauchte nachts ein Rudel Wölfe auf, und bevor der Morgen graute,

85 Römer 8,20

war außer ein paar Knochen nichts mehr von dem Tier vorhanden. Alles spielte sich nah bei der Hütte ab, verbunden mit verstörenden Geräuschen. Von meinem Fenster aus sah ich, wie sie streitend übereinander herfielen. Die Wölfe hier sind größer als die in der Prärie, doch ebenso feige, wie ich vermute.

Heute Morgen war der Himmel von schwarzen Wolken überzogen, ein Schneesturm drohte, und über siebenhundert Rinder und viele Pferde zogen in langen Kolonnen aus den Tälern und Canyons in den Park. Ihr Instinkt lässt sie bei Gefahr das freie Feld und den Schutz des Menschen suchen. Ich war allein, als Mr. Nugent, den wir auf dem Snowy Range vermuteten, nachmittags hustend, bleich und sehr verstört in die Blockhütte trat. Er bot an, mir einen der herrlichsten Canyons zu zeigen. Ich konnte nicht ablehnen. Das Quellgebiet des Fall River, zu dem er mich brachte, hat sich durch den Einsatz der Biber völlig verändert. Sie sind wirklich einmalige Baumeister. An einer Stelle haben sie einen Damm angelegt und dadurch einen See gestaut, an einer anderen eine Insel geschaffen, zudem für einige Wasserfälle gesorgt. Ihre Vorratslager liegen sorgfältig verborgen und sind vor Ausbruch des Winters jetzt sicher gut gefüllt. Wir sahen Unmengen an jungen Pappeln und Espen mit Stämmen vom Umfang meines Arms dort liegen, wo die fleißigen Tiere sie durchgenagt und zur weiteren Verwendung aufbewahrt hatten. Sie machen sich immer nachts ans Werk, immer in Gemeinschaft. Mit ihren langen, scharfen Zähnen nagen sie die Stämme durch. Zur Maurerarbeit nutzen sie ihren abgeplatteten Schwanz. Wird ihr Pelz natürlich belassen, ist er – wie der des Zobels – voller schwarzer Haare und sehr widerstandsfähig. Für den Verkauf werden die schwarzen Haare entfernt.

Der Canyon war überwältigend, schöner als viele andere, doch unser Ritt gestaltete sich trostlos und bedrückend. Was gewesen war, sollte gewesen sein. Das letzte Gespräch wurde mit keinem Wort erwähnt. Jim verhielt sich höflich, doch abweisend, und als ich mich von ihm verabschiedete, bemerkte er, dass er vor meiner Abreise wohl nicht vom Snowy Range zurück sein werde. Jim war der geborene Schauspieler, und ich fragte mich, ob er die verzweifelte Reue neulich eher gespielt hatte, um mich in meiner Leichtgläubigkeit zu beeindrucken, oder um mich in Schrecken zu versetzen. Womöglich hatte es sich aber auch um einen wahren und unvorbereiteten Ausbruch leidenschaftlichen Bedauerns gehandelt, die aufrichtige Klage über ein vertanes Leben. Ich weiß es nicht genau, glaube jedoch an letzteres.

Als ich gedankenverloren zurückritt, lagen die Gipfel im roten Schein des Sonnenuntergangs, und über dem Park schwebte violetter Dunst. Es war wunderbar, großartig, doch, oh, wie ernst, wie einsam! Ich ritt eine hohe Vollblutstute, der ein Hufeisen fehlte. Die anderen saßen locker. Sie stürzte zweimal und hangelte sich unbeholfen über den teils vereisten, teils recht tiefen Thompson River. Als wir das flache Grasland erreicht hatten, fiel sie jedoch in einen langen Galopp, den ich aus vollem Herzen genoss. Im Vergleich zu Birdies Trippeln war ihr weiter, ausgreifender Schritt ungemein leicht und belebend.

Freitag

An diesem trostlos düsteren Tag herrscht strenger Frost, und ein scharfer Wind weht aus Nordost. Hier, wo fast immer die Sonne scheint, drückt ihr Ausbleiben schwer auf die Seele. Die grimmige Landschaft scheint aus nichts als Schwarz und

Grau zu bestehen. Drei Pferde sind durchgebrannt, darunter Birdie. Weder besitzen wir einen Köder, mit dem wir sie anlocken könnten, noch ein Reittier, um sie aufzuspüren und einzutreiben. Ich hatte meine große Stute selbst in den Pferch gebracht, Mr. Kavan stellte später sein Pferd dazu und sicherte das Gatter. Die Wölfe rissen letzte Nacht wild Beute, und wir glauben, dass die erschreckten Pferde in Panik gerieten, sonst hätten sie nicht über den Zaun gesetzt. Auf der Suche nach ihnen verloren die Männer einen ganzen Tag. Als sie zurückkehrten, berichteten sie, sie hätten Mr. Nugent an der Furt des Thompson River in so miserabler Stimmung zu seiner Hütte zurückkehren sehen, dass sie froh waren, kein Wort mit ihm wechseln zu müssen.

Soeben hält der Abend in feierlicher Schwärze Einzug. Am späten Nachmittag war es mir gelungen, eines der Pferde einzufangen, während es an den Hafergarben schnupperte, und ich legte in Begleitung der beiden großen Jagdhunde einen herrlichen Galopp auf der Longmont-Trasse zurück. Im Sturm, der sich auf meinem Rückweg langsam erhob, eröffnete sich mir der gleiche Blick auf Estes Park wie damals, als ich meine geliebte Senke zum ersten Mal in der Glorie des herbstlichen Sonnenuntergangs vor mir liegen sah. Alles Leben war nun vergangen. Keine Libelle flirrte mehr durch den Sonnenschein, die Pappeln hatten ihre letzten gelbbraunen Blätter verloren, die ehemals scharlachroten Ranken des wilden Weins waren kahl, der Strom funkelte nicht mehr und ruhte starr unter eisigen Fesseln – nur ein paar verwelkte Blütenstängel erinnerten noch an die kurze, helle Sommerherrlichkeit.

Der Park war mir noch nie so verschlossen erschienen, geradezu furchterregend in seiner Verlassenheit. Gespenstisch weiße Gipfel zeichneten sich scharf vor dunklen Schneewolken ab, der breite Fluss lag unter Eis, die Kiefern standen in schwarzer Tracht, auf den Wiesen zeigte sich keine Spur von Leben, die Welt war vollends ausgesperrt. Welche Briefe kannst Du von solch einem Ort erwarten, welche Beschreibungen eines Lebens, »in dem sich nichts ereignet«? Seltsam ist, dass weder Evans noch Edwards zurückkehren. Die jungen Männer murren. Man hatte sie gebeten, fünf Tage lang zu bleiben, und nun sind sie bereits fünf Wochen hier. Sie wollen in die Berge, um auf Jagd zu gehen, wodurch sie ihren Lebensunterhalt sichern. Zwei Kälber liegen im Sterben, und wir wissen nicht, wie wir ihnen helfen können. Sollte ein schwerer Schneesturm ausbrechen, sind wir nicht in der Lage, achthundert Rinder einzutreiben und zu versorgen.

Samstag

Frühmorgens begann es zu schneien, und da kein Wind weht, bietet sich uns das Spektakel einer sanften, weißen Welt, auch wenn es nicht von langer Dauer ist. Mit jedem Abend und mit jedem Morgen wird es bei uns nun später. Heute haben wir nicht vor zehn Uhr gefrühstückt. Das Pökelfleisch widerte uns allmählich so an, dass wir froh waren, als es gestern zu Ende ging, obwohl wir nun kein Fleisch mehr haben, wonach der Körper in diesem Klima verlangt. Wie überrascht war ich daher, als wie durch ein Wunder ein Teller mit gebratenen Wildsteaks auf dem Küchentisch stand. Wir aßen wie Halbverhungerte und genossen jeden einzelnen Bissen. Kurz vor meiner Ankunft hatten die beiden Männer einen Hirsch geschossen, den sie in Denver verkaufen wollten. Der riesige Kadaver mit dem weit ausladenden Geweih hing seitdem draußen am Verschlag. Wie oft hatte ich einen sehnsüchtigen Blick auf das verlockende Tier geworfen, während ich mich vergebens bemühte, ein hartes

Stück Pökelfleisch hinunterzuwürgen, doch es war nicht daran zu denken.

Heute Morgen quälte der Hunger die beiden noch mehr als mich, und da die Aussicht, den Hirsch auf ein Pferd zu packen und nach Denver zu schaffen, immer schlechter wird, beschlossen sie, eine Keule abzuschneiden. Wir werden also in Wild schwelgen, solange der Vorrat reicht. Edwards, das hoffen wir jedenfalls, wird gewiss in Kürze eintreffen, doch bis er uns mit Lebensmitteln versorgen kann, ist unsere Lage kritisch. Das Mehl geht zur Neige, ebenso das Backpulver, Kaffee gibt es nur noch für eine Woche, ein spärlicher Rest an Tee ist alles, was von meinem Vorrat blieb. Wir haben beschlossen, sehr spät zu frühstücken und uns auf zwei Mahlzeiten pro Tag zu beschränken. Die jungen Männer gingen wie gewöhnlich zur Jagd, und ich entdeckte Birdie. Auf ihrem Rücken gelang es mir, vier weitere Pferde einzufangen. Der Schnee klumpte so sehr unter ihren Hufen, dass ich mich später zu einer Fußwanderung entschied, die mich auf einer dicken Eisschicht über den Fluss führte und einige neue Blicke auf diesen einzigartigen Ort ermöglichte.

Unsere Abende sind gesellig und angenehm. Nach dem Essen, gegen acht Uhr, legen wir ordentlich Holz auf. Die Männer rauchen, während ich Dir schreibe. Dann rücken wir nah ans Feuer, ich nehme meine endlose Flickarbeit auf, wir unterhalten uns oder lesen einander vor. Die beiden jungen Männer sind sehr intelligent. Besonders Mr. Buchan kennt sich gut aus und versteht recht viel von Menschen. Unsere Lage, die Wahrscheinlichkeit, daraus erlöst, die Aussicht, eingeschneit zu werden, der Stand unserer Vorräte, die kranken Kälber, Jims Stimmung, die Absichten eines Mannes, dessen Fußspuren wir entdeckten und denen wir drei Meilen folgten, das sind unsere ewig gleichen Themen.

15. Brief

Thanksgiving in Estes Park

Sklave des Whiskeys – Die Freuden der Eintönigkeit – Der Berglöwe – Ein weiteres Maul zu stopfen – Ein lästiger Junge – Ein Ausgestoßener – Thanksgiving – Der Neuankömmling – Literarischer Humbug – Eine ausgedörrte Kuh melken – Forellen fischen – Schneesturm – Die Behausung eines Desperados

Estes Park, Sonntag, November 1873

Ein Trapper, der letzte Nacht vorüberkam, berichtete uns, Mr. Nugent sei krank. Nach unserem späten Frühstück erledigte ich den Abwasch und machte mich auf den Weg zu seiner Hütte, begegnete ihm jedoch in der Schlucht, da er seinerseits nach uns sehen wollte. Er sagte, er hätte sich auf dem Range erkältet, und seine Lunge litte unter einer alten Pfeilwunde. Wir unterhielten uns lange, ohne direkt auf das erschütternde Gespräch von neulich zurückzukommen. Er vertraute mir aber ein paar Einzelheiten seiner zerrütteten Existenz an. Es ist herzzerreißend, dass es einem Mann wie ihm, in der Blüte seines Lebens, an einem Heim und an Liebe fehlt, dass er ein dunkles Leben in einer Höhle führt – die einzigen Gefährten seine schuldbeladenen Erinnerungen und ein Hund, den viele für das noblere der beiden Lebewesen halten. Ich drängte ihn, den Whiskey aufzugeben, der ihn ruiniert, und seine Antwort enthielt eine traurige Wahrheit: »Ich kann es nicht, er hat mich völlig in der Hand – ich kann nicht auf den einzigen Genuss, der mir geblieben ist, verzichten.« Seine Vorstellungen von Recht sind äußerst zweifelhaft. Er sagt, dass er an Gott glaubt, doch was er von den göttlichen Gesetzen weiß, oder was er wirklich glaubt, kann ich nicht beurteilen. Eine Beleidigung mit dem Revolver zu beantworten, Rache an denen zu nehmen, die dich verletzt haben, ehrlich gegenüber einem Kameraden zu sein, dein letztes Stück Brot mit ihm zu teilen, anständigen Frauen mit galanter Höflichkeit zu begegnen, sich als großzügig und gastfreundlich zu erweisen und schließlich mutig zu sterben – dies sind seine Glaubensregeln, und ich vermute, dass sie bei Männern seines Schlages Anklang finden. Er verabscheut Evans mit bitterem Hass, und Evans scheint ihn zu erwidern. Zu viele Provokationen hat er von Jim in dessen gesetzlosen und gewalttätigen Anfällen einstecken müssen, zu sehr neidet er ihm die Faszination, die seine Art und das, was er zu sagen hat, auf Fremde ausübt, die hier heraufkommen.

Als ich zurückritt, war die Sicht überwältigend: die Schlucht tief verschattet, der Park darunter in hellstem Sonnenlicht und all die majestätischen Canyons, die auf ihn zulaufen, in einem abgrundtiefen, unendlich blauen Dunst – und hoch darüber die perlmuttfarbenen Gipfel, in blendender Reinheit und von fantastischster Form, die das Türkisblau des Himmels zerteilen. Werde ich dies »ferne Land« je verlassen wollen? Werde ich es je verlassen *können*, so muss die Frage lauten. Wir leben nach dem biblischen Prinzip »Lasst uns essen und trinken, denn morgen werden wir nicht mehr sein«, und die Vorräte schmelzen dahin. Die Beschränkung auf zwei Mahlzeiten erwies sich nicht als sinnvoll. Nun sind wir immer so hungrig, dass wir mehr essen als zuvor. Heute haben wir viele kirchliche Lieder gesungen, um den Tag einem Sonntag so ähnlich wie möglich zu machen.

Die »leise Melancholie« dieser winterlichen Einsamkeit ist sehr faszinierend. Wie wunderbar die ambergelben Feuer des heraufziehenden Morgens ihre Funken versprühen, wie wunderbar die scharlachroten Wolken bis zu den Bergspitzen hinabsinken und sich auf der reinen, weißen Schneefläche spiegeln. Die Tür unseres Wohnraums geht nach Norden, und während ich abends schreibe, funkelt der Polarstern, und ein kalter, zunehmender Mond hängt über der gespenstischen Verheißung von Longs Peak.

Estes Park, Colorado, November 1873

Wir haben das Datum aus den Augen verloren und können uns nur darauf einigen, dass wir uns dem Ende des Novembers nähern. Unser Leben hier spielt sich mit einer gewissen Gleichförmigkeit ab, und unsere erzwungene Gemeinschaft ist bemerkenswert angenehm. Wir könnten drei Männer sein, die zusammenleben, wenn die beiden mir nicht mit immer unveränderter Höflichkeit und Rücksichtnahme begegneten. Unsere Arbeit geht reibungslos vonstatten. Zu meiner Bekümmerung wollen mich die Männer nichts tun lassen, was sie als zu schwer oder unzumutbar betrachten, ein Pferd zu satteln beispielsweise, oder Wasser zu holen.

Die Tage vergehen schnell, ein ruhiges Leben ohne große Sorgen. Mit diesen beiden lebt es sich so angenehm. Sie klagen oder stöhnen nie. Nichts ist ihnen die Aufregung wert. Du würdest Dich gewiss wundern, wenn Du vor unserem maßlos späten Frühstück in die kleine, enge Küche kämst und Mr. Kavan dabei anträfst, wie er am Herd steht und Wild brät, mich das Geschirr vom Abendessen spülen und Mr. Buchan es abtrocknen sähst. Es kommt auch vor, dass sich beide Männer am Herd zu schaffen machen, während ich ausfege. Unsere Nahrung beschäftigt uns sehr, wir sind hungrig wie die Wölfe. Vor Sonnenuntergang geht jeder von uns seinen häuslichen Pflichten nach, Mr. Kavan hackt Holz, Mr. Buchan holt Wasser, ich säubere die Milchkannen und tränke die Pferde. Am Samstag haben die beiden ein Reh geschossen, doch als sie es heute hereinholen wollten, fanden sie nur noch die Hinterläufe und folgten einer Spur, die zur Höhle des Räubers führen sollte. Aus dem Nichts stand plötzlich ein riesiger Berglöwe vor ihnen. Er zog es dann doch vor, rasch außer Reichweite zu gelangen, bevor sie sich von ihrer Überraschung erholen und zum Gewehr greifen konnten. Diese Berglöwen, die dem Puma gleichen, sind ebenso blutdurstig wie feige. Vor Kurzem brach einer von ihnen in ein Schafgehege im St. Vrain Canyon ein, biss dreißig Schafen die Kehlen durch saugte ihr Blut aus.

November ?

Zwar ereigneten sich heute nur einige Kleinigkeiten, doch gab es dennoch viel Arbeit zu erledigen. Ich wusch eine meiner beiden Garnituren Wäsche. Ich bügele nie, liebe es aber, sie so lange zu bleichen, bis sie schneeweiß sind. Sie hingen auf der Leine in der Sonne, als unversehens einige furiose Böen vom Longs Peak herabfuhren, die mich fast umwarfen. Als sich der Wind gelegt hatte, war meine Wäsche buchstäblich zerfetzt. Hier lernt man jeden Tag, wie wenig man zum Glücklich sein braucht.

Ich bereitete einen vier Pfund schweren Ingwerkuchen zu, backte ein Brot, flickte mein Reitkleid, räumte auf, schrieb ein paar Briefe, in der Hoffnung sie eines Tages abschicken zu können, unternahm einen herrlichen Spaziergang und kehrte genau in dem einzigartig melancholischen Moment zurück, welcher der Dunkelheit nun unmittelbar vorausgeht. Wir waren alle damit beschäftigt, das Abendessen herzurichten, als die Hunde in wildes Gebell ausbrachen und wir das Geräusch von Pferden hörten. »Evans, endlich!«, riefen wir erleichtert – doch wir hatten uns geirrt. Mr. Kavan, der nach draußen geeilt war, kehrte mit der Botschaft zurück, dass ein junger Mann mit Evans Gespann heraufgekommen, der Wagen jedoch sieben Meilen von hier in eine Schlucht geraten und dort steckengeblieben war. Mr. Kavans schaute ernst vor sich hin: »Ein weiteres Maul zu stopfen.« Wir stellten keine Fragen, sondern holten den Jungen herein, einen saloppen, selbstsicheren Zwanzigjährigen, der an einem theologischen Kolleg studierte und dort krank geworden war. Die Männer waren zu höflich, um ihn nach seinen Plänen zu fragen, also hakte ich beherzt nach und fragte ihn, wo er wohnen werde. Zu unserer Bestürzung erklärte er, dass er bei uns bleiben werde. Also mussten wir uns darüber verständigen, was wir mit ihm machen wollten. Die Verpflegungsfrage stellt ein ernsthaftes Problem dar. Wir richteten ihm erst einmal ein Bett in einem Kämmerchen neben der Küche ein, um zu sehen, wozu er taugte, bevor wir ihm bestimmte Arbeiten überließen. Es wunderte uns sehr, dass er überhaupt heraufgekommen war. Ganz offensichtlich handelte es sich hier um einen oberflächlichen, arroganten Jungen.

Heute ist der 26. November. Zumindest haben wir es so beschlossen. Morgen wollen wir Thanksgiving mit einem Festmahl feiern, obwohl Mr. Kavan mehrmals trübselig wiederholte: »Ein weiteres Maul zu stopfen«. Dieses »weitere Maul« hat den Weg hierher gefunden, um das Wundermittel namens »körperliche Arbeit« zu erproben, doch er ist in der Stadt aufgewachsen und wird, das sehe ich jetzt schon, keinen Finger rühren. Er schreibt Gedichte, die er mir heute, während ich beschäftigt war, laut vorzulesen begann, wobei er meine Meinung hören wollte. Er ist in dem Alter, wo alles Literarische eine Faszination ausübt, und jeder Schriftsteller als Held gilt. Ein schrecklicher Sturm fuhr letzte Nacht unter die Hütte, hob sie hoch und ließ Lehmbrocken vom Dach in den Wohnraum stürzen. Feiner Kies wirbelte uns ins Gesicht. Heute Morgen schippte ich vier volle Schaufeln Schlamm aus meinem Verschlag ins Freie.

Nach dem Frühstück ritten Mr. Kavan, der junge Mr. Lyman und ich mit Evans beiden Zugpferden zu der Unglücksstelle. Der Sturm tobte immer noch. Ich fühlte mich wie ein Dienstmädchen, das Ausgang hat, da ich in Windeseile das Geschirr abwusch und meinen Raum in größter Unordnung hinterließ. Ein paar Bäume hatten den Wagen auf dem Hang der Schlucht aufgefangen und dadurch vor dem Absturz bewahrt. Es war zu kalt, um reglos zuzuschauen, wie die Männer ihn heraufzogen und in Stand setzten. Ich ritt langsam zurück. Unterwegs begegnete mir Mr. Nugent, in der allerschwärzesten Stimmung und mit einem seiner übelsten »Anfälle«. Er spie seinen Hass auf jedermann aus und verglich seine eigene Großzügigkeit, seine unverantwortliche Güte mit der Selbstsucht der anderen, mit deren berechnender Freundlichkeit. In der Tat zollt man ihm Anerkennung für »das gütigste Herz«, das in einer Brust schlägt. Neulich wurde ein Kind in einer der Hütten schwerkrank, und obwohl genügend Männer da waren, die nichts zu tun hatten, und es dort Pferde gab, erbarmte sich einzig und allein der Desperado, ritt sechzig Meilen bis zum nächsten Arzt und erschien in kürzester Zeit in dessen Begleitung. Während wir miteinander sprachen, saß er auf einem Stein vor seiner höhlenartigen Hütte und flickte einen Sattel. Ringsum verstreut lagen Felle, Knochen und Tierschädel. Ring beobachtete ihn mit eifersüchtiger, abgöttischer Liebe. Der Wind fuhr durch seine dünnen Locken, die von seinem schönen Kopf hingen – eine Ruine von einem Mann. Die Sonne, die auf die Guten wie die Schlechten scheint, legte sich mit goldenem Glanz auf sein Haar. Möge unser Vater im Himmel einst Mitleid mit Seinem verstoßenen Sohn zeigen!

Mr. Kavan holte mich bald ein, auf den letzten beiden Meilen bis zu unserer Hütte lieferten wir uns ein rasantes Rennen, und hatten sie kaum betreten, als es erneut heftig zu stürmen und schneien begann.

Thanksgiving

Der aus Nordost befürchtete Schneesturm ist letzte Nacht ausgebrochen. Er legte sich gegen Mitternacht, aber da war mein Bett schon ganz weiß. Die Temperatur fiel weit unter null, alles gefror. In einer Blechbüchse taute ich neben dem Feuer Wasser zum Waschen auf, doch ehe ich es nutzen konnte, war es erneut gefroren. Mein Haar war im gestrigen Tauwetter nass geworden und ist zu steifen Strähnen gefroren. Milch und Sirup sind hart wie Stein, die Eier müssen direkt neben dem Herd aufbewahrt werden, damit sie flüssig bleiben. Im Stall sind zwei der Kälber erfroren. Unser Fußboden ist zur Hälfte von Schnee bedeckt, doch draußen ist es zu kalt, um die Tür zu öffnen und ihn hinaus zu fegen.

Heute Morgen setzte wieder sehr feiner, scharfer Schneefall ein. Er weht durch die Ritze zwischen den Balken in den Raum und legt sich auf das Blatt Papier, auf dem ich schreibe. Mein Tintenfass steht beim Feuer, und Mr. Kavan ist so freundlich, es mir für jedes neue Eintauchen der Feder herüberzureichen. Wir haben ein riesiges Feuer entfacht, können die Temperatur im Raum aber nicht über den Gefrierpunkt bringen. Bereits seit meiner Ankunft war das Eis fest genug, um einen Wagen zu tragen. Heute ist es so hart, dass wir mit Mühe unser Wasserloch offen halten können, auch wenn wir ständig mit der Axt darauf herumhacken. Wenn der Schnee liegenbleibt, sind wir vollständig abgeschnitten. Unsere größte Sorge gilt den Lebensmitteln. Tee und Kaffee reichen noch bis übermorgen, der Zucker ist fast verbraucht, das Mehl geht zur Neige. Es ist eine ernste Angelegenheit, »ein weiteres Maul stopfen zu müssen«, und der Neuankömmling erweist sich als eine gefräßige Kreatur, der mehr isst, als wir alle drei zusammen. Es ist zum Fürchten, seine hungrigen Augen über den Frühstückstisch gleiten und den großen Brotlaib in seinem Rachen verschwinden zu sehen. Heute Morgen gestand er mir, er könnte alles, was auf dem Tisch steht, ganz allein vertilgen. Er ist verrückt nach Essen, und ich sehe, wie Mr. Kavan darbt, um Vorräte zu sparen. Mr. Buchan geht es nicht gut, ihn plagt die Vorstellung, auf »halbe Portion« gehen zu müssen. All das mag lächerlich klingen, doch uns wird das Lachen vergehen, wenn wir erst einmal mit dem richtigen Hunger konfrontiert sind.

Gegen Abend hoben sich die Schneewolken, die alles zugedeckt hatten, und vor uns enthüllte sich eine herrliche Winterlandschaft. Das Polarlicht ist überwältigend. Draußen hat es minus zwanzig Grad, in meinem undichten Verschlag minus siebzehn. Die Luft ist derart trocken, dass Mr. Buchan nur mit Mühe atmen kann. Am Nachmittag bereiteten wir unser Thanksgiving-Mahl vor. Ich kochte einen wunderbaren Pudding, für den ich seit Tagen Eier und Rahm zurückgelegt hatte. Getrocknete, entsteinte Kirschen ersetzten die Korinthen. Dazu gab es selbstgemachte Vanillesoße – köstlich, wie die Männer fanden –, Wildsteaks und Kartoffeln. Ein Auflauf mit süßem Sirup rundete meine Kreation ab. Den Tee gossen wir erneut auf den Blättern vom Vortag auf. Ich glaube, wenige Menschen in Amerika haben ihr Thanksgiving mehr genossen als wir. Leider hat Mr. Nugent unsere Einladung fast brüsk ausgeschlagen, was uns allen leidtat. Der vier Pfund schwere Kuchen, den ich gestern gebacken habe, ist schon vollständig verschwunden. Der vermaledeite Junge gestand, dass er nachts hungrig aufgestanden war und fast die Hälfte davon in sich hineingestopft hat. Er versucht mich zu beschwatzen, einen neuen zu backen.

29. November 1873

Bevor der Junge bei uns auftauchte, hatte ich aus Versehen eine Ladung Cayennepfeffer statt Ingwer in einen Kuchenteig gerührt. Gestern Abend stellte ich die Hälfte des Kuchens in den Schrank und ließ dessen Tür offen. In der Nacht hörten wir Geräusche in der Küche, ein Würgen, Husten, Stöhnen, und beim Frühstück war der Junge nicht in der Lage, die Speisen mit der gewohnten Gier zu verschlingen. Wimmernd bat er mich um etwas Linderndes gegen den Brand in seiner Kehle, und gab zu, mitten in der Nacht »ausgehungert« erwacht zu sein, sich in die Küche geschlichen und den »Ingwerkuchen« verzehrt zu haben. Ich versuchte, ihm klar zu machen, wie niederträchtig es war, so viel zu essen und so unnütz zu sein, worauf er sagte, er würde ja alles tun, um mir zu helfen, wenn nur die Männer nicht so auf ihn »herabschauten«. Ich habe noch nie Männer gesehen, die so geduldig mit einem Jungen waren. Er ist ein mehr als ärgerlicher Zuwachs für unsere kleine Gemeinschaft, und trotzdem muss man immer wieder über ihn lachen. Trauen kann man ihm aber nicht. Ich wage es nicht, diesen Brief auf dem

Tisch liegen zu lassen – er würde ihn lesen. Er schreibt für zwei Weststaaten-Journale, oder zumindest behauptet er das, und zeigte uns eine Seite mit seinen publizierten Gedichten. Mr. Kavan wies mich darauf hin, dass er in einem dieser Machwerke zwanzig Zeilen aus »Paradise Lost«[86], in einem anderen zwei Strophen aus »Resignation«[87] wortwörtlich übernommen hat. Bonars »Meeting-Place«[88] gibt er schändlicherweise als sein eigenes Poem aus. Er borgte mir einen seiner Essays, »Die Aufgabe eines Romanschriftstellers«, der nichts anderes ist als ein Mosaik nicht nachgewiesener Zitate. Die Männer erzählten mir, er hätte damit geprahlt, dass er auf dem Weg hier herauf in Mr. Nugents Hütte Schutz gefunden und gleich entdeckt habe, wo der Schlüssel zu seinem Kasten liegt, den er heimlich geöffnet und sämtliche darin aufbewahrte Briefe und Handschriften gelesen habe.

Mit seiner Ignoranz und Überheblichkeit ist er eine wahre Pest. Am ersten Tag sah er mich abwaschen und erklärte, er wolle alle schmutzigen Arbeiten übernehmen. Ich ließ das Besteck im Becken liegen, bat ihn, es zu säubern und wegzuräumen. Zwei Stunden später lag es immer noch da. Als die Männer zur Jagd aufbrachen, versprach er, das Holz für die nächsten Tage zu hacken. Nach wenigen Axthieben, bei denen ein paar Späne abfielen, kam er herein und klimperte auf dem Harmonium. Ich hatte nicht einmal genügend Holz für ein Feuer, um das Abendessen zu kochen. Er erzählte von seinen Lasso-Künsten und konnte nicht einmal eins unserer lahmsten Pferde einfangen. Noch schlimmer aber: Er ist nicht in der Lage, die eine Kuh von der anderen zu unter-

86 »Paradise Lost« (1667) ist ein episches, in Blankversen verfasstes Poem des englischen Dichters John Milton (1608–1674).

87 »Resignation«, ein angelsächsisches oder altenglisches Poem.

88 Der schottische Geistliche und Dichter Horatius Bonar (1808–1889) blieb vor allem durch seine Hymnen in Erinnerung.

scheiden. Vor zwei Tagen brannte ihm unsere Milchkuh durch, während er sie zum Melken in den Stall brachte. Mr. Kavan verlor wertvolle Stunden, um erfolglos nach ihr zu suchen. Heute erklärte er uns triumphierend, er hätte sie gefunden. Wir schickten ihn hinaus, um sie zu melken. Zwei Stunden später kam er kleinlaut wieder, in der Milchkanne nichts als zwei Tropfen einer weißlichen Flüssigkeit. Das war, wie er sagte, alles, was herauskam. Als Mr. Kavan hinausging, um nach dem Rechten zu sehen, fand er anstelle unserer Braunweißen eine Gescheckte, die seit dem letzten Frühling trocken steht. Unsere Milchkuh hatte sich dagegen einer wilden Herde angeschlossen. Wir bedachten Lyman mit zornigen Blicken. Er hatte noch die Frechheit zu sagen, er habe erwartet, hier oben von frischer Milch leben zu können. Ich bat ihn, Wasser aufzusetzen und entdeckte den Kessel eine Stunde später rotglühend auf dem Herd. Nichts ist vor ihm sicher, es sei denn, ich verstecke es in meinem Verschlag. Er hat zwei Pfund Trockenkirschen aufgegessen, die im Regal lagen, das halbe Gewürzbrot, kaum dass es aus dem Ofen kam, hat nachts die Kanne mit meiner Vanillesauce geleert und sich über den Auflauf hergemacht, der zum Abendessen bestimmt war. Er gibt alles freimütig zu und bemerkt zu seiner Entschuldigung nur: »Ihr haltet mich sicher für einen komischen Kauz.« Heute Morgen begrüßte er Mr. Kavan mit den Worten: »Wird Miss Bird uns heute wieder so einen leckeren Kuchen backen?« Das alles mag harmlos sein, doch sein Hang zum Plagiat und sein übertriebener Ehrgeiz widern mich an und lassen sich mit seiner Behauptung, er studiere Theologie, so gar nicht in Einklang bringen.

30. November 1873

Gestern Abend blieben wir bis elf Uhr auf, so überzeugt waren wir, dass Edwards am Tag nach Thanksgiving aus Denver heraufkommen würde. Heute Morgen fassten wir den Entschluss, Estes Park in Kürze zu verlassen. Tee, Kaffee und Zucker sind aufgebraucht, das Wildfleisch wird sauer, und den Männern bleibt nur noch ein Monat für die Jagd, von der sie den ganzen Winter hindurch leben müssen. Ich kann allerdings meine Zelte hier erst dann abbrechen, wenn ich an Geld komme, überlege aber nach Longmont zu reiten, um nach der Post zu sehen und herauszufinden, ob sich die Panik allmählich legt.

Gestern blieb ich allein, machte einen Ausflug zum Longs Peak und bereitete aus den letzten Zutaten zwei kleine, runde Puddings für das Abendessen zu. Die Männer kehrten mit Forellen beladen zurück, und wir feierten ein Fest. Unsere Feinschmecker zu Hause wären vor Neid erblasst. Mr. Kavan wälzte die Fische in Maismehl, ließ so viel Butter in der Pfanne zergehen, dass sie ganz bedeckt waren, wendete sie einmal im brutzelnden Fett und hob sie goldgelb und dampfend heraus. Zum ersten Mal war auch der junge Lyman zufrieden. Kaum war der Teller leer, wurde schon die nächste Forelle daraufgelegt. Die beiden hatten vierzig Fische gefangen und packten die restlichen in Eis, um sie später zum Verkauf nach Denver zu bringen Das Fischen im Winter lohnt sich sehr. Selbst bei härtestem Frost nehmen Männer, die nicht zum Vergnügen fischen, sondern damit ihren Lebensunterhalt verdienen, ihre Axt und ziehen zu den fünfzig zugefrorenen Seen und Wasserläufen, die sich rund um den Park befinden. Sie wählen meist einen durch Bäume windgeschützten Ort, hacken ein Loch ins Eis, sichern sich gegen das Einbrechen mit einem Seil, das um einen Stamm geschlungen wird, und spießen Maden oder kleine Fleischbrocken auf einen Haken. Oft beißt die Forelle, kaum dass der Köder ins Wasser trifft. Fällt ein Sonnenstrahl auf das Eis, so sieht man unter der Oberfläche Schwärme von Fischschwänzen mit silbernen Schuppen, von glänzenden Augen und rot gefleckten Flossen. Selbst wenn sie tot und still auf dem blauen Eis liegen, sind diese scharlachrot gesprenkelten Kreaturen wunderschön. Manchmal gelingt es zwei Männern auf diese Weise, an einem einzigen Wintertag sechzig Fische zu angeln. Es ist allerdings ein kalter und einsamer Sport.

Ein heimischer Koch würde über unsere spärliche Ausrüstung, die zur Zubereitung solcher Leckereien dient, gewiss verächtlich den Mund verziehen. Unsere Kochutensilien bestehen aus einem Wasserkessel, einer Bratpfanne und einer Messingpfanne, als Nudelholz verwenden wir eine Flasche. Der Küchenherd funktioniert nur, wenn er ununterbrochen mit Holz befeuert wird.

Die Kälte war sehr streng, doch ich leide selbst in meiner unzureichenden Kleidung nicht mehr darunter. Ich nehme einen heißen Granitblock mit ins Bett, ziehe die Decken über den Kopf und schlafe acht Stunden lang, auch wenn ich häufig einschneie. Ein ganzer Tag mit Schnee, Nebel und Dunkelheit war allerdings ziemlich deprimierend. Gestern früh um fünf Uhr kam ein Hurrikan auf, der Park versank in einem Wirbel aus Schnee, der wie Rauch in den Augen biss. Mein Bett und mein Verschlag waren weiß. Der starke Frost ließ das heiße Wasser, das ich aus dem Kessel in meine Waschschüssel gegossen hatte, sofort gefrieren. Dann hörte es auf zu schneien, und ein heftiger Wind wehte den trockenen Schnee aus dem Park heraus und wirbelte ihn in riesigen Wolken von den Bergen auf. Longs Peak glich einem rauchenden Vulkan. Heute hat der Himmel die blaue Farbe und Estes Park seine unübertroffene Schönheit wieder. Ich habe alle Fenster geputzt, von denen ich zunächst angenommen hatte, sie wären aus getöntem Glas, so milchig und schmutzig wie sie waren. Als die Männer vom Fischen kamen, betraten sie eine neue, helle Welt. Am Sonntag spielten wir kirchliche Musik und sangen dazu. Mr. Buchan fragte mich, ob ich ein Lied namens »Amerika« kenne, und stimmte unsere englische Nationalhymne zu folgenden Worten an: »Mein Land, es ist von Dir, dem süßen Land der Freiheit, von dem ich singe …«[89]

1. Dezember 1873

Ich hatte vorgehabt, mich heute auf den Weg nach Longmont zu machen, wurde jedoch von einem feinen Schnee geweckt, der wie Nadeln auf meinen Händen stach. Wir waren alle früh auf den Beinen. Die Lage besserte sich erst gegen Mittag. Später ritten Mr. Lyman und ich zu Mr. Nugents Hütte. Ich wollte ihm meinen Brief an Dich zu lesen geben und ihn ein paar Details über unsere Besteigung des Longs Peak korrigieren lassen. Er sagte, das könne er nicht, bestand aber darauf, dass wir hereinkämen, wovor sich der junge Lyman mehr fürchtete als ich. Mr. Kavan war Jim morgens begegnet und hatte uns gegenüber bemerkt: »Etwas stimmt nicht mit dem Mann. Entweder erschießt er sich heute selbst, oder er bringt jemand anderen um.«

Der »üble Anfall« war zum Glück vorüber. Jim erwies sich als so angenehm und zuvorkommend, dass wir den ganzen Nachmittag bei ihm verbrachten. Lymans einzige Überlegung bestand darin, wie er aus dem Gespräch Kapital schla-

89 »My Country, 'Tis of Thee«, auch »America«, ist ein patriotisches Lied der Vereinigten Staaten, verfasst 1831 von dem Baptistenpriester Samuel Francis Smith (1808–1895).

gen und einen Artikel über den berühmten Desperado für irgendeine Weststaatenzeitung schreiben könnte. Das Innere der Hütte machte einen erschreckenden Eindruck, hässlich und düster. Vielleicht zeigten sich sein charmantes Auftreten und sein geistreicher Ton deshalb nur noch deutlicher. Ich las den Brief laut vor – es handelte sich um einen Text über »Die Besteigung des Longs Peak«, den ich für das Journal »Out West« geschrieben habe – und legte Wert auf Jims niveauvolle und scharfsinnige Beurteilung meines Stils. Er ist wirklich ein Naturkind. Seine Augen wurden hell, sein Gesicht leuchtete, und als ich zur Herrlichkeit des Sonnenaufgangs gelangte, rannen Tränen über seine Wangen. Dann las er uns einen sehr klugen Text über Spiritualismus vor, an dem er gerade schrieb. Die Hütte war voll Rauch und sehr dunkel, überall lag Heu, waren zerrissene Decken, Felle, Knochen, Blechbüchsen, Holzscheite, Pulverflaschen, Zeitschriften, alte Bücher, ausgetretene Mokassins, Hufeisen und alle möglichen anderen Überreste verstreut. Der beste Sitzplatz, den er mir anbieten konnte, war ein Holzblock, aber das tat er mit solch unbekümmertem Charme, als handele es sich um den bequemsten Lehnstuhl. An der Wand hingen zwei kostbare Gewehre und ein Sharps Revolver, dazu die Schärpe und das Abzeichen eines Scouts. Ich musste Jim unentwegt anschauen, wie er vor mir stand und sprach. Das Trinken lässt ihn zeitweilig verrückt werden, dann flucht er hemmungslos, sein Zorn ist nicht zu zügeln. Er hat früher als Desperado gelebt und ist auch heute zweifellos ein Hitzkopf. Es gibt kaum ein Kaminfeuer in Colorado, an dem man sich keine furchtbaren Geschichten über die Zeit erzählt, als er über die Indianer hergefallen ist. Mütter schüchtern ihre frechen Kinder durch die Drohung ein, Mountain Jim werde sie holen. Seine Fehler sind offenkundig, das steht außer Frage – doch er ist zweifellos faszinierend und wie kein anderer berühmt, wenn seine Berühmtheit auch eine traurige ist. Er bot sich an, mich durch die Prärie zu führen, wenn ich den Park verlasse. Lyman fragte mich, ob ich keine Angst hätte, ermordet zu werden, doch man hat mir oft erzählt, dass man nicht sicherer sein könnte als in seiner Begleitung.

Die Kälte war wirklich grausam. Ich hatte mich morgens verkühlt, da meine Kleider noch nicht trocken waren. Die Wärme in der verrauchten Hütte bekam mir gut, doch bei unserm Rückritt in der Dämmerung blies uns der stürmische Wind beinahe vom Pferd, und es herrschten Minusgrade. Ich fühlte mich, als müsse ich mit einer ernsthaften Erkältung ins Bett, doch die Männer empfahlen ein Trapper-Heilmittel – ein Glas mit heißem Wasser, darin aufgelöst eine Messerspitze Cayennepfeffer –, das rasche Wirkung tat. Liebenswürdig wie sie sind, bieten sie an, zu bleiben, sollte ich eingeschneit werden und nicht von hier wegkommen. Sie erzählen mir, dass sie bei meinem Eintreffen zunächst entsetzt waren. Sie befürchteten, sie könnten es mir in nichts recht machen, weil ich bestimmt noch nie für mich allein gesorgt hätte. Daraufhin lobten wir uns alle gegenseitig. Falls es das Wetter zulässt, werde ich morgen nach Longmont reiten, und mein nächster Brief wird vielleicht der letzte aus den Rocky Mountains sein.

16. Brief

Lower Canyon und Devil's Gate, Evans und Mountain Jim

Ein harmonisches Heim – Bittere Kälte – Purpurne Sonne –
Ein übler Scherz – Gefahrvoller Ritt – Zugefrorene Lider –
Long Mount – Die unwegsame Prärie –
Die Mühsal des Emigrantenlebens – Rat eines Trappers –
Little Thompson River – Evans und Jim

Bei Dr. Hughes, Lower Canyon, 4. Dezember 1873

Noch einmal bin ich in diese feine und gebildete Gesellschaft zurückgekehrt, um mich herum harmonische Stimmen und reizende, liebevolle Kinder, deren gewinnende Art aus dieser Hütte wahrhaftig ein englisches Zuhause machen. »England, mit all deinen Fehlern, ich liebe dich immer noch«[90], kann ich nur aufrichtig sagen. »Wo immer ich auch bin, in welch entferntes Land mich auch die Neugier lockt, mein Herz kehrt immer wieder, zurück, zurück zu ihm …«[91]

90 William Cowper (1731–1800), aus dem Poem in sechs Büchern »The Task« (1785), Buch II.

91 Oliver Goldsmith (1728–1774), aus dem philosophischen Poem »The Traveller, or, a Prospect of Society« (1764).

Auf den Sandwich-Inseln habe ich nicht mehr so recht daran geglaubt, aber hier trifft der Satz zu. Ein Gewinn des Reisens liegt einerseits darin, dass es Vorurteile gegenüber anderen und deren Gewohnheiten abbaut, wichtiger aber ist, dass man das Gute zu Hause danach um das Zehnfache zu schätzen weiß, vor allem die Stille und Lauterkeit des englischen Familienlebens. Diese Gedanken entstehen durch die süßen Kinderstimmen, die mich umgeben, durch die besondere Wertschätzung und Zartheit, die die Atmosphäre dieses Hauses ausmachen. Doch wer könnte bei dem schlichten, harten Leben, ringsum nichts als kahle, raue Berge, gar an einer Treibhausatmosphäre Anstoß nehmen, wenn sie eine solch paradiesische Blüte wie die menschliche Liebe nährt?

Das Thermometer zeigt zwanzig Grad unter null. Meine Tinte steht auf dem Herd, um sie vor dem Einfrieren zu bewahren. Diese klare, stimulierende Kälte ist so trocken, dass ich selbst in meinem fadenscheinigen Reitkleid nicht darunter leide. Ich werde mich weiter an die Beschreibung der Nichtigkeiten wagen, die für mich doch alle Wichtigkeiten sind. Am Dienstag standen wir noch im Dunkeln auf und frühstückten um sieben Uhr. Seit einiger Zeit habe ich nun endlich die Morgendämmerung wiedergesehen, ihre hellgelb flammenden Strahlen, die sich ins Rot vertiefen, und die verschneiten Gipfel einen nach dem anderen im Licht erstrahlen lassen – ein wahres, neues Wunder.

Der Wind kam aus West. Wir hielten das für ein gutes Zeichen. Ich nahm nur wenig Gepäck, einige Rosinen und den Postsack mit. Unter den Sattel legte ich eine weitere Decke. Noch nie war ich bei Sonnenaufgang aus dem Park geritten. Die purpurnen Abgründe des M'Ginns Gulch, von dem aus man, auf einer Höhe von neuntausend Fuß angekommen, auf den unter einem flimmernd roten Dunstschleier liegenden sonnendurchfluteten Park mit seinen himmlischen, nadelspitzen Gipfeln und seinen dunklen Kiefernhängen hinabschaut – mein herrliches, einsames, einzigartiges Heim in den Bergen! Vor mir ging die Sonne glutrot auf. Hätte ich geahnt, was sich hinter jenem Glühen verbarg, ich wäre auf dem schnellsten Wege umgekehrt. Rosige Wolken, die ich für morgendliche Nebelschwaden hielt, erhoben sich und gaben den Blick auf den Sonnenball frei – violett wie die Phiole eines Giftmischers –, um gleich darauf als dichte Nebelwand herabzusinken. Abrupt drehte der Wind nach Ost, der Nebel gefror. Birdie und ich verwandelten uns in kürzester Zeit in eine Masse spitzer Eiskristalle. In der Hoffnung, jeden Moment aus dem Nebelfeld herauszukommen, galoppierte ich voran, obwohl ich kaum einen Meter weit sehen konnte. Der Nebel wurde immer dichter. Ich war gezwungen, in einen langsamen Trab zu fallen. Wie ein gigantisches Brockengespenst[92] tauchte plötzlich dicht neben mir der Umriss eines Menschen auf, im selben Moment pfiff eine Pistolenkugel an meinem Ohr vorbei, und ich erkannte Mountain Jim, eisbedeckt von Kopf bis Fuß, der mit seinem schlohweißen Haar wie ein Hundertjähriger aussah. Es war scheußlich von ihm, der üble Scherz eines Desperados, und obwohl ich Grund zu Verdruss gehabt hätte, beschloss ich, die Sache erst einmal so zu akzeptieren. Er beschimpfte mich und wütete, hob mich vom Pony – meine Hände und Füße waren taub vor Kälte –, packte die Zügel und ging mit solch raschem Schritt voran, dass ich hinter ihm herrennen musste, um ihn im Dunkeln nicht zu verlieren, denn wir waren von der Stra-

92 Das »Brockengespenst« ist ein optischer Effekt, der zuerst 1780 auf dem Harzer Brocken vom deutschen Theologen und Naturforscher Johann Esaias Silberschlag (1721–1791) beobachtet wurde. Häufig tritt noch eine »Glorie«, ein farbiger Lichtkranz, rund um den Schatten auf.

ße abgekommen und, weiß der Teufel wo, in einem dichten Unterholz gelandet, das mich an Fingerkorallen erinnerte.

Unvermittelt standen wir vor seiner Hütte. Der liebe, alte Ring, weiß wie alles ringsum, und der hitzköpfige Desperado bestanden darauf, dass ich hereinkäme. Während er ein großes Feuer entfachte und Kaffee warm machte, tobte er in einem fort. Er führte alles Mögliche ins Feld, nur nicht, dass das Vorankommen sehr gefährlich sein würde. Ich schlug alle Gefahren in den Wind. Deine Briefe, nach denen ich mich so sehnte, wogen alles auf, und ich beschloss, mich wieder auf den Weg zu machen. Kopfschüttelnd sagte er: »Ich habe schon viele verrückte Leute gesehen, aber noch nie solch eine Verrückte wie Sie. Sie haben nicht einen Funken Verstand. Heute würde selbst einer wie ich nicht in die Plains hinabreiten.« Ich entgegnete, dass er das, selbst wenn er wolle, auch nicht könne, da er seine Pferde hatte laufen lassen. Darauf brach er in herzhaftes Lachen aus und wollte sich dann vor Lachen schier ausschütten, als ich ihm all die Geschichten vom jungen Lyman erzählte. Ich frage mich, wie viele seiner jüngsten Wutausbrüche nicht einfach nur gespielt waren.

Jim brachte mich bis zum Pfad, und das Gespräch, das mit einem Pistolenschuss begonnen hatte, fand ein angenehmes Ende. Der Ritt war sehr unheimlich, ich werde ihn nicht vergessen. Gefahr bestand jedoch nicht. Ich konnte keine genauen Orte ausmachen, jeder Baum stand wie von Silber überzogen, und die Nadelbüschel der Tannen leuchteten wie weiße Chrysanthemen. Der Schnee lag fußhoch in den Schluchten, auf seiner gefrorenen Oberfläche zeigten sich unzählige Spuren von Vögeln und wilden Tieren. Über den Flüssen hatten sich Eisbrücken gebildet, die sich in der nebligen Landschaft auflösten, sodass ich sie überquerte, ohne zu wissen, wann. Jede Schlucht erschien als bodenloser Abgrund, über dessen Rand Wolkendunst kochte, und zerfaserte Berggipfel, die für Augenblicke im Wirbel der Nebelschwaden auftauchten, waren sogleich wieder verschwunden. Alles erschien endlos, ohne Konturen. Dann segelte ein gewaltiges Gebilde wie eine von Dorés[93] fantastischen Traumgestalten mit rauschendem Flügelschlag an mir vorbei. Als es mit einem seltsamen Zischen dicht neben meinem Kopf hinwegglitt, erblickte ich zum ersten Mal den mächtigen Bergadler, der große Beute in seinen Fängen trug – ein beeindruckendes Erlebnis.

Zehn Meilen ritt ich durch völlig verwandelte Tiefen, totenstill, schrecklich, unzählige Eisbrücken, dann gefrierender Regen, schließlich drehte der Wind von Ost auf Nord-Ost. Birdie war über und über mit feinen Kristallen bedeckt, ihre lange Mähne und der Bart unter ihrer Kehle glitzerten weiß. Ich erkannte, dass ich den Gedanken besser aufgab, auf einem neuen Weg über die Berge zu kommen und schlug den Weg zum St. Vrain ein. Zwar war ich auch auf ihm noch nicht geritten, wusste aber, dass er im Dunkeln gut zu erkennen war. Der Nebel zog sich zusammen, wurde dunkler und dichter, der Tag immer stürmischer und kälter, die Schneewehen tiefer. Doch Birdie, deren unermüdliche Beine mich sechshundert Meilen weit getragen hatten, und die alle schwierigen Lagen zu meistern verstand, scheute nie zurück, tat keinen falschen Schritt oder gab mir irgendeinen Grund, an unserem Vorwärtskommen zu zweifeln. Für den St. Vrain Canyon brauchten wir nicht allzu viel Zeit, und dreizehn Meilen vor Longmont rastete ich an einer Hütte, um Birdie mit Hafer zu versorgen. Ich war von Kopf bis Fuß

93 Der französische Maler und Grafiker Gustave Doré (1832–1883) schuf bizarre Darstellungen von Fabelwesen, Monstren und fantastischen Sagengestalten.

weiß und meine Kleider steif von Frost. Wie üblich lud man mich auch dort ein, meine Füße an den Herd zu legen. Mein Reitkleid taute auf und trocknete, während ich ein köstliches Mahl aus Brot und Rahm verzehrte. Die Frauen meinten, auf den Plains sei es noch weitaus schlimmer als hier, dort herrsche Ostwind.

Da ich an das Reiten mittlerweile so gewöhnt war, brach ich am frühen Nachmittag wieder auf und traf auf Edwards, der tatsächlich auf dem Weg nach Estes Park war. Kurz darauf entwickelte der Sturm seine ganze Kraft – oder vielmehr ritt ich direkt in ein Unwetter hinein, das sich bereits seit Stunden über der Prärie austobte. Da mich nur noch acht Meilen von Longmont trennten, drängte es mich weiter. Es wurde furchtbar. Durch den dichten Schnee herrschte trübes Dämmerlicht, und ein wütender Ostwind trieb mir feine, hart gefrorene Kristalle ins Gesicht, die mir die Haut blutig stachen. Es gab keine Sicht, hohe Schneewehen türmten sich zu meinen Seiten, gelegentlich erspähte ich eine Schneefläche, durch die keine verwelkten Sonnenblumen ragten, was mir anzeigte, dass ich noch auf dem richtigen Weg war. Schließlich geriet ich in unwegsames, wildes Gelände, verlor die Trasse aus den Augen und vertraute nun blind auf den Instinkt des Ponys. Nur einmal verirrten wir uns, gerieten an einen See, brachen etwa hundert Meter vom Ufer entfernt durch das Eis und kämpften uns unter größten Mühen zurück.

Es wurde immer schlimmer. Ich hatte mein Gesicht mit einem Stück Flanell verhüllt, doch der scharfe, harte Schnee peitschte in meine Augen und brachte sie zum Tränen. Sogleich waren meine Lider zugefroren. Du kannst Dir nicht vorstellen, was das bedeutete. Ich musste einen Handschuh ausziehen, um das Eis von dem einen Auge zu entfernen.

Das andere war dem heftigen Sturm so unerbittlich ausgeliefert, dass ich einfach den Stoff darüber zog. Ich hatte genug damit zu tun, das eine Auge offenzuhalten, musste immer wieder mit tauben Fingern das Eis abkratzen, und behielt auf dem Handrücken einige Frostbeulen zurück, die noch eine ganze Zeitlang gewaltig schmerzten. Ab und zu dachte ich: »Wenn ich nun nach Süden reite, statt nach Osten … Wenn Birdie stürzt … Wenn uns die Dunkelheit überfällt …« Ich war mit den Bergen jedoch schon so vertraut, dass es mir gelang, die Ängste abzuschütteln und guten Mutes zu bleiben. Ich wusste aber auch, wie viele schon in ähnlichen Stürmen in der Prärie umgekommen waren.

Ich rechnete mir aus, dass ich Longmont in der nächsten halben Stunde erreichen musste, damit ich nicht in die Dunkelheit geriet und vor Kälte so steif wurde, dass ich Gefahr lief, vom Pferd zu fallen. Eine Viertelstunde später sah ich zu meiner Überraschung kurz vor mir die verstreuten, halb eingeschneiten Häuser und die gesegneten Lichter des Ortes. Wie einladend erschien mir jetzt die breite, eintönige, stille und leblose Straße! Als ich das Hotel erreichte, war ich vor Kälte so starr, dass der würdige Wirt mich vom Pferd heben und hineintragen musste. Da sie nicht mit Reisenden gerechnet hatten, brannte außer in der Bar kein Feuer. Sie setzten mich in ihrem eigenen Raum vor den Ofen, gaben mir etwas Heißes zu trinken, wickelten mich in Decken, und nach einer halben Stunde hatte ich mich erholt und freute mich auf ein kräftiges Abendessen. Eben noch hörte ich den Wirt zu seiner Frau sagen: »Sollte heute Nacht jemand in der Prärie unterwegs sein, dann steh ihm Gott bei!«

Im Hotel traf ich auch Evans an, der wegen des Sturms dort übernachtete. Zu seiner Ehre muss gesagt sein, dass er mir mein Geld zurückgab und meine finanzielle Lage damit gerettet war. Nach einem tiefen und erfrischenden Schlaf, wie er nur in diesem einzigartigen Klima möglich ist, war ich zu einem frühen Aufbruch bereit. Die gestrigen Erfahrungen geboten mir jedoch, bis zwölf Uhr auszuharren, um zu sehen, wie sich das Wetter entwickelte. Bei siebenundzwanzig Grad unter null war die Luft extrem klar. Der glitzernde Schnee knirschte unter jedem Schritt. Es war herrlich! Wenn Du in diesem Klima selbst bei solchen Temperaturen für kurze Zeit nach draußen gehst, brauchst Du weder Mütze noch Jacke. Dennoch kaufte ich mir eine Weste und dicke Socken, erstand ein Paar feste Schneeschuhe für Birdies Hinterbeine, unterhielt mich angenehm mit einigen englischen Freunden, erledigte Aufträge für die Männer, die im Park zurückgeblieben waren, und wartete ungeduldig auf einen Güterwagen, der mir die Spur vorgeben sollte. Inspiriert von Deinen guten Nachrichten beschloss ich schließlich, mir meinen Weg selbst zu bahnen, Longmont allein und zum allerletzten Mal zu verlassen.

Als ich gemeinsam mit den Hughes an jenem jämmerlich heißen Tag hier eingetroffen war, habe ich nicht weiter darüber nachgedacht, welche Herrlichkeiten sich mir eröffnen sollten und welch gute Zeit vor mir lag. Jetzt bin ich in dieser Gegend zuhause. Jeder in der Stadt und längs des St. Vrain Canyons spricht mich freundlich mit Namen an, und die Zeitungen haben mich und meine Ausritte mit ihrem unerträglichen Kult um Leute mittlerweile so bekannt gemacht, dass Reisende, die mir in der Prärie begegnen, auf mich zusteuern und vermutlich wissen wollen, um welches Monstrum es sich da handelt. Ich habe aber letztlich nichts als Höflichkeit erfahren, in Benehmen wie Ausdrucksweise – von dem verstörenden Pistolenschuss einmal abgesehen.

Vereist sah alles fantastisch aus, der unberührte Schnee schimmerte, und der Himmel leuchtete in einem hellen, kristallklaren Blau. Ich ritt Richtung Storm Park sechzehn Meilen über die Prärie, sah weder Mensch noch Tier. Selbst bei diesem herrlichen Sonnenschein überkam mich eine unendliche Verlassenheit. Die Kälte wurde erbärmlich. Ich fügte den gestrigen Frostbeulen weitere hinzu, da ich den gerissenen Steigbügel nur mit bloßen Händen ausbessern konnte. Als die Sonne in unbeschreiblicher Schönheit hinter den Bergen versank und die Farben den Himmel in Aufruhr versetzten, saß ich ab, ging die letzten vier Meilen zu Fuß und stahl mich ganz unbemerkt ins Haus der Hughes.

Das Leben, von dem ich zuvor schrieb, ist tatsächlich schwer, obwohl die Hoffnung auf Änderung es immer wieder erhellt, doch dieses Winterwetter bringt spezielle Härten mit sich. Der Ofen muss im Wohnraum stehen, die Kinder können bei dieser Kälte nicht ins Freie. So lieb und verständnisvoll sie auch sind – es ist nicht leicht für sie, den ganzen Tag mit vier Erwachsenen eingesperrt zu sein. Für eine Frau von angegriffener Gesundheit wie Mrs. Hughes ist es mühseliger als man denken würde, vor jeder Mahlzeit Eier, Butter, Milch, Kompott und sämtliche Konserven auftauen zu müssen. Im ganzen Raum gibt es keinen Fleck, an dem sie nicht gefrieren, es sei denn, man bewahrt sie direkt neben dem Ofen auf. Die Landschaft der Foot Hills ist für meinen Geschmack nicht sonderlich interessant. Ich sehne mich nach dem brausenden Wind, den Gipfeln und Höhenzügen, den mächtigen Kiefern, den wilden Geräuschen der Nacht, nach Poesie und Prosa des freien, glücklichen Lebens in meinem unvergleichlichen Adlerhorst. Ich kann kaum begreifen, dass der Fluss, der dort vereist vor dem Haus dämmert, derselbe ist, der durch Estes Park tost und den ich auf dem Longs Peak aus dem Schnee quellen sah.

Estes Park, 7. Dezember 1873

Gestern früh war das Quecksilber verschwunden, es müssen also mindestens dreißig Grad unter null gewesen sein. Vor Kälte lag ich die ganze Nacht wach. Das Klima hier hat den wunderbaren Effekt, dass ich mich um halb sechs, als ich die Hughes wegen meines zeitigen Aufbruchs weckte, doch erfrischt fühlte. Zum Frühstück aßen wir Büffelfleisch. Als ich um acht Uhr los ritt – bis zum Einbruch der Nacht waren fünfundvierzig Meilen zu bewältigen –, begleiteten mich Dr. Hughes und ein befreundeter Gentleman die ersten fünfzehn Meilen. Ich liebte diesen Ritt, liebte es, mit den anderen beiden um die Wette zu reiten, durch die berauschende Luft zu jagen, liebte es, den pulvrigen Schnee in diesem unbeschreiblichen Sonnenlicht wie Staub von den Pferdehufen stieben zu sehen. Bald war mir warm. Wir rasteten an der Ranch eines Trappers, und amüsiert stellte ich fest, dass er dachte, Estes Park sei im Winter praktisch unerreichbar. Die Entfernung war doch größer, als man mir gesagt hatte, er meinte, ich würde nicht vor elf Uhr nachts dort sein und bei hohen Schneeverwehungen wahrscheinlich gar nicht durchkommen.

Ich bat die Gentlemen, mich noch bis Devil's Gate zu begleiten, was sie ablehnten, da ihre Pferde müde waren. Als der Trapper das hörte, rief er entrüstet: »Was? Diese Frau reitet allein in die Berge? Sie wird sich verirren und erfrieren!« Ich erzählte ihm, dass ich den Weg nicht nur in dem furchtbaren Sturm vom letzten Dienstag zurückgelegt hatte, sondern bereits sechshundert Meilen durch die Berge geritten war. Schlagartig wandelte sich sein Benehmen, er behandelte mich mit Respekt, beinahe wie einen Gefährten, drückte mir einige Streichhölzer in die Hand und sagte: »Sie werden irgendwo im Freien übernachten müssen, da sollten Sie ein

Feuer machen, um nicht zu erfrieren.« Der Gedanke, die Nacht allein im Wald an einem Feuer zu verbringen, kam mir bizarr vor.

Wir machten uns gegen ein Uhr wieder auf den Weg. Die beiden Herren ritten zwei Meilen weit mit mir. Auf dieser Strecke muss der Little Thompson River, der hier sehr breit ist, achtzehn Mal überquert werden. Über den Fluss hatte man Holzstämme gelegt, die gebrochen, gefroren, mehrmals wieder aufgetaut und erneut gefroren waren, wodurch steinharte und brüchige Stellen entstanden waren, selbst ich fand es schwierig, hinüber zu gelangen, immer wieder brachen wir ein. Die Pferde hatten größte Mühe, sich wieder zu befreien. Dr. Hughes Begleiter, ein sehr versierter Mann, jedoch kein allzu guter Reiter, kam ein, zwei Mal in diese unglückliche Lage und blieb mit ängstlichem Gesicht am Ufer zurück, da er es nicht wagte, seinem Pferd die Sporen zu geben.

Noch acht Mal musste ich den Fluss überqueren, nachdem wir uns getrennt hatten, nach sechs Meilen stieß ich endlich auf die alte Trasse. Obwohl manche Schneeverwehungen bis zum Sattel reichten und vor mir niemand einen Weg gebahnt hatte, zeigte Birdie einen solchen Mut, dass wir weder die Nacht im Freien verbringen, noch bis Mitternacht unterwegs sein mussten, sondern Mr. Nugents Hütte bereits eine Stunde nach Einbruch der Dunkelheit erreichten. Es war sehr kalt und mein Pony nun so erschöpft, dass es kaum noch einen Fuß vor den anderen setzen konnte. Ich ging das letzte Stück zu Fuß. Durch die Ritze zwischen den Balken fiel Licht. Ich hörte drinnen aber eine ernste Unterhaltung und wollte schon weitergehen, doch Ring bellte, sein Herr öffnete die Tür, und ich stellte fest, dass der einsame Mann die ganze Zeit mit seinem Hund gesprochen hatte. Er hatte schon nach mir Ausschau gehalten, heißen Kaffee zubereitet und ein großes Feuer entfacht. Ich freute mich über die jüngsten Neuigkeiten aus Estes Park. Von Evans hatte Jim gehört, dass sich keiner in der Lage sehe, mich zu den Plains hinabzubringen. Zu meiner großen Erleichterung sagte der Desperado, er selbst werde mich begleiten. Da ich sowieso nicht hier bleiben kann (denn weder das Leben hier noch das Klima würden Dir gefallen), ist es besser, gleich zu gehen. Der einsame Ritt bis zur Blockhütte kam mir unheimlich vor, die Nacht war finster und jedes Geräusch beängstigend. Der junge Lyman eilte heraus, um mir das Pferd abzunehmen. Drinnen war es warm und hell, doch das neue Regime hatte eine gewisse Förmlichkeit mit sich gebracht. Evans, der bis zum Hals in Schwierigkeiten steckte, verhielt sich so herzlich wie immer. Ein junger Ex-Gardist, in den er, zuversichtlich wie immer, große Hoffnungen setzt, die vermutlich enttäuscht werden, hat ihn hierher begleitet. Edwards aber – vernünftig und nicht ohne Geiz –, der die Organisation übernommen hat, glaubt, wir hätten die Vorräte leichtsinnig verschwendet.

Gestern Nachmittag erschien ein Gentleman, den ich zunächst für einen weiteren Fremden hielt, er war um die vierzig Jahre alt, auffallend hübsch, gut gekleidet, sechzehn goldene Locken fielen ihm auf den Kragen. Erst auf den zweiten prüfenden Blick erkannte ich in unserem Besucher den Desperado. Evans drängte ihn höflich, zum Mittagessen zu bleiben. Jim zeigte nicht nur äußerste Gewandtheit im Gespräch mit dem Gardisten, der sich als beschlagener Mann erwies und schon sehr viel von der Welt gesehen hat, und obwohl er doch wie ein Wilder isst und lebt, legte er die feinsten Tischmanieren an den Tag. Ich bemerkte, dass Evans in Jims Gesellschaft nie er selbst ist, sich nie wohlfühlt, worauf der andere mit einer steifen Herzlichkeit reagiert, Zeichen, wie ich meine, von gegenseitiger verborgener Feindschaft.

Nach dem Essen bereitete ich in der Küche ein paar kleine Kuchen vor, der junge Lyman aß wie gewöhnlich die Teigreste, Jim sang eines von Moores Liedern, und die anderen hielten sich im Wohnraum auf, als Mr. Kavan und Mr. Buchan vom Fluss heraufkamen, um mir Lebewohl zu sagen. Sie bemerkten, sie würden sich hier nicht mehr halb so zu Hause fühlen wie während der »guten Zeit«, die wir miteinander hatten. Da der junge Lyman die Kuh hat laufen lassen, gibt es keine Milch. Niemand backt Brot. Sie schneiden das Wild in winzige Stücke und lassen sie trocknen. Überhaupt scheint die Zubereitung einer Mahlzeit, die uns immer so große Freude bereitet hatte, nun ein äußerst mühseliges Unterfangen zu sein. Nach dem Tee vertraute mir Evans all seine Nöte und Sorgen an. Er ist ein gütiger, großzügiger, herzlicher und vertrauensvoller Mensch, der sich selbst weit mehr Schaden zufügt als irgendjemand anderem. Ich hatte das traurige Gefühl, dass es mit der Zukunft eines Mannes, der so wenige Prinzipien besitzt, nicht zum Besten bestellt sein kann.

17. Brief

Abschied von Estes Park, durch die Prärie nach Namaqua

Die Mission einer Frau – Der verlorene Morgen –
Die Überquerung des St. Vrain River – Miller –
Über die Prärie – Jims Traum – Fremdenzimmer –
Die Küche des Gasthauses – Ein berüchtigter Kinderfresser –
Verrufenheit – Ein ruhiger Tanz – Jims Entschluss –
Frost – Eine unglückselige Begegnung

Cheyenne, Wyoming, 12. Dezember 1873

Der letzte Abend kam. Ich wollte es nicht wahrhaben, als ich zu den im Mondschein glitzernden Schneegipfeln hinaufschaute. Bis zum nächsten Mai wird im Park keine Frau zu sehen sein. Recht geschwollen, doch mit wahrem Unterton sprach der junge Lyman vom Einfluss, den die Gegenwart einer Frau auf Männer ausübe, lobte, wie jeder »niedrige, gemeine, vulgäre Ton« bei meiner Ankunft sofort verstummt sei, wie Mr. Kavan und Mr. Buchan sich vorgenommen hätten, immer so ruhig und zuvorkommend zu sein wie in meiner Anwesenheit. »Im Mai«, endete er, »werden wir wahrscheinlich verroht sein, zumindest, was unsere Manieren betrifft.« Während der letzten zwei Jahre habe ich einige der verruchtesten Männer gesehen, auf See wie an Land – und umso wichtiger ist die »Mission« jeder ruhigen, gebildeten, von Selbstachtung erfüllten Frau, umso verkehrter jedoch die Haltung derer, die das rohe männliche Wesen durch lärmende Selbstbehauptung, eigene Maskulinität oder Widerstand nur noch verstärken. In diesem ganzen wilden Westen ist die Bedeutung der Frau nur hinsichtlich der Religion zweitrangig. Wo diese unglücklicherweise nicht existiert, übt die Frau jedoch in ihrer zurückhaltenden Art den allergrößten Einfluss aus.

Der letzte Morgen brach an. Ich säuberte meinen Verschlag, saß am Fenster, beobachtete das Rot und Gold eines der herrlichsten winterlichen Sonnenaufgänge und sah, wie die Sonne einen Gipfel nach dem anderen langsam zum Leuchten brachte. Noch vor gar nicht langer Zeit schrieb ich, dass diese Szenerie nicht besonders reizvoll sei, aber weit gefehlt: Ich liebe sie.

Auf Birdies Rücken machte ich mich um elf Uhr auf den Weg. Evans begleitete mich bis zu Mr. Nugents Hütte. Er erzählte mir dabei so viel, dass ich vergaß, mich vom Hügel aus noch einmal umzudrehen und einen letzten Blick auf mein betörendes, strahlendes, einsames, sonnenüberflutetes Heim zu werfen. Es war wohl auch nicht nötig. Ich nehme es in meinem Herzen mit. Ohne Mr. Nugents Dienste könnte ich unmöglich von hier fortkommen. Evans versicherte, ich wäre bei keinem anderen so gut aufgehoben wie bei ihm: »Er hat ein großes, gütiges Herz. Sein größter Feind ist er selbst. Doch während der letzten vier Jahre hat er recht ruhig gelebt.«

Vor der Hütte nahm ich Abschied von Birdie, meiner treuen Gefährtin, die mich siebenhundert Meilen lang begleitet hat, und von Evans, der stets freundlich zu mir war und so aufrichtig, dass er mir in diesem Moment auch noch den letzten Dollar, den er mir schuldete, zurückzahlte. Möge Gott ihn und die seinen schützen! Er musste sofort umkehren, und als er mich Mr. Nugents Obhut übergab, schüttelten sich die Männer in aller Freundlichkeit die Hände.[94]

Am Boden der Hütte lag eine reiche Ausbeute an Biberfellen. Der Trapper suchte das feinste heraus, das mausgraue Fell eines Jungtieres, und schenkte es mir. Ich ritt seine schöne Araberstute, deren lang ausgreifender, federnder Schritt nach Birdies kurzem, strammem Galopp eine wahre Erholung darstellte. Der Ritt war angenehm, nur selten musste ich zu Fuß gehen. Wir verzichteten auf beide Pfade und schlugen uns quer durch den Wald. Eine Öffnung in den Foot Hills erlaubte uns schließlich den Blick auf die schneebedeckten Plains, die sich bis zum Horizont erstreckten. Dort, wo der Schnee getaut und wieder gefroren war, spiegelte sich der blaue Himmel wie auf einer weiten Wasserfläche, eine perfekte optische Täuschung. Ich musste mir darüber klar werden, dass ich hier nicht den Ozean vor mir hatte. Jim trug Gedichte vor und verwickelte mich in ausführliche, ernste Gespräche, was uns den Weg verkürzte. Ich war überrascht, wie rasch es zu dämmern begann. Er gestand mir, dass er sich nie ohne ein Gebet zu Bett lege – wobei er Gott vor allem um einen friedlichen Tod bitte. Er hatte mir verspro-

94 Einige Monate später fiel Mountain Jim durch Evans Hand. Evans schoss von der Türschwelle aus auf ihn, als er an der Hütte vorbeiritt. Die Geschichte der vorhergehenden Wochen ist dunkel, traurig und böse. Von fünf verschiedenen Berichten, die ich per Brief über die Tat und deren unmittelbare Ursachen erhielt, will ich hier keinen widergeben. Diese Tragödie ist zu schmerzlich, um näher auf sie einzugehen. Jim lebte noch so lange, um zu der Tat selbst Stellung zu nehmen und die Gerechtigkeit Gottes anzurufen. Er starb im Fieberwahn, bevor der Fall vor einem menschlichen Gericht verhandelt werden konnte. *I.L.B.*

chen, weder zu schnell zu reiten noch zu fluchen, doch »streiten« war kein Bestandteil der Vereinbarung gewesen. Als wir bei Anbruch der Dunkelheit den steilen Hügel erreichten, an dessen Fuß der rasche, tiefe St. Vrain River fließt, stritt er grundlos mit mir und der Stute, da er uns die Überquerung nicht zuzutrauen schien. Jemand hatte das Eis mit einer Axt aufgeschlagen, und wir konnten nicht feststellen, ob sich bereits wieder eine tragfähige Schicht gebildet hatte.

Ich hätte bei einer unendlich geschwätzigen Frau übernachten sollen, deren Haus ein Stück weiter unten neben dem von Miller im Canyon lag, doch Miller, der junge Mann, dessen hübsches Haus und bewundernswerte Manieren ich bereits erwähnt habe, trat aus der Tür und bemerkte, seine Behausung sei nun auch »für Damen geeignet«. Wir beschlossen, bei ihm einzukehren, und man machte es mir so angenehm wie nur möglich.

Sein Haus führt er musterhaft. Dinge, die er benutzt, säubert er sofort wieder. Niemals liegt etwas Schmutziges herum. Das Metall seines Herds und seines Kochgeschirrs glänzt wie poliertes Silber. Es war unterhaltsam, die beiden Männer wie zwei Hausfrauen über verschiedene Arten des Brot- und Kuchenbackens sprechen zu hören und zu sehen, wie jeder ein Rezept notiert, ja, fast besorgniserregend, dass ein alleinstehender junger Mann im Stande sein sollte, ein Haus so komfortabel herzurichten. Sie erhitzen einen Stein für meine Füße, wärmten meine Decke und legten genügend Holz auf das Feuer, damit es die Nacht hindurch nicht ausging. Draußen war es bitterkalt. Die Sterne strahlten ungemein. Ein scharf umrissener polarer Bogen, der fantastisch funkelnde Blitze entsandte, erhellte den nördlichen Himmel. Leider war Longs Peak von den Foot Hills aus nicht zu sehen. Nach dem Abendessen hatte Miller in zehn Minuten alles aufgeräumt und abgewaschen, machte es sich bequem und rauchte. Eine arme Frau hätte sich wahrscheinlich noch bis zehn Uhr »zu schaffen gemacht«. Außer Ring gab es noch einen anderen riesigen Hund, der nach Aufmerksamkeit verlangte. Zwei dicke Katzen lagen den ganzen Abend über auf Millers Knien. In dem verputzten Haus war die bittere Kälte nicht allzu sehr zu spüren. Ich vermisste jedoch die Ströme frischer Luft, an die ich mich bereits so sehr gewöhnt hatte! Dies war mein letzter Abend in einem Gebiet, das die Bezeichnung »Bergregion« verdient hat.

Am nächsten Morgen machten wir uns auf den Weg, kaum dass die Sonne richtig aufgegangen war. Vor uns lagen dreißig Meilen, auf denen wir annährend Schritt reiten mussten, da eines der Pferde mein ganzes Gepäck trug. Ich bemühte mich, nicht daran zu denken, dass dies mein letzter Ritt sein sollte und meine letzte Verbindung zu einem der Männer, die hier in diesen Bergen leben. Ich hatte gelernt, ihnen zu vertrauen, und in mancher Hinsicht bewunderte ich sie. Kein Jägerlatein mehr am lodernden Feuer, keine haarsträubend abenteuerlichen Geschichten von Indianern und Grizzlybären. Keine mysteriösen Gespräche über die Natur und ihr Wirken, wie sie von denen geführt werden, die mit ihr und nur mit ihr leben. Schon jetzt überfällt mich Wehmut bei dem Gedanken an das flache Land.

Der St. Vrain Canyon leuchtete in den herrlichsten Farben. Uns stand jedoch noch eine bedrohliche Überquerung des funkelnden Flusses bevor, der bis auf einen zwei Fuß breiten Spalt in der Mitte zugefroren war. Mr. Nugent musste die verängstigten Pferde durchs Wasser treiben. Ich balancierte über einige weiter unten auf dem Wasser liegende Stämme, um sie am anderen Ufer nass und vor Furcht zitternd einzufangen. Dann ritten wir in die glitzernde Weite der Plains hinaus. Ein plötzlich aufkommender Wind machte die Kälte so unerträglich, dass ich mich in dem letzten Haus, das vor Einbruch der Nacht auftauchte, aufwärmen musste. Selten habe ich die Rocky Mountains so wunderschön und erhaben daliegen sehen, in jeder nur denkbaren Schattierung von Blau, ein Bergzug nach dem anderen, bis hin zum großartigen Gipfel des Longs Peak und dem stolz aufragenden Kamm des Storm Peak, dessen unberührter Schnee vor dem azurnen Himmel leuchtete. Gipfel erglühten im lebendigsten Licht. Canyons lagen in Abgründen purpurner Schatten. Hundert Meilen entfernt erhob sich Pikes Peak als blaue Masse, und über allem schwebte an jenem gloriosen Nachmittag ein vergeistigter blauer Schleier, der die Höhenzüge in die Traumgestalten des »fernen Landes« verwandelte. Als die Sonne sank, tauchten sie, scharf konturiert, in eine Herrlichkeit aus Violett und schillerndem Opal, und über den hohen Horizont fluteten rosig rote und orangefarbene Wellen. Es schien mir wie ein Traum, als wir die lichtdurchströmte Einsamkeit durchquerten – zur Rechten die Wogen der Prärie, die auf den fernen Horizont zuliefen, während sie sich zur Linken an den Rocky Mountains brachen. Wir waren ganz allein. Kein Mensch. Kein Tier. Jim schwieg die meiste Zeit über. Wie alle wahren Kinder der Berge sehnte er sich nach ihnen, selbst wenn er sie nur für kurze Zeit verlassen musste.

Bei Sonnenuntergang erreichten wir eine Ansammlung von Häusern namens Namaqua. Zu meiner Bestürzung erfuhr ich dort, dass in dem kleinen Gasthaus von St. Louis, wo unsere Übernachtung geplant war, am selben Abend ein Tanzvergnügen stattfinden sollte. Ich malte mir schon aus, dass es weder Privatsphäre noch Schlaf geben würde, dafür Trinkgelage, Lärm und, schlimmer noch, die Aussicht, dass Jim in einen Streit geriet und seinen Revolver zog. Er selbst war auch betroffen und erzählte mir, er habe letzte Nacht von einem Tanzvergnügen geträumt, bei dem man ihn beleidigt hatte, worauf er einen Mann erschoss! Auf den letzten drei Meilen, die wir im Dunkeln zurücklegten, war die Kälte besonders hart, doch selbst das konnte der Schönheit des Abendglühens auf den schneebedeckten, wogenden Plains keinen Abbruch tun. In St. Louis, in einem seltsamen kleinen Haus, wo sie »Fremde aufnehmen«, empfing man uns sehr höflich. Nach dem Abendessen, hieß es, würden wir die Küche für uns allein haben. Bis dahin wirkte dort eine große, markante, tüchtige und äußerst korpulente Witwe, die es mit sämtlichen Männern aufnehmen konnte und mit allem anderen auch. Ihr zur Seite stand ihre rotwangige Schwester mit einer gewaltigen Haarpracht. Zwei ungezogene Kinder lärmten die ganze Zeit herum, rissen abwechselnd die Tür auf und schlugen sie krachend wieder zu. Zum Sitzen gab es nur einen einzigen Stuhl, direkt neben dem Herd, auf dem das Abendessen für zehn Männer gekocht wurde. Es herrschte unbeschreibliche Geschäftigkeit, die Topfdeckel klapperten, die Wirtin stellte mir eine Frage nach der anderen und schien in ihrer Körperfülle den ganzen Raum einzunehmen.

Die einzige Möglichkeit bestand wohl darin, mir ein Strohlager in einem winzigen Raum bei den Frauen und Kindern aufzuschütten, und dies auch erst nach Mitternacht, wenn der Tanz vorbei war. Zum Waschen gab es nichts als eine Schüssel in der Küche. Bis zum Abendessen saß ich neben dem Herd, erschöpft vom Krach und von der Betriebsamkeit nach der Ruhe von Estes Park. Neugierig fragte mich die Wirtin nach dem Gentleman an meiner Seite. Die Männer draußen hätten ihr gesagt, es sei kein anderer als Rocky Mountain Jim, was wohl gewiss nicht stimme. Als ich erwiderte, die Männer hätten Recht, rief sie laut: »Was Sie nicht sagen! Dieser ruhige, nette Herr!« Sie erzählte mir, dass sie den Kindern, immer wenn sie frech waren, gedroht hatte: »Mountain Jim wird euch holen, er kommt jede Woche einmal aus den Bergen, greift sich ein Kind und nimmt es mit, um es aufzufressen!« Sie war so stolz, ihn in ihrem Haus zu haben, als wäre er der Präsident der Vereinigten Staaten. Auch auf mich fiel ein wenig von diesem Glanz ab.

Alle Männer versammelten sich im Vorraum, in der Hoffnung, Jim würde sich zum Rauchen zu ihnen gesellen. Als er in der Küche blieb, drängten sie sich vor dem Fenster und im Türrahmen, um einen Blick auf ihn zu werfen. Die Kinder kletterten auf seine Knie. Zu meiner großen Erleichterung gelang es ihm, sie ruhig zu halten. Sie spielten mit seinen Locken, und die beiden entzückten Frauen ließen kein Auge von ihm. Das übel riechende Mahl wurde schließlich serviert. Zehn Männer kamen in die Küche, aßen rasch und schweigend und starrten die ganze Zeit auf Jim. Da keine Aussicht auf Ruhe bestand, gingen wir nach dem Essen zum Postamt. Während wir auf die Briefmarken warteten, zeigte man uns das hübscheste und damenhafteste Zimmer, das ich im Westen je gesehen habe. Die reizende Dame, der es gehörte, nahm mich beiseite, um zu fragen, ob es sich bei dem Herrn tatsächlich um Mountain Jim handele, und fügte hinzu, dass ein solcher Gentleman die Taten, derer er beschuldigt werde, wohl unmöglich begangen haben könne.

Bei unserer Rückkehr war es in der Küche um einiges leiser. Bereits um acht Uhr hatte man alles aufgeräumt. Bis zwölf stand uns der Raum nun zur Verfügung. Von der Musik war kaum etwas zu hören. Alle vierzehn Tage kamen die Siedler, meist jüngere Ehepaare, zum Tanz zusammen, ein achtbares Vergnügen, ohne dass auch nur ein Tropfen Alkohol ausgeschenkt wurde.

Ich schreibe Dir diese Zeilen, während Mr. Nugent das Gedicht »In der Bergschlucht«[95] kopiert, das er mit tiefer Empfindung vortrug. Noch einmal rezitierte er für mich einige auserlesene, von ihm verfasste Gedichte und erzählte mir recht viel von seinem Leben. Ich wusste, dass nur ich so mit ihm sprechen konnte oder wollte. Zum letzten Mal bat ich ihn, sein Leben zu ändern, und den Whiskey aufzugeben. Ich ging sogar so weit, ihm zu sagen, dass ich einen Mann von seinem Geist, der Sklave eines solchen Lasters ist, zutiefst verachte. »Zu spät! Zu spät!«, war seine einzige Antwort, »zu spät für diesen Schritt.« *Zu spät*. Er weinte leise. »Es hätte einmal sein können.« *Hätte sein können*. Für andere Menschen hatte er ein gutes Gespür, nicht aber sich selbst gegenüber. Er war von solcher Zartheit und Rücksichtnahme, dass es jeden in Erstaunen versetzen würde. Um wie viel mehr bei einem, dessen einzige Gesellschaft aus den rüden Männern des Westens besteht. Als ich ihn anblickte, empfand ich ein Mitleid, wie ich es noch nie zuvor einem menschlichen Wesen gegenüber empfunden hatte. In jenem Moment war mein Gedanke: Wird unser Vater im Himmel, »Er, der doch seinen eigenen Sohn nicht verschont, sondern ihn für uns alle hingegeben hat«[96], wird Er nicht noch viel mehr Mitleid haben? Noch einmal überkam ihn der Wunsch nach Selbstachtung, nach besserem Streben, nach Hoffnung, die sein dunkles Dasein erhellen könnte. Unvermittelt sagte er, er hätte wahrhaftig beschlossen, den Whiskey und den Ruf als Desperado aufzugeben. Doch es sei »zu spät« gewesen.

Gegen Mitternacht war der Tanz zu Ende. Ich ging zu dem winzigen, vollgestopften Schlafraum hinüber, schlief tief und träumte von »neunundneunzig Gerechten, die der Buße

95 Vermutlich ein Poem des irischen Dichters William Allingham (1824 oder 1828–1889).

96 Römer 8,32

nicht bedürfen«[97]. Die Wirtin war sehr stolz auf ihren »angesehenen Gast«. »Dieser liebenswürdige, ruhige Gentleman: Mountain Jim! Nun, ich hätte nie …! Ein guter Mensch, ja, so muss es sein!«

Achtundzwanzig Grad unter null. Eine betörende Atmosphäre. In der Luft bildeten sich Eisblumen, Eisfedern, die schönsten Kreationen, die nur bei intensiver Kälte entstehen, wie diamantene Funken. Ein Hauch, und sie verschwinden. Alles war still. Am Himmel keine Wolke. Ein zarter, bläulicher Schleier schwebte über violetten Bergen. In der Postkutsche nach Greeley saß Mr. Fodder, den ich in Lower Canyon kennengelernt hatte. Er verriet mir, wie sehr er sich wünsche, einmal nach Estes Park zu reisen und dort mit Mountain Jim auf die Jagd zu gehen, falls das nicht zu gefährlich sei. Er war wie ein englischer Dandy gekleidet. Als ich die beiden einander vorstellte[98], streckte er eine kleine Hand in einem perfekt sitzenden Samthandschuh aus. Wie der Trapper so vor ihm stand, in seiner grotesken Aufmachung, mit seinem ganzen Plunder, brachte sein weltmännisches Benehmen in aller Deutlichkeit die Vulgarität des reichen Parvenüs zum Vorschein. Als wir abfuhren, plauderte Mr. Fodder so unterhaltsam, dass mir das Ende meines Lebens in den Rocky Mountains nicht zu Bewusstsein kam, selbst dann nicht, als ich Mountain Jim mit seinem goldenen Haar, das in der Sonne leuchtete, auf seiner schönen Stute langsam über die verschneiten Plains zurück nach Estes Park traben

---

97 Lukas 15,7

98 Es handelte sich um eine wahrhaft unglückselige Begegnung, das erste Glied in einer Verkettung folgenschwerer Ereignisse, die zu Mr. Nugents vorzeitigem Ende führen sollten, denn es geschah auf Betreiben dieser Person, die Evans – von Furcht ergriffen – zu dem fatalen Schuss veranlasste. *I.L.B.*

sah, auf dem Sattel, mit dem ich achthundert Meilen weit geritten war.

Eine mehrstündige Fahrt über die Plains brachte uns nach Greeley. Die Rocky Mountains und alles, was zu ihnen gehört, versanken nicht viel später im weiten, blauen Ozean der Prärie.

Alexandra David-Néel

Im Herzen des Himalaya

Unterwegs in Nepal

Aus dem Französischen von Eva Moldenhauer,
mit einem Vorwort von Susanne Gretter

208 Seiten / 13 x 21,5 cm / 18,00 €
ISBN 978-3-7374-0020-6

Frances Caldéron de la Barca

Viva Mexiko!

Im Wirbel der Revolution

Aus dem Englischen übersetzt, bearbeitet und mit einem Vorwort von Klaudia Ruschkowski

336 Seiten / 13 x 21,5 cm / 24,00 €
ISBN 978-3-7374-0040-4

Die kühne Reisende

Lieferbare Titel

Frances Caldéron de la Barca
Viva Mexiko!
Im Wirbel der Revolution
336 Seiten | € 24,00 | ISBN 978-3-7374-0040-4

Isabella Bird
Durch die Wildnis der Rocky Mountains
Allein unter Goldgräbern und Desperados
ca. 288 Seiten | € 20,00 | ISBN 978-3-7374-0041-1

Gertrude Bell
Das Raunen und Tuscheln der Wüste
Eine Reise durch das alte Syrien
312 Seiten | € 22,00 | ISBN 978-3-7374-0019-0

Alexandra David-Néel
Im Herzen des Himalaya
Unterwegs in Nepal
208 Seiten | € 18,00 | ISBN 978-3-7374-0020-6

Emily Lowe
Palermo, oh Palermo!
Eine gewagte Reise durch Sizilien
256 Seiten | € 20,00 | ISBN 978-3-7374-0022-0

Maud Parrish
Mit leichtem Gepäck
Siebzehn mal um die Welt
280 Seiten | € 24,00 | ISBN 978-3-7374-0031-2

Vita Sackville-West
Bombay, Bagdad, Teheran
Meine Reise nach Persien
192 Seiten | € 18,00 | ISBN 978-3-7374-0032-9

Freya Stark
Auf der Weihrauchstrasse
Eine Reise durch das südliche Arabien
384 Seiten | € 24,00 | ISBN 978-3-7374-0037-4

Ethel B. Tweedie
Ins Land der Sagas und Geysire
Ein wilder Ritt durch Island
184 Seiten | € 18,00 | ISBN 978-3-7374-0038-1

Edith Wharton
In Marokko
Vom Hohen Atlas nach Fès
216 Seiten | € 20,00 | ISBN 978-3-7374-0021-3

Die Reihe Die kühne Reisende
wird herausgegeben von Susanne Gretter

Bibliografische Information der Deutschen Nationalbibliothek
Die Deutsche Nationalbibliothek verzeichnet diese Publikation in der Deutschen Nationalbibliografie; detaillierte bibliografische Daten sind im Internet über http://dnb.d-nb.de abrufbar.

Die Übersetzung folgt der Ausgabe: A Lady's Life in the Rocky Mountains.
First published in Great Britain by John Murray in 1879.
Published by Virago Press in 1982
Covergestaltung: Karina Bertagnolli, Wiesbaden
Bildnachweis: Ansicht der Rocky Mountains © Sotheby's / akg-images
Satz und Bearbeitung: SATZstudio Josef Pieper, Bedburg-Hau
Der Titel wurde in der Dante MT Pro gesetzt.
Gesamtherstellung: CPI books GmbH, Leck – Germany

ISBN: 978-3-7374-0041-1

www.verlagshaus-roemerweg.de